기독교문서선교회(Christian Literature Center: 약칭 CLC)는 1941년 영국 콜체스터에서 켄 아담스에 의해 시작되었으며 국제 본부는 미국 필라델피아에 있습니다.
국제 CLC는 59개 나라에서 180개의 본부를 두고, 약 650여 명의 선교사들이 이동도서차량 40대를 이용하여 문서 보급에 힘쓰고 있으며 이메일 주문을 통해 130여 국으로 책을 공급하고 있습니다. 한국 CLC는 청교도적 복음주의 신학과 신앙서적을 출판하는 문서선교기관으로서, 한 영혼이라도 구원되길 소망하면서 주님이 오시는 그날까지 최선을 다할 것입니다.

추천사

임 윤 택 박사
William Carey International University의 Global Leadership Center 센터장

도널드 맥가브란은 지난 100년 동안 가장 탁월한 선교학자 중 한 분입니다. 맥가브란은 인도에서 힌두교 세계관을 가진 사람들을 주님의 제자로 개종하는 데 초점을 맞추고 평생을 살았습니다. 그의 키워드는 "개종"입니다.

정용암 박사는 맥가브란 패러다임의 핵심 주제를 연구했습니다. 맥가브란의 교회성장 패러다임에 나타난 개종신학을 통해 교회성장학을 바로 이해하고 한국교회에 올바른 방향을 제시했습니다. 그는 질문합니다.

첫째, 맥가브란 패러다임에 나타난 개종은 무엇인가?
둘째, 맥가브란 패러다임에 나타난 개종의 성경적 근거는 무엇인가?
셋째, 맥가브란 패러다임에 나타난 개종에 관해 다른 교회성장학자는 어떻게 접근하는가?
넷째, 맥가브란의 패러다임에 나타난 개종이 기독교 문명사에 어떻게 나타나고 있는가?

도널드 맥가브란은 말년에 교회성장이라는 용어대신 동의어로 "효과적인 복음전도"(Effective Evangelism)라는 용어를 사용했습니다. 그는 한 영혼에 집중하는 선교사였습니다. 인도에서 태어나서 자랐고, 4대째 선교사로 사역했습니다. 선교 현장에서 경험된 교회성장의 원리를 정리한 책이 『하나님의 가교』였고 그것이 학문적으로 정리되어 교회성장학이 태동되었습니다. 그러므로 교회성장학을 제대로 이해하려면 맥가브란의 선교 현장을 잘 이해해야 합니다.

저자는 연구를 통해 세 가지 중요한 통찰을 제공합니다.

첫째, 한 영혼에 대한 뜨거운 구령의 열정입니다.

맥가브란은 인도 선교사로 30여 년을 사역하면서 불가촉 천민들에 대한 뜨거운 사랑으로 그들을 돌보았습니다. 어떻게 해서든 한 영혼이라도 주께 인도하기를 고심했습니다.

둘째, 교회는 하나님의 선교를 위해 존재한다는 것입니다.

맥가브란은 인도 선교뿐만 아니라 오대양 육대주의 선교 현장들을 돌아보며 가는 곳마다 교회성장의 원리로 각 문화권에 접목시킬 수 있는 가능성들을 살펴보고 수많은 제자들을 통해 그 일들을 수행해 나갔습니다. 주님이 대위임명령으로 주신 모든 민족을 제자 삼는 사명을 완수하기 위하여 최선을 다했습니다.

셋째, 교회성장에 나타난 개종은 한 개인의 개종을 넘어 그 변화된 개인이 사회를 변혁시키는 주체가 되는 것입니다.

맥가브란은 그리스도의 온전한 제자도의 과정을 제자화와 완전화로 구분했습니다. 제자화는 완전화를 이루기 위한 출발점이며 궁극적인 목표는 완전화를 이루는 것입니다. 완전화를 통한 궁극적 열매는 사회와 세상을 하나님의 말씀의 원리대로 변화시키는 그리스도인이 되는 것입니다.

정용암 박사의 귀한 통찰이 담긴 『도널드 맥가브란의 개종신학』을 기쁘게 추천합니다.

강 흥 익 목사
가락성산교회 담임

　믿음으로 이뤄지는 '개종'이 선교의 핵심 원리가 되고 교회성장의 방향과 목적이 되어야 한다는 통찰력은 오늘날 두려움에 사로잡힌 한국 선교의 골리앗을 넘어뜨리는 물맷돌이 되고 한국의 교회성장에 새로운 불씨가 될 것입니다.

■ ■ ■ ■ ■

김 일 권 박사
국제오엠 미주 한인 본부 대표, 미주장신대학교 선교학 교수

　한 영혼에 대한 구원의 열정이 효과적인 복음전도를 연구하게 만듭니다. 도널드 맥가브란 박사가 정립한 교회성장학은 구원의 열정에 기초한 효과적인 복음전도가 핵심입니다. 데이비드 보쉬가 말했듯이 선교의 핵심인 전도와 개종에 초점을 맞춥니다.
　윌리엄캐리국제대학교(WCIU)에서 함께 연구하고 수학한 정용암 박사는 성경과 교의를 연구한 신학박사입니다. 그런 그가 통섭적으로 도널드 맥가브란의 교회성장학을 연구했습니다. 그의 연구 내용은 학문적으로 많은 오해와 불편한 진실 가운데 있었던 맥가브란의 교회성장학을 독자들이 분명히 이해할 수 있도록 도와줍니다. 선교에 열정을 가지고 선교적 교회를 꿈꾸는 모든 분에게 본서를 추천합니다.

구 자 용 박사
주안대학원대학교 구약학 교수

정용암 박사의 『도널드 맥가브란의 개종신학』은 여러 단계의 서술을 지니고 있습니다.

첫째 단계에서 '도널드 맥가브런'이란 한 시대를 풍미했던 선교사요, 선교학자요, 교회의 큰 지도자에 대해, 먼저 그의 생애를 중심으로 서술하고, 그다음 사역을 중심으로 스케치하고, 이어서 그의 개종신학의 진수를 드러내 보여 줍니다. 처음에는 왜 이렇게 반복해서 서술할까 하는 생각이 들기도 하지만, 글을 차분히 읽어 가면, 도널드 맥가브란이란 인물의 진솔한 삶과 사역과 신학이 독자의 눈앞에 선명하게 펼쳐짐을 느끼게 됩니다.

둘째 단계에서 정용암 박사는 교회성장학자들의 개종신학 이야기를 들려줍니다. 선택적으로 서술된 학자들의 면모는 아마도 도널드 맥가브란과의 연관성에 있는 것으로 판단됩니다. 선교학을 공부하는 사람이나 혹은 관심이 있는 사람이라면 대부분 여기에 서술되는 학자들을 알고 있을 것입니다. 이들의 개종신학을 교회성장이란 개념 아래 어떻게 펼쳐지는지를 정용암 박사의 목소리와 도널드 맥가브란의 개종신학의 렌즈로 다시 보는 것은 지루하지 않은 일입니다.

셋째 단계에서 정용암 박사는 드디어 이 책의 백미라고 할 수 있는 성경에서의 개종 이야기들과 역사에서 확인된 개종 이야기들을 펼쳐 냅니다. 이것을 특별히 도널드 맥가브란의 개종신학 관점에서 해석하고 평가하는 것은 본서가 지닌 종합적 안목에 따른 가치라고 할 수 있습니다.

코로나19 팬데믹 시대에 얻는 가장 큰 교훈은 다시 기본으로 돌아가야 한다는 것입니다. 그 기본을 오늘의 시대에 도널드 맥가브란에게서 찾을 수 없을지도 모릅니다. 그러나 적어도 그의 생애에 펼쳐졌던 그의 진지한 사역 모습과 신학에서 배울 바는 큽니다. 오늘 우리가 처한 기독교의 상황에서 그리고 각자 개개인들의 삶의 자리에서 본서를 읽으며, 가장 기본적인 회복, 하나님이 이 시대에 우리에게서 원하시는 것이 무엇인지를 깨닫는 그런 은총이 있기를 기도합니다.

이 은 호 목사
미국 얼바인샤이닝휄로쉽교회 담임

    예수님은 한밤에 고민을 안고 찾아온 성공한 젊은 엘리트 종교 리더에게 "당신은 거듭나야 합니다"라고 말씀하셨습니다. 단순한 종교적 개종을 넘어 기독교 신앙의 핵심인 '개종'(conversion)이란 이슈에 대해 주님의 몸된 교회가 집중해야 하는 이유는 위임명령에 응답하는 참된 교회의 표지가 될 것이기 때문입니다.

    지나간 한국의 현대 교회사에서 위대한 선교사이자 선교신학자였던 도널드 맥가브란의 진심이 충분히 전달되지 못하고 곡해된 사실에 안타까움을 느낀 정용암 목사의 10여 년에 걸친 신학적 고민과 도전의 열매인 본서는 코로나19 팬데믹 시대에 선교적 교회로의 변화를 몸부림치는 한국 교회와 21세기 글로벌 시대의 선교 현장에 큰 반향과 울림을 주리라 기대되며 일독을 권합니다.

▪ ▪ ▪ ▪ ▪

이 충 규 선교사
WEC국제선교회 일본 지부 전 대표, 일본 교회 개척 선교사

    사막의 오아시스같이 교회성장에서 필수불가결한 요소인 개종을 다각도로 접근한 책입니다. 본서는 교회성장학의 치유와 역사적 기독교 선교 운동의 원초적 본능에의 회복이라는 선물을 줄 수 있는 개종의 비전을 새롭게 주목하게 합니다.

주 현 철 목사
재현고등학교 교목

글이 길이 되는 사람이 있습니다. 젊은 날부터 정용암 선배의 반듯한 뒷모습을 뒤따라가며 하늘 가는 밝은 길을 동행하는 은혜가 참 감사했습니다. 이 어려운 시절에 시대적 어두움과 불안 가운데서 하나님 아버지의 뜻을 하나님께로 돌이키는 개혁신학 기운데서 발견할 수 있도록 애써 주신 학문적 노고에 감사드리며 큰 기쁨의 소식을 함께 나누게 되어 영광입니다.

청소년 복음화율이 3.8퍼센트이고 미전도 종족보다 훨씬 더 심각한 복음 소외 계층인 학교 현장에서 사역하면서도 여전히 우리의 소망은 예수 그리스도께로 돌이킴을 통해 발견되기에 본서는 이 어두움과 어지러움과 두려움의 음침한 골짜기를 지나는 우리에게 본질과 처음으로 돌이키도록 믿음과 용기를 북돋아 주리라 확신합니다. 이 귀한 글들을 통해 엠마오 도상에서 말씀을 밝히 풀어 주셨을 때 속에서 마음이 뜨거워지는 귀한 은혜가 우리 사명의 길 가운데 임하길 간절히 소망합니다.

· · · · ·

최 덕 준 목사
미국장로교(PCA) 남가주 노회장

전 지구적으로 겪고 있는 새로운 변화 속에, 성장을 멈춰 버린 교회와 신앙인들에게 변화된 일상 속에서 어떤 새로운 신앙과 교회상을 정립할 것인가에 대한 성찰로 깊이 숨겨둔 보물 같은 지혜와 설레는 영감을 주는 책입니다.

함 영 주 박사
총신대학교 기독교교육과 교수

　본서는 복음전도를 통해 한 영혼을 주께로 인도하는 것이 교회성장의 기초임을 명확히 제시합니다. 특히 하나님의 복음 말씀이 한 개인의 제자됨에 영향을 미치고 성숙한 신앙인으로 만들어 이 사회에 책임 있는 존재로 살아가게 한다는 본서의 명제는 복음의 능력이 다시 필요한 오늘 우리 시대에 꼭 되새겨야 할 선언임에 틀림없습니다. 영혼 구원에 대한 열정을 회복하고 건강한 교회성장의 원리를 역사 속에서 배우기 원하는 복음전도자들에게 본서의 일독을 적극 권합니다.

· · · · ·

황 성 수 박사
미주 한인인터서브 동원 사역자, 예수커뮤니티교회 EM

　개종이라는 핵심 과제에 대해 미시적이고 단편적인 관점들을 벗어나 더 거시적이며 통섭적인 이해가 필요함을 보여 줍니다. 특히 맥가브란 박사뿐 아니라, 여러 학자들의 개종에 대한 인식을 포괄적으로 소개해 그 통찰의 깊이를 더합니다.

Taylor Kim
US Army Chaplain(Major)

인류는 유사 이래 한 번도 경험해 보지 못했던 일들을 체험하며 암울한 시간을 보내고 있습니다. 교회 역시 예외는 아닐것입니다. 이런 시기에 본서는 새로운 교회 패러다임을 제시합니다. 학창 시절부터 지켜본 정용암 목사는 오로지 교회 성장과 하나님 나라만을 추구한 사람입니다. 그의 삶을 대변하는 정직한 교과서 와도 같은 본서가 모든 교회의 길라잡이가 되길 소망합니다.

도널드 맥가브란의 개종신학

The Conversion of Donald A. McGavran
Written by Yong Am Chung
All rights reserved.
Korean Edition Copyright ⓒ 2021 by Christian Literature Center, Seoul, Korea.

도널드 맥가브란의 개종신학

2021년 7월 31일 초판 발행

지 은 이 | 정용암

편　　　집 | 전희정
디 자 인 | 박성숙, 서민정
펴 낸 곳 | (사)기독교문서선교회
등　　　록 | 제16-25호(1980. 1. 18.)
주　　　소 | 서울특별시 서초구 방배로 68
전　　　화 | 02-586-8761~3(본사) 031-942-8761(영업부)
팩　　　스 | 02-523-0131(본사) 031-942-8763(영업부)
이 메 일 | clckor@gmail.com
홈페이지 | www.clcbook.com
송금계좌 | 기업은행 073-000308-04-020 (사)기독교문서선교회
일련번호 | 2021-70

ISBN 978-89-341-2310-1 (93230)

이 책의 저작권은 저자와 (사)기독교문서선교회가 소유합니다. 신저작권법에 의하여 한국 내에서 보호받는 저작물이므로 무단 전재와 무단 복제를 금합니다.

신학 박사 논문 시리즈 60

도널드 맥가브란의
개종신학

정용암 지음

CLC

목차

추천사 ◆ 1

　임윤택 박사_William Carey International University의 Global Leadership Center 센터장
　강흥익 목사_가락성산교회 담임
　김일권 박사_국세오엠 미주 한인 본부 대표, 미주상신대학교 선교학 교수
　구자용 박사_주안대학원대학교 구약학 교수
　이은호 목사_미국 얼바인샤이닝휄로쉽교회 담임
　이충규 선교사_WEC국제선교회 일본 지부 전 대표, 일본 교회 개척 선교사
　주현철 목사_재현고등학교 교목
　최덕준 목사_미국장로교(PCA) 남가주 노회장
　함영주 박사_총신대학교 기독교 교육과 교수
　황성수 박사_미주 한인인터서브 동원 사역자, 예수커뮤니티교회 EM
　Taylor Kim_US Army Chaplain(Major)

약어표 ◆ 13

저자 서문 ◆ 14

제1장 이야기를 시작하며 ◆ 16
제2장 도널드 맥가브란의 생애 ◆ 23
제3장 도널드 맥가브란의 사역 이야기 ◆ 54
제4장 맥가브란의 개종 이야기 ◆ 91
제5장 교회성장 학자들의 개종 이야기 ◆ 128
제6장 성경에 나타난 개종 이야기 ◆ 183
제7장 개종이 바꾼 세상이야기 ◆ 226

부록 1 맥가브란의 개종 이해를 위한 연구 자료 ◆ 264
부록 2 도널드 맥가브란의 연혁 ◆ 282

참고 문헌 ◆ 285

약어표

BMS	Baptist Missionary Society
CIM	China Inland Mission
EFMA	Evangelical Foreign Mission Association
IACG	Institute for American Church Growth
ICG	Institute of Church Growth
IFMA	Interdenominational Foreign Mission Association
NCC	Northwest Christian College
OMF	Overseas Missionary Fellowship
SWM	School of World Mission
TEE	Theological Education by Extension
UCMS	United Christian Missionary Society

저자 서문

정 용 암 박사

　세계적 코로나19 팬데믹으로 세상은 혼돈과 불안 가운데 놓여 있다. 특히 한국 교회는 포스트 팬데믹 시대가 도래하면 어떤 변화들이 나타나게 될지에 대해 긍정적이지 못한 시선으로 지켜보고 있다. 그런 우려의 시선들이 현실로 나타나는 징후들이 사회 곳곳에서 나타나고 있다.
　이런 시대에 과연 교회성장을 이야기할 수 있을까?
　사람들은 세계적 팬데믹을 극복하기 위한 방안으로 역사와 인문학 속에서 교훈을 찾으려고 한다. 시대는 다르지만 인간이 겪었던 질병의 고통과 죽음 앞에서 인류의 역사가 어떻게 발전했고 그 고통을 어떻게 극복했는지 이해하려는 노력이다.
　교회성장도 마찬가지이다. 한 번도 경험해 보지 못한 팬데믹 상황 속에서 교회성장의 위기를 오히려 기회로 삼기 위해서는 기본으로 돌아가야 한다. 그것은 과거 역사 속에서 교회성장을 위해 힘썼던 선교사들과 학자들의 열정을 통해 교훈을 얻는 것이다. 한국 교회에서 교회성장학에 대한 인식은 긍정적이기보다 부정적이다. 그것은 교회성장학이 인본주의에 의한 물량주의 사상을 기초로 한 학문이라는 잘못된 인식에서 비롯된 것이다.
　본서는 교회성장의 본질을 말한다. 교회성장의 아버지라고 불리운 도널드 맥가브란의 삶을 통해 그가 말했던 교회성장의 본질이 무엇인지를 이해하려고 한다. 특히 도널드 맥가브란의 교회성장에 나타난 개종을 통해 교회성장학을 바로 이해하고 한국 교회가 추구해야 할 교회성장의 방향성을 제시하고자 한다.

맥가브란의 교회성장은 하나님에 대한 충성심과 한 영혼에 대한 사랑에 기초를 두고 있다. 한 사람의 개종을 통해 제자화와 완전화를 이루어 책임 있는 그리스도인이 되게 하는 것이다. 맥가브란의 개종은 개인적 변화와 함께 사회적 책임을 가진 성숙한 그리스도인이 되는 것이다.

맥가브란은 마태복음 28장 19-20절에 나타난 그리스도의 대위임명령에 충성스럽게 순종하는 그리스도인으로 모두를 그 자리에 초청한다. 맥가브란에 의해 주창된 개종 이론은 알랜 티펫, 랄프 윈터, 찰스 크래프트, 아서 글라서등 여러 학자에 의해 계승, 발전되었다.

알랜 티펫은 개종 이해를 위해 문화변혁 이론으로 발전시켰다.

아서 글라서는 개종 이론을 성경에 나타난 하나님 나라 관점에서 정립했다.

찰스 크래프트는 개종 이론을 커뮤니케이션 관점으로 발전시켰다.

라투렛은 기독교적 확장이라는 관점에서 집단적 개종과 그 영향을 역사적으로 서술했다.

랄프 윈터는 그것을 발전시켜 기독교 문명 운동으로 개종을 확장시켰다.

기독교 르네상스에 영향을 미쳤던 인물들의 개종 이론을 통해 한 사람의 개종이 사회와 문명을 어떻게 변화시켰는지를 이해할 수 있다.

맥가브란의 교회성장의 가장 핵심적인 가치는 효과적인 복음전도를 통한 개종이다. 그리고 그 개종은 한 영혼이 교회의 책임 있는 구성원이 되게 하고 교회를 통해 사회적 변화를 이루는 것이다. 더 나아가 기독교 문명을 꽃 필 수 있도록 삶의 전 영역에서 개종의 열매를 나타내는 것이다. 본서를 통해 교회성장의 올바른 이해와 한국 교회의 건강한 성장의 방향이 미력하게나마 제시되기를 기대한다.

오렌지 카운티 싸이프레스에서

제1장

이야기를 시작하며

도널드 맥가브란(Donald Anderson McGavran)은 교회성장의 아버지이다. 그는 말년에 교회성장이라는 용어 대신에 "효과적 복음선도"(Effective Evangelism)라는 용어를 즐겨 사용했다.[1] 그가 이 용어를 사용했던 의도는 교회성장학의 가장 중요한 핵심은 복음전도이었기 때문이다. 그가 인도에서 사역하면서 가장 관심을 가진 것도 역시 한 영혼의 개종이었다. 어떻게 하면 더 많은 사람이 예수 그리스도를 구주로 영접해 구원에 이를 수 있도록 할 것인가에 온 힘을 쏟았다.

개인의 개종이 그의 선교 사역의 동기이며 교회성장학을 발전시킨 원동력이라고 볼 수 있다. 그럼에도 불구하고 맥가브란의 교회성장에 대한 평가가 단지 교회성장을 위해 교인의 숫자만 어떤 방법을 통해서라도 증가시키는 것이라는 왜곡된 평가가 특히 한국 교회에 있어 왔다.

교회성장을 바로 알기 위해서는 맥가브란의 영혼을 향한 열정을 그의 선교적 삶 속에서 찾아내고 그 개종의 의미를 파악해야 한다. 그것을 통해 맥가브란이 진정으로 의도했던 교회성장의 바른 의미를 이해하고 한국 교회에 도움이 될 수 있는 인사이트를 발견하기를 기대한다.

맥가브란의 교회성장학은 1965년 풀러선교대학원의 전신인 선교대학원(The School of World Mission: SWM)을 통해 세계 선교계에 지대한 공헌을 했다. 풀러선교대학원이 그 당시 선교계에 큰 영향을 끼칠 수 있는 등용문이 된 것은 1955년 출판된 그의 저서 『하나님의 가교』(*The Bridges of God: A Study in the Strategy of Missions*)의 영향 때문이었다.

이광순 박사는 그 저서에 대해 다음과 같이 평가했다.

---

[1] Donald A. McGavran, *Effective Evangelism : A Theological Mandate* (Phillipsburg, N.J.: Presbyterian and Reformed Pub. Co., 1988), 125.

『하나님의 가교』를 통해 맥가브란은 기존의 선교 기지 중심의 선교에서 교회 중심의 선교로 전환할 수 있는 근거를 제시했다. 그동안의 선교 전략은 서구 중심의 선교 방식으로 선교기지를 세운 것이다. 그러나 맥가브란은 3세대 동안 이어지는 인도에서의 선교 경험을 통해 앞으로의 선교는 비서구적인 현지인들의 문화에 맞는 교회 개척이 이루어져야 한다고 주장했다. 그리고 개종은 개개인의 개종이 아니라 혈연과 지연과 같은 사회적 관계를 통한 집단 개종을 하나님의 선교 전략으로 제시한다.[2]

맥가브란의 집단 개종 이론이 형성되기 시작한 것은 1923년 9월에 인도에 정착해 선교 사역을 시작할 때부터였다. 인도 중부 하다(Harda)라는 지역에서 8년간 사역을 하면서 교회성장 이론의 중요한 아이디어들이 형성되었다.[3] 그 이후 교회성장학에 핵심 개념인 인간집단 개종(People Movement) 이론 형성에 가장 큰 영향을 준 사람은 감리교 주교였던 와스콤 피켓(J. Waskom Pickett)이었다.[4]

와스콤 피켓의 저서인 『인도에서의 기독교 대중 운동』(Christian Mass Movements in India)과 『교회성장과 집단 개종』(Church Growth and Group Conversion)은 맥가브란이 가지고 있던 교회성장 아이디어에 불을 붙이는 것과 같았다. 맥가브란이 가지고 있던 교회성장의 아이디어의 출발점은 어떻게 하면 복음을 효과적으로 전할까에 있었다. 그 질문의 핵심에는 결국 예수 그리스도를 알지 못하거나 믿지 않는 자들에게 복음을 전해 개종(conversion) 시키는 데 있었다.

도널드 맥가브란이 교회성장학에서 개인의 개종에 대해 얼마나 중요하게 여겼는지에 대한 이해가 없다면 그의 교회성장학을 올바로 이해할 수 없다. 맥가브란의 교회성장을 생각하면 떠오르는 집단 개종 이론에 대한 왜곡된 이

2　Donald A. McGavran, 『하나님의 선교전략』, 이광순 역 (서울: 한국장로교출판사, 1993), 10.
3　Vern Middleton, *Donald McGavran, His Early Life and Ministry : An Apostolic Vision for Reaching the Nations ; a Biography* (Pasadena, CA: William Carey Library, 2011), 18.
4　Gary Lynn McIntosh, "The Roots of Donald A. McGavran's Evangelistic Insights," *McIntosh Church Growth Network* (2010): 11.

해는 개인 개종에 대한 맥가브란의 열정과 관심을 희석시킨다.

그가 인도 선교에 있어서 가장 중요하게 여긴 것은 한 영혼의 구원 문제이며 예수 그리스도를 알지 못하던 자가 복음을 받아들이고 책임 있는 성숙한 제자로 성장하는 것이었다. 그리고 그가 주장한 개종은 영적 개종과 함께 사회적 변혁과 청지기적 삶을 통해 하나님 나라를 이루는 기독교 문명사적 의미를 담고 있는 개종이었다. 맥가브란의 개인 개종에 대한 학문적 결과는 랄프 윈터의 학문적 기초를 이루고 랄프 윈디의 거시적 안목인 기독교 문명사에 영향을 끼쳤다.[5]

한국 교회성장의 한계점 속에서 그것을 극복하기 위한 가장 중요한 교회성장의 핵심은 결국 한 영혼의 개종에 집중할 때 가능하다. 개종과 관련된 그의 교회성장학의 이론은 주로 집단 개종(Group Conversion)과 인간집단 운동(People Movement)과 관련된 것이다.

이에 관련된 이론은 그가 인도 선교지에서 사역을 하면서 체험된 선교 이론이기 때문에 이 이론의 배경이 되는 인도 선교 현지에 대한 연구가 선행된다. 그의 인간집단 운동은 맥가브란보다도 먼저 인도 현지에서 선교 활동을 했던 감리교 주교 와스콤 피켓의 영향을 받았다. 그리고 맥가브란의 집단 개종은 피지섬에서 20년간 선교 사역을 했던 그의 동역자 알랜 티펫(Alan R. Tippett)에 의해 선교학적으로 발전하게 되었다.

1960년경 맥가브란과 알랜 티펫은 오래곤 노스웨스트기독대학(NCC: Northwest Christian College) 내에 있었던 교회선교연구소(ICG)에서 만나 같이 동역을 하게 되었다. 문화인류학을 전공하고 문화개혁 이론을 중심으로 박사학위 논문을 연구했던 알랜 티펫은 맥가브란의 교회성장학을 문화인류학적으로 보강해 더욱 학문적 권위가 있는 이론으로 발전시켰다.

알랜 티펫은 20년간 피지에서의 선교 경험 속에서 맥가브란과 동일하게 집단 개종의 경험을 갖고 있었기 때문에 맥가브란의 이론에 전적으로 동의했다. 그의 인류학적 학문적 통찰도 맥가브란의 이론을 더욱 공고하게 발전시

5　Ralph D. Winter, *Foundations of the World Christian Movement: A Larger Perspective* (Pasadena, CA: William Carey International University Press, 2012), 21.

키는 공헌을 하게 되었다.[6] 맥가브란의 개종을 연구하는 데 있어서 알랜 티펫의 집단 개종은 매우 중요한 요소가 되었다.

맥가브란의 인간집단 운동과 집단 개종의 원리는 랄프 윈터(Ralph D. Winter)에게 많은 영향을 끼쳤다. 랄프 윈터의 전방개척 선교(Frontier Mission)와 미전도 종족 운동(Unreached people groups movement), 그리고 더 나아가 기독교 문명사에 이르는 학문적 영역에 맥가브란의 교회성장 이론은 매우 중요한 학문적 배경이 되었다.

본서는 맥가브란의 교회성장학에 대한 바른 이해를 위해 그가 가졌던 한 영혼의 개종과 구령에 대한 열정에 포커스를 맞췄으며 그 개종은 개인적 개종과 함께 사회를 변혁시키는 사회적 개종이었다는 것을 강조한다.

1. 주요 용어 이해

1) 교회성장학(Church Growth)

도널드 맥가브란의 선교적 통찰을 정립한 이론이다. 1923-1955년 동안 인도에서의 선교 경험을 바탕으로 교회가 어떻게 성장하는가에 대해 1955년 『하나님의 가교』(*The Bridges of God*)라는 저서를 출판해 당시 선교계에 새로운 바람을 일으키게 되었다.

1965년 풀러선교대학원 초대 원장으로 교수직을 수행하며 교회성장학을 발전시켰다. 1970년 『교회성장이해』(*Understanding Church Growth*)라는 저서를 통해 교회성장학의 핵심 이론을 소개했다.[7] 맥가브란은 말년에 교회성장학이라는 용어보다는 "효과적 복음전도"(Effective Evangelism)라는 용어를 즐겨 사용

---

6 Alan R. Tippett, The Deep-Sea Canoe : *The Story of Third World Missionaries in the South Pacific* (South Pasadena, Calif.: William Carey Library, 1977), 53.
7 Gary Lynn McIntosh, *Donald A. McGavran: A Biography of the Twentieth Century's Premire Missiologist* (USA: Church Leader Insights U.S.A., 2015), 342.

했는데 이는 교회성장학의 의미를 단적으로 이해할 수 있는 표현이다.[8]

2) 인간집단 원리(People Movement Group)

맥가브란은 이 이론을 설명할 때 모자이크 비유를 든다. 각각의 모자이크는 동일한 문화 속에 있는 인간집단으로 이해한다. 각각의 인간집단은 각기 나름대로의 삶의 방식을 가지고 있으며 그런 방식은 때로 다른 인간집단에게는 매우 생소하게, 때로는 불쾌하게 느껴질 수도 있다고 했다.[9] 하나님의 선교는 이런 각각의 인간집단에 교회가 세워지고 개인의 구원뿐만 아니라 집단의 개종이 이루어질 때 폭발적인 교회성장이 이루어진다고 보았다.

3) 동질집단 원리(Homogeneous Unit Principle)

맥가브란은 이 이론의 성경적 근거로 초대 교회공동체는 철저하게 유대인 중심의 교회였다는 것을 설명한다.[10] 유대인들은 인종적 장벽을 넘지 않고 기독교인이 되는 것을 선호했다. 동질집단 원리는 이와 같이 사람들은 인종적, 언어적, 계급적 장벽을 넘지 않고 기독교인이 되기를 원한다는 것이다. 그는 그의 저서 『교회성장이해』에서 다음과 같이 그 원리를 설명하고 있다.

> 동질집단 원리는 뚜렷한 계급이나 인종적 장벽에 부딪치게 될 때 쉽게 식별된다. 피부색, 신분, 소득, 정결함, 교육 등에 뚜렷한 차이가 있을 경우에, 사람들은 자신들과 같은 종류의 사람들에 의해 복음이 설명될 때 더 잘 이해하게 된다는 것은 분명한 사실이다. 사람들은 자신들과 같이 보고, 말하고, 행동하는 사람들로 구성된 교회에 들어가기를 더 좋아한다.[11]

---

8   Donald A. McGavran, 『하나님의 선교전략』, 1.
9   Donald A. McGavran, 『교회성장이해』, 김종일 외 2인 역 (서울: 한국장로교출판사, 1987), 337.
10 Ibid., 347.
11 Ibid., 343.

역으로 말하면 다양한 동질집단으로 구성되어 있는 교회는 개종에 의한 교회성장이 둔화되며 주위에 다른 교회들이 세워질 때 이동 성장에 의해 교회가 성장하게 된다는 것이다.

4) 인간집단 운동(People Movement)

맥가브란이 인도 현지에서 선교 사역을 하면서 가장 먼저 깨달은 원리이다. 당시 인도 현지에서 먼저 선교 사역을 하고 있었던 감리교 수사 피켓에 의해 먼저 발표된 원리이다. 피켓과 함께 동역하면서 인간집단 운동 원리를 더욱 발전시켜 나갔다. 여기서 말하는 인간집단이란 혈연이나 결혼을 통해 형성된 매우 밀접한 가족 집단을 말한다. 동일한 가치관과 문화를 가지고 살아가는 부족, 종족, 혈족, 그리고 인도 사회에서는 동일한 카스트를 가진 집단 등을 의미한다. 인간집단 운동이란 이런 인간집단(5명이든 500명이든) 내에서 공동체 전체의 개종을 추구하는 것이다.

그 공동체 안에서 개종이 이루어지므로 기독교인이 된다고 해서 그 공동체를 떠날 필요가 없으며 비기독교인 그룹과도 동일한 생활과 동일한 삶을 계속 영위해 나갈 수 있다. 한 인간집단이 개종되면 자연스럽게 그들과 접촉하는 다른 인간집단을 개종할 수 있게 된다. 이렇게 형성된 인간집단의 교회들은 선교사나 목회자들에게 덜 의존적이며 박해에도 강한 특징을 가지고 있으며 자연스럽게 토착교회를 형성한다.[12]

5) 토착교회 원리(Indigenous Church Principle)

맥가브란은 4대에 걸쳐 인도 현지에서 선교 사역을 한 가문이다. 아버지 존 맥가브란이 사역했던 인도 사역지에서 불과 몇십 마일 안 떨어진 곳에서 결혼 후 처음 사역을 시작했는데 처음부터 토착교회를 세우는 일에 집중했다. 토착교회란 현지 문화적 특수성을 가지고 현지 문화를 최대한 존중해 세

---

12 Ibid., 491.

워진 현지 교회를 의미한다. 교회교육 프로그램이나 사역자들도 무급으로 현지인들을 훈련해 세우고 선교사 없이 스스로 독립할 수 있도록 최대한 배려했다. 맥가브란뿐만 아니라 피지섬에서 1941-1961년까지 사역했던 알랜 티펫도 토착교회를 세워 독립하는 데 모든 힘을 쏟았다.[13]

6) 하나님의 가교 원리(The Bridges of God)

맥가브란이 선교계에 새로운 바람을 일으켰던 저서가 1950년에 출판된 『하나님의 가교』(The Bridges of God)였다. 그 저서의 핵심 내용이 1970년에 출판된 『교회성장이해』에서 19번째 원리로 정리되었다.

복음을 전하려면 각 인간집단의 경계를 넘어서는 하나님의 가교가 필요한데, 가까운 친구나 친척 등 이미 형성되어 있는 인간관계의 다리를 통해 복음이 전해질 수 있다는 원리다. 맥가브란은 친척과 친지들의 관계망은 교회성장을 위한 최상의 대로이며 그 다리들을 사용하라고 강력히 권면했다.[14]

---

13 Charles H. Kraft, *Swm/Sis at Forty : A Participant/Observer's View of Our History* (Pasadena, Calif.: William Carey Library, 2005), 36.
14 Donald A. McGavran, 『교회성장이해』, 567.

제2장

도널드 맥가브란의 생애

도널드 맥가브란의 교회성장학은 책상에서 단순한 지식으로 만들어진 것이 아니다. 그것은 선교 현지에서 축적한 30년 동안의 경험을 통해 이루어진 것이다. 그의 학문을 이해하기 위해서 선행되어야 할 것이 그의 생애와 사역을 이해하는 것이다. 그의 학문 배경이 되었던 선교지를 이해하고 그의 삶 속에 영향을 끼친 사건들을 살펴봄으로써 교회성장학의 태동을 이해하는 데 도움을 얻고자 한다.

맥가브란의 출생지 인도 다모[1]

---

1 "Google Map," accessed 02/27, 2014.

1877년 외조부 James Henry Anderson(1827-1901)[3]

도널드 맥가브란은 1897년 12월 15일 인도의 다모(Damoh)에서 출생했다. 그는 3대째 선교사 가문에서 태어났다.

그의 외조부모 제임스 앤더슨 부부(Mr. and Mrs. James H. Anderson)는 영국 출신의 선교사였다. 윌리엄 캐리에 의해 설립된 침례교선교협회(BMS)의 지원으로 1854년 6월 런던으로부터 6개월간의 항해 끝에 인도 뱅갈(Bengal)에 도착해 윌리엄 캐리(William Carey 1761-1834)가 섬겼던 같은 도시에서 선교 사역을 시작했다.[2]

그들은 윌리엄 캐리와 같은 선교 마인드를 가지고 같은 지역에서 선교 사역을 감당했다. 1890년에 제임스 앤더슨은 선교사직에서 은퇴했다. 그러나 그의 사역은 그의 자녀들과 그 후손들로 이어졌다. 그의 아들 허버트 앤더슨(Herbert Anderson)은 1884년 BMS(Baptist Missionary Society)의 선교사가 되었고 1900년에 영국 침례 선교부의 서기가 되었다. 그의 딸 지엠 잭슨(Mrs. G.M. Jackson)은 뭉겔리(Mungeli) 지역에서 선교 사역을 했다. 그리고 또 다른 딸인 헬렌 앤더슨(Helen Anderson)은 존 맥가브란(John G. Mcgavran)의 아내이자 도널드 맥가브란의 어머니가 되었다.

1907년 어머니 Helen Aanderson MacGavran(1871-1965)[4]

맥가브란가(家)는 스코틀랜드 아이리시 출신이었다. 1781년 그들은 북 아일랜드에서 신

---

[2] Gary Lynn McIntosh, "The Impact of Donald A. McGavran's Church Growth Missiology on Selected Denominations in the United States of America, 1970-2000" (Fuller Theological Seminary, 2005), 5-6.
[3] "James Henry Anderson(1877)," accessed 02/10, 2014. http://corneli.net/wp02/wp02_159.htm.
[4] "Helen Anderson McGavran 1907," accessed 02/18, 2014. http://corneli.net/wc01/wc01_022.htm.

앙적 박해를 받았다. 맥가브란가문은 종교의 자유를 찾아 미국으로 건너가서 그래프톤(Grafton) 가문과 결혼을 통해 가족을 이루게 되었다. 그래프톤 가문은 웨스트 버지니아의 베다니(Bethany)라는 마을에서 농사일을 하는 집안이었다. 정확하게 알려진 바는 아니나 그래프톤가문은 성경복귀 운동(The Restoration Movement)의 주역인 알렉산더 캠벨(Alexander Campbell)의 신앙을 계승하고 있었다고 한다.

도널드 맥가브란의 아버지 존 맥가브란(John Grafton McGavran)은 1867년 웨스트 버지니아 뉴 컴버랜드에서 태어났다. 그리고 오하이오에서 자랐다. 그는 그의 여동생 메리와 함께 농사일을 도우며 동시에 베다니대학에 다녔다. 그리고 그곳에서 인도 선교사의 삶을 살 것을 헌신했다.

결국 1891년 그는 24세에 독신으로 앞으로 20년 동안 선교사로서 사역하게 될 인도를 향해 출항했다. 그는 인도에 있는 하다(Harda), 빌라스푸루(Bilaspur), 하타(Hatta) 지역에서 독신선교사로 선교센터의 일을 도왔다.

그리고 그는 1910년까지 일하게 될 다모(Damoh) 지역에 선교센터를 개원했다. 마침 헬렌이 그의 부모님과 함께 휴가를 맞아 고산지대를 방문하다가 다모에서 맥가브란을 만나게 되었다. 그들은 서로간에 호감을 갖게 되었고 곧 사랑에 빠져 1896년에 결혼하게 되었다.

맥가브란이 태어나고 자라난 집(인도 다모)[5]

그리고 그 이듬해(1897년)에 도널드 맥가브란이 출생하게 되었다. 그들 사이에는 네 명의 자녀가 출생했는데 도널드 맥가브란은 그중 둘째였다.

맥가브란 가문은 3대째 선교사로 인도에서 1954년까지 사역했는데 모든 세대의 사역 기간을 합하면 279년에 이른다.[6]

---

[5] Gary Lynn McIntosh, *Donald A. McGavran: A Biography of the Twentieth Century's Premire Missiologist* (USA: Church Leader Insights U.S.A., 2015), 101.

[6] Gary Lynn McIntosh, "The Impact of Donald A. McGavran's Church Growth Missiology on Selected Denominations in the United States of America, 1970-2000", 11.

1. 소년기(1898-1914)

존 맥가브란(John G. McGavran)의 사역은 처음부터 분주했다. 방과 후 학교, 주일학교, 전도 사역, 건물 짓기, 설교, 교육, 그리고 선교 사업을 위한 일들을 빌라스푸르(Bilaspur) 지역에서 했다. 더우기 1898년에 있었던 역병으로 다모 지역의 고아들을 돌보는 사역을 했다.

그는 동료 선교사 W. E. 람보(W. E. Rambo)와 함께 굶어 죽어 가는 아이들을 살리는 사역을 했다. 고된 선교 사역 가운데 그의 가족들도 역시 힘겨운 삶을 살았다. 그 당시 집시와 같은 삶에 대해 도널드 맥가브란은 다음과 같이 회상했다.

John Graft McGavran의 가족(1908년 10월26일) 도널드는 뒷줄 가운데[7]

도널드와 그의 누이 Grace[8]

선교 사역을 위해 멀리 한 달간 이동할 때면 가족 전체가 소가 끄는 마차를 타고 이 마을 저 마을을 순례했다. 어떤 곳에서는 일주일간 나무 그늘 아래 텐트를 치고 지내고 어떤 때는 이틀 동안 걸어서 15개에서 20개 마을을 방문했다. 우리 형제 자매들은 새로운 마을과 환경에 즐거워했고 나무에 올라가서 놀기도 하고 잔디에서 뛰어놀기도 했다. 그리고 밤이면 마을 사람들이 복음송

---

[7] John Graft McGavran' Family Picture (1908년 10월 26일), accessed 02/20, 2014. http://corneli.net/wf01/wf01_022.htm.

[8] Gary Lynn McIntosh, *Donald A. McGavran: A Biography of the Twentieth Century's Premire Missiologist* (USA: Church Leader Insights U.S.A., 2015), 101.

을 듣고 슬라이드를 보기 위해 큰 모닥불 주위에 모였는데 우리들은 그것들을 매우 즐겼다.⁹

도널드 맥가브란의 어린 시절 삶은 매우 풍부하고 다양했다. 그는 인도 고아원 아이들과 즐겨 놀았고 그의 어머니가 선교 사역으로 바쁠 때에는 아이야(Ayah)라고 불리운 인도 여인이 그를 돌봐주었다. 이런 어린 시절의 경험이 그를 자연스럽게 영어와 힌두어 이중 언어를 쉽게 구사할 수 있도록 했다.

4월에서 6월까지의 여름 시즌에 그의 어머니 헬렌은 도널드와 그의 자녀들을 북쪽으로 1,300킬로미터 떨어져 있는 시원한 랜다우(Landour) 지역에 가서 보냈다. 자녀들의 교육은 2-3달간의 형식적인 학교 교육을 제외하고는 홈스쿨링을 했다. 홈스쿨링 교육의 중요한 부분은 자율 독서였다. 도널드는 독서를 통해 역사, 글쓰기, 읽기를 배웠다. 나중에 공립학교를 진학할 때는 수학만 적응하기에 어려웠고 다른 과목들은 충분히 적응할 수 있는 실력을 쌓았다.

아버지 John Graft McGavran (1867-1939)¹⁰

도널드가 13세였던 1910년에 맥가브란 가족은 안식년을 맞아 미국으로 떠나게 되었다. 여행 중간에 그들은 먼저 영국 에든버러를 경유했다. 존 맥가브란은 그곳에서 '에든버러 국제선교회의'(Edinburgh World Missionary Conference, 1910년)에 참석했다.

그 회의를 통해 그는 1912년부터 1922년까지의 선교 사역을 결정하는 중요한 계기가 되었다. 그는 선교훈련학교에서 중요한 역할을 맡게 된 것이다.¹¹ 그의 가족은 미국 미시간 앤 아바우어(Ann Arbour)에 정착했다. 그곳에

---

9 Vern Middleton, *Donald Mcgavran, His Early Life and Ministry : An Apostolic Vision for Reaching the Nations ; a Biography* (Pasadena, CA: William Carey Library, 2011), 2-3.
10 "John Graft McGavran," accessed 02/18, 2014. http://corneli.net/wp01/wp01_035.htm
11 Ibid., 5

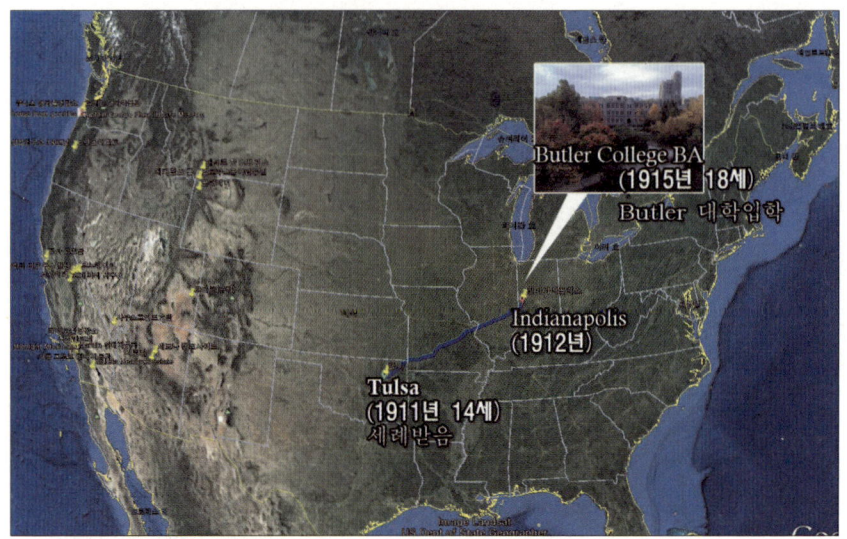

오클라호마 털사(1911년)에서 인디아나폴리스로 이주(1912년)[12]

서 존 맥가브란은 1년 동안 석사(M.A.) 학위를 마쳤다.

그의 자녀들(Grace 14세, Donald 13세, Edward 9세, Joyce 6세)은 미국에서 깊은 문화 적응의 시간을 가졌다. 왜냐하면 그의 자녀들이 인도에 있는 동안 공립학교가 아니라 홈스쿨링을 했고 그들의 세계관도 인도의 마을에서 형성된 것이었기 때문이었다.

1911년 여름, 존 맥가브란은 오클라호마 털사(Tulsa)에 있는 한 교회에서 목사로 부름을 받았다. 그리고 거기서 도널드 맥가브란은 예수 그리스도를 영접하고 세례를 받았다. 그는 또한 교회에서 만났던 친구들을 통해 스카우트에 가입했고 하이킹과 농구를 즐겨했다.

그로부터 18개월 후 그들은 인디아나폴리스로 이주했다. 그곳에서 존 맥가브란은 새로운 선교대학의 인도학 교수가 되었다. 도널드 맥가브란은 그곳에서 인쇄소에서 시간당 10센트를 받으며 파트타임으로 일하게 되었다. 그런 인쇄소에서의 경험은 훗날 인도 자발푸루(Jabalpur)에서 선교 관련 인쇄소의 매니저로 일할 때 큰 도움이 되었다.[13]

---

[12] "Google Map," accessed 02/27, 2014.
[13] "John Graft Mcgavran," accessed 02/18, 2014. http://corneli.net/wp01/wp01_035.htm, 6.

2. 청년기(1915-1929)

1915년 가을, 18세가 된 도널드와 한 살 위 누나 그레이스는 버틀러대학(Butler college)에 같이 입학했다. 그는 대학에서 디베이트 팀장으로 선발되었다. 그는 그의 팀을 더 큰 쟁쟁한 대학들의 대표들과 겨뤄서 항상 승리로 이끄는 리더십을 발휘했다. 도널드는 항상 모든 일에 적극적이었으며 진취적인 정신을 가지고 있었다.

군 입대 사진[14]

1917년 4월 20세의 나이에 군대에 입대했다. 미국의 역대 모병 포스터 중 가장 유명한, 1917년에 제작된 샘 아저씨의 "나는 네가 육군에 지원하기를 원한다"라는 포스터는 그 당시 시대상을 잘 반영하는 것이었다. 그는 이 포스터를 보고 자진해서 군입대를 지원했다.

이미 1914년 7월 28일에 제1차 세계대전이 발발한 상태였다. 그가 고등학교때 발발한 세계대전의 소식을 듣고 참전 의사가 없는 미국에 대해 늘 안타까워하고 있었다. 미국의 참전은 1917년에 결정된 것이었다. 도널드는 그 당시를 회고하며 다음과 같이 기록했다.[15]

> 1916년 동안에 나는 캐나다에 갈 생각을 심각하게 했다. 왜냐하면 캐나다는 이미 참전을 결정한 상태였기 때문에 캐나다에서 참전하고자 하는 생각이 간절했다. 자유를 수호하지 못하고 단지 세계의 통치자가 되려는 미국의 태도가 마음에 들지 않았다.

마침내 미국이 독일에 전쟁을 선포했을 때 그는 인디아나 기갑부대에 지

---

14 "Donald McGavran Army Uniform," accessed 02/18, 2014. http://corneli.net/wp01/wp01_018.htm
15 Gary Lynn McIntosh, *Donald A. McGavran: A Biography of the Twentieth Century's Premire Missiologist* (USA: Church Leader Insights U.S.A., 2015), 60.

제1차 세계대전에 참전한 맥가브란[16]

원했다. 행여나 몸무게 미달로 자격이 박탈될까 봐 바나나를 계속해서 먹고 물도 마시면서 몸무게를 늘려나갔다. 그리고 문제없이 입대하게 되었다.

1917년 7월에 그는 미시시피 하티스버그 캠프에 있는 제139포대로 전송되었다. 그곳에서 훈련하는 동안 동료들의 도덕적으로 무절제한 생활에 큰 실망감을 느꼈지만 그는 프랑스에 곧 파병될 것을 생각하고 프랑스어 공부에 전념했다. 짧은 기간이었지만 그의 탁월한 언어 습득 능력으로 프랑스어를 유창하게 할 수 있게 되었다. 이 기간 동안 그는 어머니께 프랑스어로 편지를 써 보내곤 했다.

1918년 9월 마침내 그가 속한 제139 포병연대가 프랑스로 파병하게 되었다. 파병되기 전 그의 아버지 존은 인디애나폴리스에서 뉴욕까지 찾아왔다. 전쟁터로 떠나는 장남 도널드를 만나기 위해서였다. 도널드는 아버지의 이런 모습을 나중에 회상하기를, 어쩌면 이 세상에서 다시는 보지 못할 수도 있다는 안타까운 마음으로 아들을 배웅나온 것에 대해 감사했다. 대서양을 건너 아일랜드 연안에서 독일 잠수함의 어뢰 공격을 받게 되었다. 잠시 영국으로 피신한 후 배로 프랑스 라하브레(Le Havre)에 도착했다.

쉘비 주둔지(Camp Shelby, 1918년)[17]

다시 프랑스 파리로 갔다가 11월 10일에 6인치 자동화기를 가진 부대가 적과의 전투를 30마일 떨어진 곳에서 준비하고 있을 때 전

---

16 Gary Lynn McIntosh, *Donald A. McGavran: A Biography of the Twentieth Century's Premire Missiologist* (USA: Church Leader Insights U.S.A., 2015), 102.

17 "At Camp Shelby 1918," accessed 02/21, 2014. http://www2.wheaton.edu/bgc/archives/treasure/tr02/12.htm

레이크 제네바 YMCA 여름 수련회(도널드는 뒷줄 오른쪽에서 세 번째, 1919년)[18]

쟁은 휴전이 선언되었다. 도널드는 매우 실망했지만 그것은 하나님께서 그의 삶을 지켜 주신 사건이라는 것을 몇 해가 지나 깨닫게 되었다.

1919년 1월 19일 그는 전역해 대학으로 돌아왔다. 그에게 있어서 군대에서의 훈련과 경험은 후일 교회성장 전략들을 그리는 데 있어서 매우 중요한 역할을 하게 되었다.[19] 2년 동안의 군생활은 그를 매우 성숙한 사람으로 변화시켰다. 그러나 복학 후 그가 변화된 가장 큰 체험은 1919년 YMCA 여름 수련회를 통해서였다.

이 캠프에서 존 모트(John R. Mott)의 설교를 듣던 중 선교사로 부르심을 체험하게 되었다. 그는 그때의 경험을 다음과 같이 고백했다.

> 나는 선교사의 길보다는 평범한 그리스도인의 삶을 살기로 다짐했다. 그리스도를 위한 헌신의 삶은 우리 부모님으로 족하다고 여겼다. 그리고 나는 돈을

---

18 Gary Lynn McIntosh, *Donald A. McGavran: A Biography of the Twentieth Century's Premire Missiologist* (USA: Church Leader Insights U.S.A., 2015), 102.
19 Middleton, *Donald McGavran, His Early Life and Ministry*, 9.

벌기를 원했다. 특히 나는 법률, 지질학, 임업에 관심이 많았다. 그러나 레이크 제네바(Lake Geneva YMCA 여름 수련회)에서 하루하루 시간을 보내면서 전적으로 그리스도 앞에 순종하고자 하는 영적 체험을 하게 되었다. 처음에 나는 저항했지만 하나님의 강력한 부르심에 더 이상 저항할 수가 없었다. 그리고 선교사의 길을 가기로 작정했다.[20]

도널드가 마리아에게 보낸 연애 편지(1921년 8월 23일)[21]

그 이후 그는 버틀러(Butler) 대학에서 두 친구를 사귀게 되었다. 그들은 데이비드 리오(David Rioch)와 리만 후버(Lyman Hoover)였다. 세계 선교를 위한 기도 모임에서 같이 성경 공부를 하면서 알게 되었다. 그 친구들도 도널드처럼 YMCA 여름 수련회를 통해 영적 체험을 했다. 데이비드는 중국 북서쪽 무슬림을 향한 선교의 부르심을 받았다. 리만은 중국 본토에 있는 중국인들을 향한 선교의 부르심을 받았다. 그리고 도널드는 인도에 부르심을 받았다. 대학 시절 동일한 비전을 가진 친구들과 함께 미래의 선교를 위해 준비해 나갔다.

도널드는 졸업반의 대표로 선출되었다. 그는 학생들을 위한 의미 있는 활동 포럼과 학생들의 편익을 위한 여러 가지 일들을 했다. 이런 그의 아이디어를 버틀러대학은 학교 정책에 반영했으며 그것은 학교의 영구적 전통이 되었다. 이것은 젊은 시절 그가 추진력 있는 리더십을 발휘한 단면이라고 볼 수 있었다.

마지막 학년 첫 학기에 그는 인생에 있어 매우 중요한 만남을 갖게 되었다. 바로 그의 아내가 될 메리 엘리자벳 하워드(Mary Elizabeth Howard)를 만난 것이다. 그녀는 1898년 3월 12일 이사야 하워드(Isaiah Howard)와 사라 하워드

---

20 Ibid.
21 "Love Letter," accessed 02/20, 2014. http://www2.wheaton.edu/bgc/archives/treasure/tr02/06.htm.

(Sarah Howard) 사이에 1남 2녀 중 막내로 태어났다.

그녀는 인디아나주 뮨시(Muncie)에서 자라났다. 어릴 때 잭슨스트리트크리스천교회(Jacksen Steet Christian Church)에 출석했으며 음악에 재능이 있어서 자주 교회에서 솔리스트로 찬양을 하곤 했다. 그런 재능은 훗날 인도에서의 선교 사역에 있어서 큰 자산이 되었다. 그녀의 아버지는 막내딸을 어릴 때 선교사가 되도록 하나님께 서원했다. 그래서 많은 선교사들을 자기 집에 초대했고 그때마다 마리아를 그들에게 소개시켜 주었다.

아내 Mary Elizabeth Howard
(1898-1990)[22]

고등학교를 졸업하고 마리아는 버틀러대학에 진학했다. 교회는 그녀에게 장학금을 지급해 학비의 일부를 대 주었고 나머지는 아버지와 오빠 월터(Walter)가 지원해 주었다.

도널드와 마리아의 첫 만남은 교회 예배당에서였다. 도널드가 처음 복학을 위해 학교에 갈 때 군복을 입곤 했다. 도널드가 예배당에 갔을 때도 같은 복장이었다. 마리아는 예배당 뒤쪽에서 군복을 입은 도널드를 보고 늠름한 그의 모습에 깊은 호감을 갖게 되었다. 그 후 그들은 1920년 아이오와 데스 모인스(Des Moines)에서 있었던 학생자원봉사대회(the Student Volunteer Movement)에 같이 참석했다. 그곳에서 성령님의 터치하심을 동시에 체험했고 선교사로서의 헌신을 다짐하는 계기가 되었다. 그 대회를 통해 둘은 더욱 가까워졌다. 같은 비전을 가지고 서로의 사랑을 확인하는 시간이었다

그 해 봄에 그들은 약혼하고 도널드가 예일(Yale)대학원(B.D.)에서 공부하는 2년간 한시적으로 떨어져 있다가 마침내 1922년 8월 29일 결혼(25세)을 하게 되었다. 마리아도 1922년 학위를 마치고 둘은 함께 선교대학(the College of Missions, M.A.)에 입학했다.

도널드는 1920년에서 1922년까지 예일대학원에서 공부를 했다. 그는 기독교 교육학(Christian Education)을 전공했다. 그는 예일대의 교수들에게 깊은 인

---

[22] "Mary Elizabeth Howard," accessed 02/18, 2014. http://corneli.net/wp01/wp01_017.htm.

인도에서 아버지와 함께한 맥가브란

상을 심어 주었고 특히 설교학에서 최고의 점수를 받았다. 그리고 우등생으로 졸업했다. 예일대의 몇몇 교수는 성경 해석에 있어서 고등비평의 관점을 가졌지만 총장은 보수 신학적 입장을 가지고 있었다.[23]

도널드는 예일의 신학적 성향은 대중에게 진리에 대한 왜곡된 시각을 제시한다고 비판했다. 예일의 신학적 환경의 영향은 오히려 인도에서의 첫 번째 사역에 있어서 점진적으로 성경 말씀에 충성된 그리스도 중심적 복음을 강조하도록 했다.

한편, 역사학 교수였던 라토렛 교수에게 수학하며 좋은 관계를 유지했다. 라토렛을 통해 기독교가 1,900년 동안 어떻게 성장하고 확장되었는지에 대한 거시적 관점을 배웠다. 그런 역사적 관점은 훗날 교회성장에 중요한 밑거름이 되었다.

결혼사진(1922년 8월 29일)[24]

도널드는 아내와 함께 선교대학에서 소명대로 인도 선교를 준비했다. 먼저 힌두어를 공부했다. 어릴적부터 접했던 언어이기에 쉽게 공부할 수 있었다. 그리고 인도의 종교, 역사, 사회적 이슈에 대해 공부했다. 또한 기독교 교육을 강의할 수 있는 기회도 가졌다.

그리고 인디아나 뉴포인트에 있는 작은 시골 교회에서 사역도 하면서 학자금과 생활비를 마련했다. 그 사이 마리아는 임신을 하게 되었고 1923년 7월 2일에 첫 딸 메리 데오도라(Mary Theodora)를 출산하게 되었다. 그 딸은 인도

23　Donald A. McGavran, *Effective Evangelism : A Theological Mandate* (Phillipsburg, N.J.: Presbyterian and Reformed Pub. Co., 1988), 41.
24　Middleton, *Donald McGavran, His Early Life and Ministry*, 11.

에서의 선교 사역 중에 맥가브란의 활력소였고 소망이었다. 그러나 안타깝게도 1930년 3월 그 딸(7세)은 하나님의 부름을 받게 되었다.

26세의 맥가브란은 청소년 컨퍼런스에 강사로 초대되어 많은 청년에게 선교에 대한 도전의 메시지를 던졌다. 그 결과로 몇 해전에 맥가브란 부부가 그랬던 것처럼 많은 젊은이가 세계 선교에 헌신하게 되었다.

1923년(26세) 여름, 부부는 복음기독교회(the Gospel of the Christian Church)에서 함께 선교사로 안수를 받게 되었다. 그 당시 부부가 같이 안수를 받는 경우는 매우 이례적인 일이었다. 이 교단은 맥가브란의 삶에 있어서 큰 영향을 끼쳤다. 그는 그 교단의 신념에 충성되었으며 신실했다. 일정 정도 그 교단과 교회는 교회성장 원리들에 있어서 신학적, 실용주의적 방식을 취할 수 있는 깊은 인사이트를 제공했다.

한편, 도널드의 아버지 존 맥가브란은 세 자녀가 미국에서 대학 교육을 마치는 1922년까지 미국에서 사역을 하다가 선교지인 인도로 다시 돌아가야 한다는 강한 소명 의식이 일어나 그들이 사역했던 인도땅으로 돌아갔다.

인도로 돌아간 존은 성경대학의 교사로, 그리고 힌두어 주간 신문의 편집자와 매니저로 일하게 되었다. 그 후 그는 선교국의 사무장으로 선출되었다. 그러나 안타깝게도 고혈압으로 중풍이 왔다. 처음에는 가볍게 왔지만 세 번 연이어 중풍이 오는 바람에 결국 1929년 미국으로 귀국하기로 결정했다. 그래서 그는 의사가 된 둘째 아들 에드워드 맥가브란(Edward McGavran)에게 돌봄을 받게 되었다.

1923년 가을(9월), 도널드와 그의 아내 마리아는 갓난 아기였던 딸 데오도라와 함께 인도로 가는 배에 올랐다. 영국에서 6주간 머물렀다가 드디어 11월에 인도 봄베이에 도착했다. 그리고 그의 부모님께서 UCMS(the United Christian Missionary Society)와 함께 사역하고 있는 자발푸르(Jabalpur)로 갔다. 아버지 존은 아들 가족을 위해 그의 방갈루를 처소로 내주었다. 그곳에서 1924년 10월까지 힌두어 집중 코스를 마칠 때까지 머물게 되었다. 그리고 그들은 첫 사역지인 작은 기차길 마을인 하다(Harda)로 옮기게 되었다. 하다는 자발

맥가브란의 첫 사역지 인도 하다[25]

푸르로부터 서쪽으로 200킬로미터 떨어져 있는 마을이었다.

하다 지역에서 처음 선교가 시작되었던 것은 1882년이었다. 그 선교를 통해 여러 개의 큰 학교들이 세워졌다. 도널드는 그곳에서 모든 학교의 교장이 되었다. 마리아는 남자 고등학교에서 교사가 되었고 여자 학교를 감독했다. 그리고 지역교회의 프로그램에도 참여했다.[26]

도널드는 기독교 학교에 참여해 가르치고 커리큘럼을 만들기 시작하면서 인도에서 기독교 학교의 중요성과 기독교 교육의 중요성을 깨닫게 되었다. 학생들의 신분 분포도를 조사해 본 결과 학생들의 98퍼센트가 하층 계급의

---

25 "Google Map," accessed 02/27, 2014.
26 Middleton, *Donald McGavran, His Early Life and Ministry*, 18.

카스트라는 것을 알게 되었다. 도널드의 과제는 어떻게 하면 상층 계급의 카스트에 해당하는 학생들을 개종시킬 수 있을까에 대한 것이었다. 이렇게 시작된 고민이 교회성장 이론을 형성하는 첫 발걸음이 되었다.

인도에서 맥가브란의 자녀들 왼쪽부터 위니프레드(Winifred), 말콤(Malcolm), 헬렌(Helen), 진(Jean)[27]

도널드는 효과적인 기독교 교육을 위해 1928년 최초로 책을 출판했다.『미션 스쿨에서 종교를 가르칠 수 있는 방법: 간단한 매뉴얼』(*How to Teach Religion in Mission Schools: A Brief Manual of Method*). 이 책은 여덟 가지의 다른 언어로 번역, 출판되었다. 그 책 서문에는 다음과 같이 기록되어 있었다.[28]

> 우리는 우리의 학생들을 빚어가고 있습니다. 우리는 그들을 우리 주 예수 그리스도의 인격으로 짓고 있습니다. 그들이 행복과 승리의 삶을 살 수 있도록 말입니다. 우리는 성령에 기초한 기독교 교육을 해야 합니다. 머리가 아니라 가슴으로 아이들의 영혼 속에 우리 주님의 생명을 심어 주어야 합니다.

1928년(31세), 그는 이와 같은 정신을 가지고 교사들의 기술을 업그레이드 할 수 있는 연구소 프로그램을 개발했다. 그가 감독하고 있는 학교는 15개 유치원, 5개 중학교, 1개 일반학교, 2개 고등학교, 그리고 2개 공업학교, 총 25개 학교에 이르렀다. 그것이 가능하도록 메뉴얼과 교육 도구들을 책으로 출판했으며 좋은 방법론을 계발하기 위해 많은 고심을 하게 되었다.

1929년 6월, 31세의 맥가브란은 랜다우(Landour)에 있는 선교사들을 위한

---

27 Gary Lynn McIntosh, *Donald A. McGavran: A Biography of the Twentieth Century's Premire Missiologist* (USA: Church Leader Insights U.S.A., 2015), 104
28 Middleton, *Donald McGavran, His Early Life and Ministry*, 19.

수련센터에서 "기독교 교육을 위한 감독"(The Supervisor of Religion Education)이라는 주제로 강연했다. 거기서 강조한 바는 감독의 세 가지 기능이었다. 그것은 평가, 훈련, 리서치를 통한 개선이었다. 이 중요한 원리는 훗날 교회성장에 있어서 중요한 뼈대가 되었다.

한편, 1930년(33세) 3월, 사랑하는 딸 데오도라(7세)의 갑작스러운 죽음(맹장염)으로 그는 큰 슬픔에 잠겼다. 1930년 3월 초, 맥가브란은 안식년을 맞아 미국에 아이들과 함께 방문할 것에 큰 기내와 부푼 마음으로 짐을 조금씩 꾸려 가고 있었다. 그 당시 첫째 딸 데오도라(Theodora)가 7세, 둘째 딸 진(Jean)이 5세, 셋째 딸 헬렌(Helen)이 4세, 넷째 아들 말콤(Malcolm)이 1세였다.

아이들은 미국에 대해 궁금한 것들을 물어보았다. 그러던 어느 목요일 아침 데오도라가 열이 나기 시작했다. 지방정부병원 의사를 찾아가니 말라리아 증세로 심각한 것은 아니라고 했다.

다음날 데오도라는 약간 호전된 모습이었다. 맥가브란은 선교위원회 모임이 있어서 자발푸루로 기차를 타고 떠났다. 그 사이 데오도라의 상태가 극도로 악화되기 시작했다. 토요일 아침 마리아는 아이를 데리고 큰 병원이 있는 나푸루로 기차를 타고 떠났다. 그곳은 하다 지역에서 240킬로미터나 떨어진 곳이었다. 8시간 동안 흔들리는 기차 안에서 마리아는 하염없이 눈물만 흘리며 아이 곁을 지켜주었지만 아이의 생명은 서서히 꺼져 가고 있었다.

병원에 도착했을 때 데오도라는 이미 죽어 있었다. 원인은 맹장염이었다. 금요일에 맹장이 터져서 감염이 진행된 상태였다. 병원에 미리 갔지만 아이의 질병을 정확히 진단하지 못한 결과였다.

맥가브란은 선교위원회 모임 중간에 전보로 청천벽력과 같은 소식을 접하고 집으로 급하게 돌아왔지만 그가 할 수 있는 일은 데오도라의 장례를 치르는 것뿐이었다. 그는 오랫동안 식음을 전폐하고 딸의 죽음에 자책했다. 그러나 사랑하는

첫째 딸 Theodora McGavran
(1923-1930)[29]

---

[29] "Mary Theodora McGavran," accessed 02/20, 2014. http://corneli.net/ps01/ps01_086.htm.

첫째 딸의 무덤 뒤에 생명이 있음을 깨달았다 데오도라가 사랑했던 예수님과 딸이 함께 있다는 안도감과 다시 딸을 만나게 될 것에 대한 소망으로 조금씩 회복해 나갔다.

그는 그 사건을 계기로 그리스도와의 깊은 관계 속에서 그 슬픔을 견딜 수 있는 힘을 얻었으며 하나님께서 주신 그 능력은 신실한 청지기로서 그에게 주어진 선교 과업을 이룰 수 있는 원동력이 되었다.[30] 인도에서 사역하는 동안 맥가브란 부부는 데오도라를 포함해 여섯 명의 아이를 출산했다.

3. 중년기(1930-1953)

1930년(33세), 안식년을 맞아 도널드는 가족과 함께 미국으로 건너가서 뉴욕 콜롬비아대학교에서 교육학으로 박사 과정을 시작했다. 그의 박사 학위 논문은 가족을 통해 힌두교를 가진 학생들에게 미치는 기독교 학교의 영향을 통계학적으로 분석한 것이었다. 이 논문으로 1936년에 박사 학위를 받았다. 도널드는 2년 동안의 안식년을 마치고 1932년에 다시 인도로 돌아왔다.

35세의 도널드는 1932년 11월에 필드재무부장(field secretary-treasurer)으로 선출되었다. 인도 선교의 수장이 된 것이었다. 그는 가족들과 함께 자발푸르로 이사했다. 그곳에는 영국 사무소와 앵글리칸, 로마가톨릭, 감리교, 그리고 기독제자회의 선교 사무실이 밀집되어 있는 곳이었다. 그리고 영국 군부대와 그 가족들이 거주하고 있어서 도시가 많이 서양화되어 있었고 기차가 교차하는 역이 있었다. 사무장의 위치에 서게 된 도널드는 80명의 선교사들과 다섯 개의 병원, 여러 고등학교, 유치원, 나병환자들을 위한 병원을 감독, 관리해야 할 책임이 생겼다. 그가 책임진 여러 선교 지역과 교회들을 돌보면서 교회성장학의 시발점이 된 독특한 현상을 발견하게 되었다.

특히 그의 교단에서 세운 13개의 교회들이 1년에 불과 1퍼센트만 성장하는 것에 대해 의문을 가지기 시작했다. 반면, 인도의 다른 지역에서 개인이 아닌

---

[30] Middleton, *Donald McGavran, His Early Life and Ministry*, 34.

그룹 안에서 수천의 사람들이 주님께 돌아오는 현상을 보게 되었다. 그 지역의 교회는 그리스도께로 개종하는 성도의 비율이 매우 높다는 것을 알게 되었다.

도널드 맥가브란의 선교와 교회성장에 영향을 끼친 사람들은 윌리엄 캐리(William Carey), 롤랜드 알렌(Roland Allen), 케넷 라투렛(Kenneth Scott Latourette)을 들 수 있다. 그러나 교회성장학의 아이디어를 증폭시키는 직접적인 영향을 준 사람은 제럴 와스컴 피켓이었다.[31]

1910년부터 피켓은 감리교에서 파송되어 남아시아 선교를 담당해 인도에

제럴 와스컴 피켓(1890-1981)[32]

제럴 와스컴 피켓(Jarrell Waskom Pickett, 1890년 2월 21일 – 1981년 8월 17일)은 미국 텍사스 출생으로 감리교 목사의 아들로 태어났다. 아버지가 설립자인 배스버리대학을 졸업했다. 1910년(20세), 감리교 국제선교부 파송으로 인도 선교사의 길을 떠났다. 1933년, 피켓은 인도 교회의 성장을 기록하고 조사한 "인도의 기독교 대중 운동"을 출판했다. 이것이 맥가브란의 교회성장학에 큰 영향을 끼쳤다. 1935년 피켓은 남아시아 중앙 총회에서 감리교 감독으로 봉헌되었다. 1956년에 은퇴할 때까지 인도에서 감리교 선교에 큰 리더십을 발휘했다. 은퇴 후 미국으로 돌아와 보스턴대학교 신학대학원에서 교수직을 역임했다. 그는 모두 인도에서 네 자녀 곧 엘리자베스(Elizabeth), 미리암(Miriam), 마가렛(Margaret), 더글라스(Douglas)를 낳았다. 그의 딸 마가렛은 미국 여배우 로라 해리어(Laura Harrier)의 할머니이다.

서 특히 하층민들을 위한 선교 사역을 하고 있었다. 그는 하층 카스트 인도인들에게 그들의 사회 환경 속에서 어떻게 하면 복음을 잘 전할 수 있을 것인가에 노력을 기울이고 있었다. 그는 특히 기독교 대중 운동에 관심을 가지고 1933년에 『인도에서의 기독교 대중 운동』(Christian Mass Movement in India)이라는 책을 출판했다.

맥가브란은 피켓을 매우 존경했으며 인간집단 운동에 대한 학문적 권위에

---

31 Middleton, *Donald McGavran, His Early Life and Ministry*, 12.
32 "Photograph of Bishop J. W. Pickett," accessed 09/18, 2020. https://texashistory.unt.edu/ark:/67531/metapth574123/.

> Christian Mass Movements in India By J. W. Pickett.
> D. A. McGAVRAN
> There has come a book sent by God, and its name is "Christian Mass Movements in India." This significant work is the outcome of the action taken by the National Christian Council in December 1928 initiating a study of the group conversions which have marked the growth of the Christian movement in India. The research commended itself to leaders of the Christian Movement in the West and funds were
>
> Printed and Published for the Christian Council of Mid-India

피켓의 저서에 대한 맥가브란의 리뷰(1934년)[33]

대해 피켓과 비교해 "나는 단지 피켓의 횃불 앞에 든 작은 촛불과 같다"(I lit my candle at Pickett's fire)라고 표현했다.[34]

도널드는 피켓의 그 도서의 리뷰를 통해 다음과 같이 말했다.

> 하나님께서 보내 주신 한 권의 책이 있다. 그것은 인도에서의 기독교 대중 운동이다. 괄목할 만한 이 작품은 1928년 12월에 내셔널크리스천카운슬(the National Christian Council)에서 일궈 낸 결과물이다. 이것은 인도에서 기독교 운동의 성장을 조사해 집단 개종에 관해 쓴 최초의 연구물이라고 볼 수 있다.[35]

1928년 피켓은 인도, 버마와 실론의 내셔널크리스천카운슬로부터 인도에서의 기독교 대중 운동의 광범위한 연구 요청을 받았다. 그는 그 연구를 위해 열 군데의 대표 지역에서 리서치와 테스트, 그리고 연구 개발을 했다. 그 결과물로 인도에서의 기독교 대중 운동이 출판된 것이었다.

도널드는 그의 연구를 도와서 매드야 프레데시(Madhya Pradesh) 지역에서의 연구 대표 설계자가 되었다. 그 연구의 결과로 『인도 중부에서의 기독교 선교』(Christian Missions in Mid-India)라는 제목의 책을 출판했다. 이 책은 세 번째

---

33 Arthur G. McPhee, "Pickett's Fire" (ASBURY°eological seminary, 2001), 657.
34 Gary Lynn McIntosh, The Life and Ministry of Donald A. McGavran (La Mirada: ASCG, 2005), 12.
35 Arthur G. McPhee, "Pickett's Fire" (ASBURY Theological seminary, 2001), 657.

수정본에서 『교회성장과 집단 개종』(Church Growth and Group Conversion)이라는 제목으로 바꾸었다.[36]

1935년에서 1936년까지 맥가브란은 또 한 번의 힘든 시기를 보내게 되었다. 그것은 선교회에서 그의 디렉터 자리를 내려놓게 한 일이었다. 여러 가지 이유(재정 문제, 선교 결과물 문제, 행정력 문제 등)가 있었지만 이 일로 맥가브란은 정신적으로 매우 힘든 시기를 보내게 되었다. 선교 현장에서 헌신적 노력을 기울여 디렉터의 책임을 수행했지만 선교회 본부에서는 그런 노력을 인정해 주지 않았다.

결과적으로 그 자리를 내려놓으면서 자발푸르에서 남쪽으로 300킬로미터 떨어져 있는 사트나미(Satnami) 지역(Takhatpur, Mungeli, Fosterpur)으로 사역지를 옮기게 되었다. 첫째 딸 데오도라를 잃은 아픔 이후 또 다른 힘든 시간을 보내게 되었다. 그러나 사트나미 지역에서 머무는 동안 교회성장의 중요한 개념들을 정리할 수 있는 기회를 갖게 되었다. 위기가 기회가 되는 순간이었다.

1937년 40세의 도널드는 『인도 교회의 재원』(Funders of the India Church)이라는 책을 썼다. 그 책 속에서 인간집단 운동이 시작된 신실한 인도인들을 소개했다. 이 저서는 훗날 교회성장 원리로 발전되는 중요한 역할을 했다. 이 시기야 말로 맥가브란의 삶에 있어서 가장 창조적인 시기였다. 이 기간 동안 그의 선교 지역 내에 있었던 교회들에 대해 비교분석을 했다. 이 연구를 통해 그는 1921년부터 1931년 동안에 145군데의 선교 지역에서 134지역만 단지 11퍼센트가 성장했음을 발견하게 되었다.

반면, 다른 열한 군데의 선교 지역에서는 100퍼센트, 150퍼센트, 200퍼센트의 성장이 되었음을 알게 되었다. 그는 그 이유에 큰 호기심을 갖게 되었다. 어떤 교회는 성장하고 어떤 교회는 그렇지 않은 것에 대한 의구심을 갖게 되었다. 그리고 맥가브란은 교회성장 운동의 추진력이 되었던 다음의 네 가지 중요한 질문을 만들었다.

---

[36] McIntosh, *The Life and Ministry of Donald A. McGavran* 14.

첫째, 교회성장의 원인은 무엇인가?
둘째, 교회성장의 장벽은 무엇인가?
셋째, 어떤 종족 집단 안에 기독교 신앙 운동을 일으킬 수 있는 요인들은 무엇인가?
넷째, 재생산될 수 있는 교회성장의 원리는 무엇인가?

그는 이 질문을 가지고 1937년부터 1954년(57세)까지 약 17년 동안 사트나미 카스트(Satnamis caste)를 대상으로 교회 개척에 매진하게 되었다. 그 기간 동안 그는 15개의 교회를 개척했으며 1,000명의 회심자를 얻게 되었다. 교회 개척과 함께 교회성장 원리를 얻어 낼 수 있는 많은 실험과 리서치를 병행했다. 그 결과 이론적으로 알고 있던 교회성장 원리를 확인할 수 있게 되었다.

1951년 타카트푸루(Takhatpur)의 언덕 북쪽에서 휴가를 가지며 이제까지의 연구를 정리해 책을 쓰기 시작했다. 책의 제목은 『인간집단이 기독교인이 되는 방법』(*How People Become Christian*)이었다. 그 책 속에는 그동안 그가 불가촉천민을 위한 사역을 위해 인도 여러 지역을 방문하면서 경험했던 인간집단 운동과 교회성장에 관한 핵심 연구가 포함되어 있었다.

그가 발견한 중요한 학문적 이론들을 책을 통해 다른 사람들과 나누기를 간절히 바랐다. 낮에는 연구에 몰두했고 아침저녁으로 한 시간씩은 사냥하며 시간을 보냈다. 결과적으로 볼 때 그가 인도 선교의 디렉터 자리를 내려놓은 것이 교회성장학을 태동시킬 수 있는 기회를 만들어 준 것이었다.

안식년, 두 딸(진, 헬렌)과 함께
(미국 인디애나폴리스선교대학 앞, 1955년)[37]

---

[37] "With Two Daughters on the College of Missions in Indianapolis(1955)," accessed 02/20, 2014. http://www2.wheaton.edu/bgc/archives/treasure/tr02/16.htm.

1953년 드디어 초안이 완성이 되었다. 탈고 과정 속에서 맥가브란은 보편적인 선교학적 주장을 위해 인도 지역뿐만 아니라 보다 많은 국가로 연구의 영역을 넓힐 필요를 느끼게 되었다.

1954년 여름, 안식년을 맞아 가족과 함께 미국으로 건너갔다. 그러나 중간 경유지를 아프리카로 선택했다. 아프리카 대륙을 방문해 인간집단 운동에 대해 더 연구하기를 원했다. 아프리카 일곱 개 나라를 방문했고 스무 개 선교지와 수백 개의 교회를 방문했나. 그리고 그 결과물을 책 속에 첨부해 1955년 (58세)에 책을 출판했다.

그 책이 "교회성장의 대헌장"(Magna Carta of the Church Growth Movement)이라고 할 수 있는 『하나님의 가교』(The Bridges of God)였다. 1956년, 이 책은 선교 이론에 있어서 가장 주목받는 책이 되었다. 그 저서는 세계 선교계에 도널드 맥가브란의 이름을 널리 알리는 역할을 했다.

4. 노년기(1954-1990)

1954년(57세), 안식년을 맞아 미국에 돌아온 맥가브란은 바로 예일대학으로 향했다. 그곳에서 그는 리서치 연구를 계속하고 새로운 책을 쓰기 시작했다. 안식년을 마치면 인도로 돌아갈 계획이었다. 그러나 그의 선교회는 그가 발견한 교회성장에 흥미를 갖게 되었다. 그래서 그를 세계 여러 지역을 방문해 다른 나라에서도 교회성장 연구를 위한 리서치를 할 수 있도록 기회를 제공했다. 그 연구는 교회성장 이해에 큰 도움이 되었다. 그 결과 1959년(62세)에 『교회는 어떻게 성장하는가』(How Churches Grow)라는 책을 출판했다.

그 저서에는 여러 가지 핵심 요소가 교회성장에 어떤 영향을 끼치는지에 대한 연구가 포함되어 있었다. 맥가브란은 선교지로 돌아가지 않는 대신에 그동안 발견한 교회성장의 원리들을 많은 선교사에게 가르쳐야 할 필요성을 느끼게 되었다.

60세가 넘은 나이에 어떤 면에서는 무모한 도전일지 모르지만 하나님께서 주신 열망으로 확신하고 35여 년을 머물렀던 선교회를 떠나 홀로 서기를 시작했다. 새로운 길을 시작하면서 보이지 않는 미래에 대한 두려움과 오로지 홀로 이 원리를 가르쳐야 한다는 외로움이 밀려왔다.

1958년 그는 우선적으로 새롭게 발견한 교회성장 원리를 가르칠 수 있는 연구소를 찾는 일부터 시작했다. 교회성장연구소를 위해 대학원 세 곳에 제안을 보냈다. 응답이 온 곳은 오레곤주 유진에 있는 노스웨스트기독대학(NCC)이었다. 당시 NCC의 총장이었던 로스 그리피스(Ross J. Griffeth) 박사는 맥가브란의 저서를 통해 그를 익히 알고 있었다. 그리피스 총장은 맥가브란이 교회성장연구소를 운영할 수 있도록 연구소를 학교 내에 마련해 주었다.

1961년(64세) 1월 2일, 한 명의 학생인 키스 해밀턴 선교사(Keith Hamilton)와 함께 교회성장연구소(ICG: Institute of Church Growth)가 개원하게 되었다. 사실 NCC에서 맥가브란에게 제공해 준 것은 도서관 한쪽 구석에 놓인 넓은 오크테이블(Oak Table)이 전부였다. 맥가브란은 그 책상을 집무실, 연구실, 강의실로 사용했다. 학생 수도 적었다. 맥가브란은 교수, 학생, 연구원들과 그 테이블에 둘러앉아 교회성장 이론을 다듬었다.

가장 오랫동안 맥가브란과 학문적 유대 관계를 가졌던 알랜 티펫 박사는 그 시절을 회고하며 다음과 같이 설명했다.

맥가브란(왼쪽에서 첫 번째), 알랜 티펫(오른쪽에서 두 번째)
(노스웨스트기독대학, 1962년)[38]

그 오크 테이블(Oak Table)은 선지자 맥가브란이 외롭게 하나님의 때가 차기를 기다렸던 시간, 하나님이 모든 것을 준비시킨 시간의 상징입니다. 아서 글라서 박사도 맥가브란에게 있어서 그 오크 테이블의 시점은 맥가브란 선교학의

---

[38] Gary Lynn McIntosh, *Donald A. McGavran: A Biography of the Twentieth Century's Premire Missiologist* (USA: Church Leader Insights U.S.A., 2015), 167.

상징, 선교적 주제 설정, 선교학적 대화, 토론, 비판, 기도, 교육, 선교학적 아이디어들과 지혜가 교류한 의미심장한 곳이었다고 말했습니다.³⁹

1965년까지 4년 동안 안식년을 맞은 57명의 세계 각국에서 온 선교사들이 이곳을 거쳐 가면서 교회성장 원리는 세계로 퍼져 나갔다. NCC는 그런 과정을 통해 성장하는 교회들의 케이스 스터디를 발전시키고 강의의 질을 높이며 독서 리스트를 작성하고 교회성장 컨퍼런스를 개최했다.

그 해 오래곤 유진(NCC가 위치한 도시)에서 맥가브란이 할 수 있는 실험의 워크샵과 리서치 방법론을 다듬어 갔다. 초기 교회성장연구소의 두 번째 멤버는 알랜 티펫이었다. 티펫은 오스트리아 출신의 감리교 선교사로 1941년 5월 6일부터 남태평양 피지에서 사역했다. 무엇보다도 그는 현지인들의 토착교회를 형성하는 데 노력했다.

그런 그의 노력은 좋은 열매로 맺어졌다. 20년 동안의 사역 끝에 1961년이 되자 그가 꿈꾸었던 토착교회가 이루어졌다. 교인들은 성숙해지고 독립적으로 안정된 교회로 성장하게 되었다. 선교사가 더 이상 할 일이 없어진 것이다.

티펫은 고향과 같은 선교지이지만 토착교회의 자발적 성장을 위해 선교지를 떠나야 한다는 중대한 결정을 하고 본국으로 돌아왔다. 그러나 안타깝게도 호주의 본교회는 그를 반겨 주지 않았다. 상황은 많이 달라졌고 본인도 고국 생활을 적응하기가 어려웠다. 개인적으로 매우 힘든 시간이었다. 그 기간 동안 낙담하고 있을 수만은 없었다.

알랜은 그동안 수집했던 선교지 자료들을 정리해 소논문을 썼다. 동시에 기도했다. 현실적으로 앞길이 막막했지만 주께서 새로운 길을 열어 주

알랜 티펫⁴⁰
(Allan R. Tippett, 1911-1988)

---

39 1986년 3월 14일 Fuller Theological Seminary, Graduate Union Convocation
40 Allan Rechard Tippett(1911-1988)," accessed 02/20, 2014. http://babasiga.blogspot.com/2013/05/alan-tippett-symposium.html.

실 것을 믿었다. 그때 예기치 않은 곳에서 편지 한 통이 날라왔다. 맥가브란의 편지였다.

미국 오레곤주 유진에서 교회성장연구소의 연구원으로 동역할 것을 요청하는 내용이었다. 티펫의 가슴은 다시 뜨거워지기 시작했다. 맥가브란은 글을 통해 알랜 티펫을 알고 있었다. 맥가브란은 1960년 「국제선교리뷰」(*International Review of Missions*)에 기고한 인상적인 티펫의 글을 읽었다.[41] 여러 부족이 공존하는 다문화 사회인 피지(Fiji)에서 선교 사역을 분석한 글이었다.

그 글에서 선교사들이 현지인들의 민속 종교를 이해하고 복음을 전해 개종에 이르는 선교 사역의 문제점을 분석했다.

선교사들이 현지인들의 민속 종교를 제대로 이해하지 못한 상태에서 선교 사역을 하고 있기 때문에 여러 가지 문제가 발생하게 된다는 내용이었다. 맥가브란은 티펫의 예리한 분석에 감동했다. 선교사적 동지애를 느끼고 관심을 가지기 시작했다. 맥가브란은 티펫에게서 무한한 선교학적 가능성을 보았다.

1962년, 티펫은 오레곤대학교(The University of Oregon)에서 당시 최고의 문화인류학 교수인 호머 바넷(Homer Ganer Barnett) 박사 밑에서 박사(Ph.D.)학위를 공부하게 되었다. 티펫은 바넷 교수를 통해 내부 주창자 개혁 이론을 정립하게 되었다. 그 당시 문화인류학은 기독교계에는 세속 학문으로 치부되던 시대였다. 티펫은 선교학에 문화인류학의 중요성을 인식시킨 최초의 학자였다. 그는 처음에는 맥가브란이 가르치는 강의의 학생이 되었다. 그리고 동시에 인류학(anthropology)과 정령신앙(animism)을 교회성장연구소에서 강의할 수 있게 되었다. 그러나 1964년 박사 학위를 받은 티펫은 호주로 돌아갔다.

1965년 NCC에 새로운 총장으로 임명된 다우디(Barton A. Dowdy) 박사는 재정 문제와 대학 내 존재하는 선교학부와 상충한다는 이유로 교회성장연구소의 존재를 부정적으로 생각했다. 교회성장연구소의 미래가 불투명해졌다. 맥가브란은 연구소가 계속 유지되고 티펫이 인류학 교수로 계속 강의할 수 있도록 노력했지만 뜻대로 되지 않았다.

---

[41] Alan R. Tippett, "Probing Missionary Independencies at the Popular Level," *International Review of Missions* (1960): 411-19.

도널드 맥가브란, 알랜 티펫, 로스 그리피스(1961년)[42]

맥가브란을 존경했던 NCC의 선임총장인 그리피스 박사가 학교를 떠나게 되면서 더 이상 NCC에서 설 자리를 잃게 되었고 갈 바를 알지 못했다. 맥가브란이 갈 바를 알지 못할 때에 새로운 길이 맥가브란도 모르게 준비되고 있었다.

때마침 캘리포니아 파사데나에 위치한 풀러(Fuller) 신학대학원에서는 새롭게 출범하는 선교대학원(the School of World Mission)의 원장 자리의 책임자를 물색 중이었다. 허버드 풀러 총장은 맥가브란을 염두해 두고 있었다. 이사회에서 맥가브란을 원장으로 초빙하기로 결정했다. 허버드 총장은 오레곤 유진으로 연락없이 찾아갔다. 그리고 맥가브란의 수업을 조용히 듣고 오기도 했다.

1965년(67세) 3월, 데이비드 허바드(David Allan Hubbard) 총장은 정식적으로 맥가브란에게 연락해 새롭게 출범하는 선교대학원의 대학원장으로 그를

도널드 맥가브란, 알랜 티펫, 로스 그리피스(1961년)[43]

청빙했다. 맥가브란은 기꺼이 청빙을 수락했다. 그리고 곧바로 호주에 있던 티펫에게 편지를 보내 풀러의 교수로 같이 동역할 것을 요청했다. 결국, 허바드 총장의 허락하에 티펫은 파사데나로 청빙

---

[42] Gary Lynn McIntosh, *Donald A. McGavran: A Biography of the Twentieth Century's Premire Missiologist* (USA: Church Leader Insights U.S.A., 2015), 168

[43] "Google Map," accessed 02/27, 2014.

되었다.⁴⁴ 맥가브란과 티펫은 풀러에서 다시 만나 더 영향력 있게 교회성장학을 전파할 수 있게 되었다. 1965년, 풀러선교대학원은 이렇게 시작되었고 첫해에 12개국에서 사역하던 16명의 선교사들이 선교대학원에 등록했다.⁴⁵

곧 이어서 맥가브란은 새로운 교수들을 선교대학원에 청빙했다. 먼저 과테말라 선교지에서 이론과 실천을 성공적으로 이룬 랄프 윈터(Ralph Winter)를 청빙했다. 또한, 나이지리아 선교사였던 찰스 크래프트

티펫을 맞이하는 허버드 총장과 맥가브란(풀러 교정, 1965년)⁴⁶

(Charles Kraft), 부흥의 대명사였던 에드윈 오르(J. Edwin Orr), 그리고 마지막으로 1971년에 16년간 볼리비아 선교사였던 피터 와그너(C. Peter Wagner)가 청빙되었다.

한편, 맥가브란은 1964년부터 격월제로 발간하는 「교회성장회보」(*Church Growth Bulletin*)를 통해 교회성장 이론을 설명하고 관련된 북리뷰를 정기적으로 발표했으며 선교지에 발송했다. 그는 편집자로서의 역할을 1982년(85세)까지 지속했다.

1969년(72세)에 맥가브란은 선교에 있어서 성경적 기초를 이룰 수 있는 사람으로 중국내지선교회(CIM: OMF

랄프 윈터, 버질 거버, 맥가브란, 피터 와그너(풀러 교정, 1971년)⁴⁷

---

44 McIntosh, *The Life and Ministry of Donald A. McGavran*, 19.
45 임윤택, 『풀러』(서울: 아이러브처치, 2009), 217.
46 Hubbard, Tippett, McGavran(1965)," accessed 03/08, 2014. http://www.fuller.edu/about/history_and_facts/fuller_s_story_in_pictures.
47 "Ralph Winter, Vergil Gerber, Donald McGavran, C. Peter Wagner.(1971)," accessed 03/08, 2014. http://www2.wheaton.edu/bgc/archives/memorial/Winter/winter04.htm

풀러신학대학원(1969년)[48]

의 전신)의 대표인 아서 글라서(Arther Glasser) 박사에게 편지를 보냈다. 맥가브란은 이듬해인 1970년(73세) 5월 1일 풀러선교대학원장 자리를 글라서 박사에게 물려주고 강의와 연구 사역에 전념했다.

1965년 첫해 16명의 학생으로 시작된 풀러선교대학원은 세계에서 가장 영향력 있는 선교대학원으로 성장해 나갔다.

1971년 가을, 학교는 6명의 교수와 41개 국에서 온 선교사 80명 이상의 인원을 가진 학생회가 구성되었다. 처음 7년 동안에 250여 명의 선교사가 수강했으며 64명의 학위 수여자가 나왔다.[49]

동료 교수들과의 협업을 통해 교회성장의 이해는 더욱 확장되었다. 또한, 이런 훌륭한 리더들과 함께 교회성장 이론을 교류할 수 있었던 견인차 역할을 한 것은 윌리엄 캐리 라이브러리(William Carey Library)였다. 이 출판사를 통해 선교의 대위임명령에 관한 많은 출판물이 만들어졌다.

1970년, 맥가브란의 계속적인 리서치와 선교 여행의 결과 그의 걸작이라고 할 수 있는 『교회성장이해』(Understanding Church Growth)가 출판되었다.

1971년에서 1978년까지 맥가브란은 풀러에서 풀타임 선교학 교수로 가르쳤으며 1978년에서 1981년까지는 하프 타임으로 강의 사역을 계속했다. 그러면서 그는 세계 여러 나라를 방문해 교회성장 컨퍼런스를 개최하거나 선교 리서치를 했다. 1981년(84세)에 은퇴한 이후에도 활발하게 활동했다.

1980년 8월 12일부터 15일까지 한국에서 열린 세계복음화 국제학생컨퍼런스(International Students Conference on World Evangelization)에 참석해 강의했고

---

48 Fuller Theological Seminary(1969)," accessed 03/08, 2014. http://www.fuller.edu/about/history_and_facts/fuller_s_story_in_pictures
49 McIntosh, *The Life and Ministry of Donald A. McGavran*. 37.

제2장 도널드 맥가브란의 생애 51

한국 세계 복음화 국제학생 컨퍼런스(1980년 8월 12-15일)[50]

1982년에는 일본에 방문해 일본 신학교에서 강의했다.

1988년 9월 16일, 그의 동료 교수 알랜 티펫이 소천해 슬퍼하며 그를 향해 "위대한 선교사, 위대한 교사, 위대한 선교학자, 하나님의 말씀을 사랑했던 하나님의 위대한 성자가 하나님의 부르심을 받았다"라고 말했다.[51]

1990년(92세), 맥가브란은 생애 마지막 편지를 인도에 보냈다. 이 편지는 1990년 5월 23일 인도인 현지 사역자였던 라쉐카르(Rajshekar)에게 보낸 편지

50　"International Students Conference on World Evangelization in Korea (1980년 8월 12-15일)," accessed 02/20, 2014. http://www2.wheaton.edu/bgc/archives/treasure/tr02/tr02.html.
51　McIntosh, *The Life and Ministry of Donald A. McGavran* 91.

이다. 편지를 쓴 해인 1990년 4월 5일 그의 아내 마리아(Mary McGavran)는 암으로 하나님의 부르심을 받았다.

이때 맥가브란도 대장암으로 죽음 앞에 있었다. 이 편지를 보낸 이후 두 달도 채 되지 않은 7월 10일에 캘리포니아 알타데나에 있는 자택에서 그는 하나님의 부르심을 받았다.

마지막 편지에서 그가 얼마나 세계 선교에 대한 열망과 영혼 구원의 열정이 뜨거웠는지를 느낄 수기 있다.

맥가브란은 본 서신에 인도에서 사역하고 있는 라쉐카(Rajshekar) 형제에게 헌신에 대한 감사의 마음을 전했다. 맥가브란은 인도의 카스트 제도 아래 있는 현지인들에게 신분을 초월해 그들이 모두 하나님의 자녀가 되기를 소망하며 그렇게 되기 위해서는 오직 하나님의 말씀과 예수 그리스도를 통해 가능하다고 강조했다. 이것은 그가 주장했던 교회성장에 나타난 개종의 의미를 스스로가 반증하는 자료가 된다.

이 서신이 아내를 잃고 대장암 판정과 시한부의 삶을 선고받은 시점에서 기록되었다고 볼 때 그가 인도에 있는 영혼들의 개종을 위해 얼마나 간절한 마음을 가지고 있었는지를 알 수 있다.

1990년 4월 5일에 그의 아내가 먼저 하나님의 부르심을 받았고 불과 3개월만인 1990년(92세) 7월 10일에 캘리포니아 알타데나에 있는 그의 자택에서 맥가브란은 하나님의 부르심을 받았다.

젊은 시절 인도에서 가슴속에 묻었던 사랑하는 첫째 딸 데오도라와 사랑하는 아내 마리아를 주님 계신 곳에서 모두 같이 만나게 된 것이다.

대위임명령(마28:19)과 가족의 이름이 새겨진 맥가브란의 묘비

맥가브란의 마지막 집(1965-1990년 거주)

Fuller Theological Seminary
School of World Mission

May 23, 1990

Mr. V. T. Rajshekar
Dalit Sahitya Akademy
109, 7th Cross, Palace Lower Orchards
Bangalore 560 003
India

Dear Friend Rajshekar:

Today a letter arrived from a friend of yours enclosing a copy of a new book of yours entitled Know The Hindu Mind. His letter is dated March 13. It arrived here after my wife fell seriously ill. She died on April 5. That same day or the day after, I was told by my doctors that I have colon cancer and might expect to live for six weeks or maybe six months but not likely much longer.

I shall nevertheless try to get somebody to read your book out to me. You are doing a most important work.

I feel, however, my friend, that any contributions I may make to your most needed movement will be few and far between, if indeed there are any. My health and strength are rapidly declining. I trust that your battle to create a great surge toward brotherhood and kindliness and justice and, I may add, Christian faith will continue strongly.

The only hope for the 500 or 600 million Dalits is to shift their basic beliefs away from the Hindu faith, which says so clearly again and again that they are an entirely different species of men.

Brother Rajshekar, I want to tell you briefly how much I thank God for your labors. You have described the very skillful errors that the Hindu leaders of India have injected into the national viewpoint. Communism in India today, you say, is led by Brahmins, who believe they are a superior race. But look at what is happening in eastern Europe and many parts of the Soviet Union. These events emphasize in a very big way that rule by any group of people who call themselves Communists or Marxists is bound to fail. What we need is a group of men and women who realize that they are God's children and that the Word of God is revealed to them in the Bible and especially in the words, death, and life of the Lord Jesus. Once we get outside of God's way we are in some human attempt to improve our lot, which is bound to fail. Read the public news, my friend, and listen to it over the radio or television.

I would dearly love, my good friend, to see you become a believing Christian. You might join some existing church. On the other hand, you might start your own church and encourage other people to do the same. Let each

Pasadena, California 91182 • Telephone: (818) 584-5260/F X (818) 584-5369

마지막 편지
(1990년 5월 23일 편지)[52]

Mr. Rajshekar
May 23, 1990
Page 2

caste have a church of its own in which they would eat together, intermarry, call themselves by the same name while still believing in one Savior, the Lord Jesus, and obeying one Scripture, the Bible.

Please pardon the ineffectiveness of this letter but remember that I am writing as a 92-year-old in the bonds of a very severe case of cancer. I am writing because I love you and want a living, strong movement of reconciliation, rebirth, and renewal to spread through the former Untouchables and the low castes, who are not told they are outcastes but are treated so. Also I want all Indians, whether these are Brahmins, Kshatriyas, Vaishyas, Shudras, or Dalits, to realize that for all humans--Russians, Brahmins, Vaishyas, Shudras, Achchhuts, Europeans, Americans--call them anything you want--there is just one Savior. There is just one Scripture. There is just one way out of a meaningless, animal-like death into a meaningful, reconciling, elevating life.

Most cordially your brother in Christ,

Donald McGavran

DM:bak

---

[52] "The Last Letter(1990년 5월 23일 편지)," accessed 02/20, 2014. http://www2.wheaton.edu/bgc/archives/treasure/tr02/tr02.html

제3장

도널드 맥가브란의 사역 이야기

앞서 맥가브란의 생애를 살펴보았다. 그의 생애를 통해 선교의 열정을 이해했다년 그의 사역을 통해 구제적인 교회성장학의 배경을 살펴보고자 한다. 그의 사역을 세 시기로 구분했다.

첫째 시기는 인도 선교 현지에서 1923년부터 1930년까지의 초기 사역이다.
둘째 시기는 초기 사역 후 가진 안식년과 그 후 다시 미국에서 돌아온 1932년부터 1954년까지의 중기 사역이다.
셋째 시기는 본격적으로 학자의 길을 걸었던 1955년부터 1990년까지의 말기 사역이다.

1. 초기 사역(1923-1930)

1923년 11월 맥가브란과 아내 마리아와 갓난 딸 데오도라는 인도 봄베이에 도착했다. 그리고 먼저 자발푸르에서 사역하고 계신 아버지 존 맥가브란을 만났다. 1924년 10월까지 자발푸르에서 지내면서 본격적인 사역을 준비했다. 그 후 자발푸루에서 서쪽으로 125마일 떨어져 있는 하다 지역에서 첫 사역지를 정했다. 그가 하다에서 시작한 사역의 내용은 1882년부터 이전 선교사들에 의해 시작된 학교들의 교장과 교사의 역할을 하는 것이었다.

그런 과정을 경험하면서 선교사들의 학교 운영과 교육 방법론에 심각한 약점이 있다는 것을 깨닫게 되었다. 인도 정부의 지원금을 받기 위해 정부가 요구하는 교육 방침을 따라 학교를 운영하다 보니 지나치게 세속적인 학교 교육 방식을 따르고 있다는 것을 알게 되었다. 맥가브란도 처음 2년 동안은 그런 방식으로 운영했다.

그러나 그 이후 그는 원래 선교사 학교의 원리와 교육 목적을 적용하기 시작했다. 그것이 훗날 교회성장 방법론을 이루는 기초가 되었다. 이런 노력들이 1928년 결과물로 출판되었다. 그것은 『미션 스쿨에서 종교를 가르칠 수 있는 방법: 간단한 매뉴얼』(How to Teach Religion in Mission Schools: A Brief Manual of Method)이란 제목의 책이었다.

그가 진행했던 교육에 있어서 당시 가장 어려운 문제점은 카스트 제도였다. 대부분의 선교사들은 인도의 카스트 제도에 대해서 1830년에 알렉산더 더푸(Alexander Duff)가 가졌던 교육적 관점을 가지고 있었다. 더프는(Duff)는 인도에서 카스트 제도는 기득권층인 브라만을 위해 만들어진 것이며 힌두교의 영향으로 생겨난 것이라고 이해했다.

그러므로 선교사들은 서양식 기독교 교육을 통해 그것을 타파해야 한다고 주장했다. 이 문제는 인도의 선교사들 사이에 긴장을 조성했다. 특히 1890년 후에 세월이 흘러가면서 여러 선교사가 이런 관점에 의문을 제기했다. 왜냐하면 그런 주장은 1800년대 초기인 식민지 상황에서 대두된 주장이었기 때문에 무조건 카스트를 타파해야 한다는 것이 1900년대 말에는 설득력이 떨어진다는 것이었다.

이에 대해 던켄 포레스터(Duncan Forrester)는 다음과 같이 서술했다.

> 식민지 시대에 주장되었던 이런 교육적 관점은 당시 인도인들에게 기독교가 인도 문화를 말살하려는 세력으로 인식되어 결과적으로 교회는 힌두 사회에서 고립되고 어떤 영향력도 발휘하지 못해 외면받게 될 것이라는 우려를 만들었다.[1]

1926년까지 맥가브란은 카스트 제도에 대해 전통적인 이런 방식으로 교육을 실시했다. 카스트에 상관없이 동등하게 학생들을 교육했고 그런 방식은 현실적으로 많은 문제를 직면하게 했다. 그런 과정 속에서 맥가브란은 감리

---

[1] Duncan B Foreester, *Caste and Christianity: Attitudes and Policies on Caste of Anglo-Saxon Protestant Missions in India* (London: Curzon Press, 1980), 132.

교 출신의 선교사였던 와스콤 피켓(J. Waskom Pickett)과 더불어 리서치를 통해 인간집단 운동에 관심을 갖게 되었다.

첫 사역 기간 동안 그가 관심을 가지고 집중했던 카스트는 주로 상위 그룹의 카스트(수드라)였다. 그러나 리서치를 통해 얻어진 결과는 그가 공을 들인 상위 카스트 지역보다 하층 카스트였던 지역(Andhra Pradesh, Tamil Nadu, Kandwa District; 하다에서 서쪽으로 80킬로미터 떨어진 곳)에서 더 많은 성장과 부흥이 있다는 것을 알게 되었다.[2] 이 사역 기간 동안 맥가브란은 카스트와 힌두교에 대해 깊이 연구하게 되었다.

카스트 제도의 기원은 BC 1300년대로 거슬러 올라간다. 이란 지역에 거주하던 아리아인이 BC 1300년경에 인도에 침입했다. 인도에 원래 거주하고 있던 선주민인 문다인, 드라비다인은 아리아인의 지배를 받게 되어 '다사'라고 하는 노예의 위치에 놓이게 되었다.

다사는 이란어의 '다하'에 해당하는데, 고대 이란에는 제승, 무사, 농민, 공장의 네 다하가 있었다. 아리아인이 침입했을 초기만 해도 인도에는 아리아인의 일반 자유민과 선주민의 두 사회 구분(신분 또는 계층)만 존재했지만 이후 이란의 네 다사가 인도 신분 제도에 영향을 미치게 되었다. 결국 아리아인은 상위 계급인 사제(바라문: 브라만)와 무사(크샤트리아)로 분화되고 선주민은 육체 노동이나 잡역에만 종사하게 되어 농민(바이샤)과 노예(수두라)로 분화되었다.

각 카스트는 직업을 세습했으며, 카스트 상호간의 통혼은 금지되었다. 또한 이 네 카스트 밑의 불가촉민(不可觸民: Untouchable·하리잔)을 아웃 카스트라고 해서 가장 낮은 카스트로 여겼다.

맥가브란이 1920년대 첫 사역지인 하다에서 주요 선교 대상으로 삼았던 카스트가 불가촉민이었다. 당시 간디는 그들을 존중해 신의 자녀들이라고 명명했지만 사실상 매우 천대받던 신분이었다.

---

[2] Donald A. McGavran, *Ethnic Realities and the Church : Lessons from India* (South Pasadena, Calif.: William Carey Library, 1979), 99.

맥가브란은 1923년에서 1930년까지 하다에서 사역하며 인도인들의 힌두교 신학에 대한 연구를 했다. 인도인들을 이해하기 위해 베다와 우파니샤드 등 힌두교의 고전을 연구했다. 이런 노력의 목적은 궁극적으로 중간 계층과 고위 계층의 카스트인들을 복음화하기 위한 것이었다.[3] 그는 "교육과 대중적인 힌두교의 신념"(Education and the Beliefs of Popular Hinduism)이란 논문에서 힌두교를 크게 네 가지의 광범위한 카테고리로 구분하고 그 아래로 18개 항목으로 세분화하여 분석했다. 그 내용을 보면 다음과 같다.[4]

1) 힌두교의 신관

(1) 절대적인 신은 일신이건 범신이건 비윤리적 형태로 존재한다.
  ① 신은 도덕법에 제한되지 않으며 도덕을 넘어선다.
  ② 신은 인간을 돕거나 방해하거나 사랑하거나 미워하지 않고
  ③ 인간에 대해 무관심하다.
  ④ 신은 비인격적이다.
  ⑤ 신이 세상을 만들었다.
  ⑥ 신은 알 수 없으며 멀리 떨어져 있다.

(2) 신은 자신의 조상들이 숭배했던 나무, 동물, 이미지, 사람, 세 명의 위대한 신 등의 다양한 형태로 이해된다.
  ① 작은 신들은 위대한 신들을 대표하지는 않지만 그들 스스로 초자연적인 성격을 가지고 있다.
  ② 경배의 형식은 그 조상이나 카스트의 권한으로 결정한다.
  ③ 어느 누구도 조상의 신앙을 다른 종교로 바꿔서는 안 된다.
  ④ 모든 신 중에서 각자는 그에게 끌리는 수호신을 선택해야 한다.
  ⑤ 많은 신이 경배받아야 한다.

---

3 Middleton, *Donald McGavran, His Early Life and Ministry*, 39.
4 Ibid., 325-28.

(3) 삶의 대부분은 영혼의 힘과 의지에 영향을 받는다.
　① 질병, 수확, 사고, 성공, 결실은 다양한 종류의 영혼의 행동에 의해 영향을 받는다.
　② 많은 자연적 현상(들판들, 산들, 동물들, 식물들, 강들, 숲들)은 각각의 신이 거하는 장소이다.
　③ 소를 죽이는 것은 매우 큰 죄악이다.

2) 힌두교의 세계관

(1) 물질 현상 세계는 환상이다.
　① 유일한 실재 선은 비인격적인 영적 영역에 있다.
　② 물질문명은 어떤 효과적인 진보를 제공하지 않는다.
　③ 가난과 부는 환상의 일부분이다.
　④ 금욕주의나 세상에 대한 포기는 실제 진보를 위한 가장 확실한 길이다.

(2) 세계는 사멸을 향해 점차적으로 진행해 나간다.
　① 어느 누구도 나락의 길로 가는 것을 바꿀 수 있는 사람은 없다.
　② 인생은 본질적으로 아픔, 고통, 슬픔, 그리고 악이다.

(3) 오래된 것이 새것보다 좋다.
　① 오래 습관된 방법이 최고의 방법이다.
　② 카스트의 법과 규칙이 최우선된다.
　③ 베다에는 모든 지식과 진리가 담겨 있다.
　④ 고대 인도는 오늘날의 인도보다 더 지혜로웠고 위대했다.

(4) 인간의 노력으로 자기의 삶을 증진하거나 방해하더라도 인간의 삶은 결국 운명대로 이루어진다.
　① 이생의 조건들은 이미 운명에 의해 결정된다.

② 변경하려는 것은 쓸데없는 짓이다.
③ 자기의 운명에 체념하는 것은 미덕이다.

3) 힌두교의 인간관

(1) 자기의 운명에 따라 인간은 네 가지의 카스트(브라만, 크샤트리아, 바이샤, 수드라) 중 하나에서 태어난다.
  ① 육체적 몸의 카스트는 그 영혼의 정신적 발전을 반영한다.
  ② 각 카스트는 각자의 독특한 사회적 기능과 직업을 가지고 있다.
  ③ 카스트가 없으면 힌두교인이 아니다.
  ④ 어느 누구도 각자의 카스트를 바꿀 수 없다.
  ⑤ 남자는 자기의 도시나 직업이 아니라 카스트에 최우선으로 충성해야 한다.

(2) 개인은 사회 집단에 종속된다.
  ① 성인 남자라도 모든 문제에 있어서 할아버지와 아버지의 말에 복종해야 한다.
  ② 한 남자의 조상들은 그 가문의 진정한 삶의 일부분으로 지속적으로 제사되어야 한다.
  ③ 결혼은 부모나 혹은 다른 어른들에 의해 젊은 남녀가 맺어져야 한다.
  ④ 개인에 대한 권리 행동들은 그가 속한 카스트에 의해 승인된다.

(3) 여성은 남성보다 열등하다.
  ① 여자로 태어나는 것은 영적 진보에 있어서 낮은 단계를 의미한다.
  ② 이상적인 여자는 그 남편에게 순종하고 순결하며 충성과 헌신을 하는 여자이다.
  ③ 아들들은 딸들보다 더 열망되는 것이다. 그럼에도 불구하고 모성은 존중받아야 하며 어머니는 아버지만큼이나 존경받아야 한다.

(4) 브라만은 하나님과 같이 존중받아야 한다.
   ① 모든 브라만은 본질적으로 영적으로 우수하다.
   ② 브라만을 돕는 것은 매우 가치 있는 일이며 반대로 브라만을 힘들게 하는 것은 가증스러운 죄악이다.

(5) 도덕은 카스트 법을 준수하는 것이다.
   ① 어떤 행동의 유형은 다른 카스드에 허용되거나 금지되어 있다.
   ② 브라만은 의, 자기 억제, 순결, 정직, 자제, 지식, 종교등이 충만한 미덕을 가지고 있다. 크샤트리아는 용기, 적과의 전투, 충성심, 관용과 같은 미덕이 충만하다. 바이샤는 상업, 농사에 종사하고 생산과 관련된 일을 한다. 수드라는 상위 카스트를 섬기고 그들에게 복종한다.
   ③ 각각의 카스트는 그들에게 가능한 도덕적 정도와 차이가 있다.
   ④ 일반적으로 무엇이 옳은 것인지를 결정하는 것은 카스트에 의해 결정된다.
   ⑤ 카스트의 도덕적 규율과 관습은 엄격하게 집행된다.

(6) 각각의 영혼은 전생에 따라 현세에 높거나 낮게 환생한다.
   ① 영혼은 한몸에서 다른 몸으로 태어나지만 의지나 기억 습관과 같은 인격이 연결되지는 않는다. 그러나 신의 흔적인 아트마는 카르마에 의해 결정된다.
   ② 한 영혼은 동물, 파충류, 식물, 사람으로 다시 태어날 수 있다.
   ③ 구원은 아트마가 몸의 수감으로부터 자유함을 얻어 절대자와 연합을 이룰 때, 마치 물방울이 바다에 떨어지는 것처럼 이루어진다. 그리고 새롭게 되어 나게 된다

(7) 인간 삶의 모든 이벤트는 이전 삶이나 행동에 의해 미리 결정된다.
   ① 한 사람의 재산, 카스트 운, 건강, 그리고 모든 다른 삶의 영역들은 이전 삶의 행동의 질과 양에 달려 있다.
   ② 고통은 이전에 지은 죄에 대한 피할 수 없는 형벌이다.

(8) 살생하지 않는 것은 가장 중요한 덕목이다.
  ① 살생하지 말아야 할 것에는 모든 생물이 포함되며 남을 해롭게 하거나 상처를 주는 일도 피해야 한다.
  ② 생명을 취하는 것은 최고 악이다.
  ③ 생명을 취하는 것은 본질적으로 죄이다.
  ④ 육식은 죄이다. 왜냐하면 동물을 죽이는 것이기 때문이다.
  ⑤ 살생 죄의 경중은 그 영혼의 우수성의 정도에 달려 있다.

4) 힌두교의 기타 신념

(1) 육체 노동은 품위를 떨어뜨린다.
(2) 마술, 부적, 주술, 점성은 의심할 바 없이 능력이 있다.
(3) 신성한 책들에 대한 믿음을 가진다.

맥가브란이 힌두교의 이념을 정리했던 이유는 인도 하다 지역에서 사역하면서 교회성장의 걸림돌로 가장 크게 작용했던 것이 인도의 카스트 제도와 그 배경에 있는 힌두교였기 때문이다. 성장의 걸림돌을 제거하기 위해서는 그것에 대한 객관적인 분석이 필요했다. 그것을 통해 인도인들의 가치관과 신앙이 녹아 있는 생활관을 이해함으로써 효과적인 복음전도를 위한 전략을 찾고자 했다.

맥가브란은 인도인들에 대한 이와 같은 신앙적, 문화적 이해를 위해 노력하면서 1928년에 '신앙 교육 디렉터'라는 새로운 지위를 마련했다. 그 지위에서 그는 그가 속한 선교회 산하에 모든 학교(총 25개교; 초등학교 15개교, 중학교 5개교, 일반학교 1개교, 고등학교 2개교, 공업학교 2개교)에 신앙 교육을 위해 성경과 교수법의 기초를 업그레이드하기 시작했다. 그의 재직 기간 동안 그는 학생들을 더 잘 가르치고, 더 많은 학생들이 교육에 동참토록 노력했으며, 흥미를 유발하고 좀 더 학생 중심의 교육을 하도록 최선의 노력을 기울였다.[5]

---

5 Middleton, *Donald McGavran, His Early Life and Ministry*, 25.

이 시기에 이런 교육 원리들을 교회성장에 접목시키려고 노력했다. 1927년 6월에 랜다우어 무수이(Landour, Mussooie)에서 열렸던 선교사 수련회 센터에서 "신앙 교육 감독자"(The Supervisor of Religious Education)라는 주제로 강의했다. 거기서 그는 성경을 가르치는 데 있어서 전통적인 방법과 그가 열망했던 방법의 다른점에 대해 비교했다.

기존의 신앙 교육이 신조나 성경 공부, 교리 중심이었다면 이제는 한 개인이 처한 다양한 상황 속에서 그가 그리스도인의 삶과 대도, 습관, 경험을 발전시킬 수 있는 주제로 바뀌어야 한다고 보았다.[6] 그리고 감독자의 세 가지 기능을 규정했다. 그것은 평가, 훈련, 리서치를 통한 개선이었다.

첫째, 평가는 진보를 위해서는 필수적이며 정의된 목표를 위해 끝임없이 확인을 해야 한다고 했다.[7] 그래서 신앙 교육 감독자는 계속해서 자료를 기록하고 방법들을 평가하며 결과물들을 노트해야 한다고 주장했다.

둘째, 교사가 계속적으로 발전할 수 있는 증진 방안들을 계발해야 한다는 것이다. 그는 그런 **훈련**을 통해 교사 스스로 자기 동기부여와 만족을 증진해야 한다고 강조했다.[8] 그리고 이 훈련은 교사가 먼저 내면 속에 영적 성장을 이루어야 한다고 말했다.

실질적으로 이렇게 교사들을 위한 강습회가 여름 시즌에 인도의 다양한 지역에서 실시되었다. 그 강습회의 구체적인 프로그램으로 성경을 좋아하게 하는 방법, 성경 이야기를 드라마로 만들기, 스토리텔링 워쉽 등이 있었다. 그는 크리스천 교사와 학생들에게 접근할 수 있는 카스트들에게 직접 복음을 전할 수 있도록 격려했다.

이런 훈련의 원리들은 훗날 교회성장연구소에서 세미나 계발을 위한 모델이 되었다. 이것은 훗날 목사와 선교사들에게 교회 개척 원리와 선교를 가르치는 수단이 되었다.

---

6 Ibid
7 Donald A. McGavran, *How Churches Grow; the New Frontiers of Mission* (New York: Friendship Press, 1957), 144
8 Donald A. McGavran, *The Bridges of God* (Friendship Press, 1955), 154.

셋째, **리서치**를 통해 교사들이 더 깊이 생각하고 반성하고 되돌아보게 하여 학생들을 어떻게 하면 더욱 효과적으로 교육할 수 있을지에 대해 새로운 안목을 갖을 수 있게 했다. 그는 교사들이 그들에게 맡겨진 학생들의 두려움, 방해 요소, 종교적 경험 등을 철저히 조사하고 각 학생들에게 있는 특별한 필요들을 어떻게 극복해 나가야 할지를 생각하게 했다. 이런 리서치의 방법은 1962년 교회성장연구소가 발전하는 시기에 학생들의 훈련 과정에서 꼭 필요한 본질적인 부분이 되었다.

1920년대 그가 가졌던 교육의 내용들은 우선적으로 교육 방법들, 학습내용, 교육적 재료들에 관한 것이었다. 동시에 그 기간 동안 교육을 통해 학생들을 그리스도께 인도하는 긴 과정을 수행하게 되었다. 1938년까지 그는 잃은 자를 찾으시는 하나님의 열망을 가지고 학생들과 그 부모들을 성령의 능력으로 그리스도께 인도하는 사역을 했다. 교회성장에 대한 그의 생각은 더 이상 학문적 이론들이 아니라 복음으로 카스트의 장벽을 관통하고자 하는 그의 열정이었다.[9]

이 시기에 맥가브란의 사상에 또 다른 큰 변화가 있었다. 1925년 8월에 그는 선교는 마치 씨를 심는 것과 같아서 남을 설득하거나 그리스도께 밀어붙이지 않아도 세월이 흐르면 언젠가는 열매를 거둘 날이 있다고 말했다.[10] 이 것을 소위 점진주의(gradualism)라고 했다. 그는 교육적 점진주의와 교회성장 사이에 관계를 소위 완전화(perfecting)라고 불렀다.

다시 말해 계속적인 기독교 교육을 통해 힌두 사상이 기독교의 믿음으로 바뀌는 회심이 생기게 되는데 그것을 완전화라고 본 것이다. 그러나 1930년에서 1934년 사이에 그의 개인적인 영적 체험을 통해 이전에 그가 가지고 있던 생각이 바뀌게 되었다. 점진주의가 아니라 성령의 역사를 통해 갑자기 회심을 경험할 수 있다는 것이다. 그리고 그것은 완전화가 아니라 제자화(discipling)라는 것이다.[11]

---

9   Middleton, *Donald McGavran, His Early Life and Ministry*, 29.
10 McGavran, *The Bridges of God*, 55.
11 Ibid., 14.

제자화 이후에 완전화가 이루어진다. 이 개념은 카스트 제도 하에 있는 인간집단 운동을 이해하는 데 있어서 매우 중요한 열쇠와 같은 개념이다. 제자화가 된다는 것은 그의 마음 속에 예수 그리스도를 구주로 영접한 상태를 말한다. 그러나 여전히 그의 생활은 힌두교와 카스트의 문화 속에 젖어 있어서 모든 생활이 완전히 온전한 그리스도인의 삶으로 바뀌는 것은 아니다. 온전한 그리스도인으로 바뀌는 과정이 완전화라고 할 수 있다.

1930년 안식년을 맞아 미국에 온 맥가브란은 필드 사역을 중심으로 콜롬비아대학교에서 교육학 박사 과정을 시작했다. 선교 사역을 교육적으로 변증하는 과정을 거치게 되었다. 1931년부터 쓰기 시작한 논문의 제목은 "교육, 종교, 그리고 인도의 진보"(*Education, Religion and the Advancement of India*)였다. 그의 논문의 논지는 다음과 같다.

> 인도에 존재하는 사회적 질서를 지배하는 그 힌두 신앙이 서구 시민화된 신앙으로 대체되거나 조화를 이룰 때만이 그 문화적 갭은 진실로 끝나게 될 것이다 (The gap in cultures will be truly closed only when the beliefs underlying the present social order in Hindu India have been brought into harmony with or replaced by beliefs which underlie Western civilization).

그의 논문의 핵심은 중간 그리고 상위 카스트들을 기독교화하는 교육적 방법들에 포커스가 맞춰져 있었다.[12] 이런 학문적 기회를 통해 인도 하다 지역에서 1923년부터 1930년까지의 사역을 학문적으로 정리하는 시간을 갖게 되었다.

---

12 Middleton, *Donald McGavran, His Early Life and Ministry*, 39.

2. 중기 사역(1932-1954)

1932년에서 1954년까지의 중기 사역은 1932년부터 1935년까지와 1936년부터 1954년까지로 구분된다. 1932년에 안식년을 마치고 인도에 돌아왔을 때 그는 연합기독선교회(United Christian Missionary Society: UCMS)의 인도 지역 디렉터로 선출되었다. 그가 감당해야 할 책임이 더욱 많아졌다.[13]

연합기독선교회 산하의 인도 선교사만 80명에 달했다. 그는 인디아나폴리스에 있는 선교 본부에 정기적으로 재정 보고를 해야 했고 여러 선교지를 정기적으로 방문해야 했다. 그리고 한달에 3일은 항상 선교위원회 모임을 가졌고 그 모임을 위해 항상 자료들을 준비했다.

특히 이 시기는 미국의 경제공항으로 선교 재정도 많이 줄어든 시기였다. 그렇게 바쁜 스케쥴에도 그는 지역 사역을 위해 많은 시간과 노력을 기울였다. 일주일에 하루는 더마(Dumar) 사람들을 위한 제자 훈련을 했다. 그리고 자발푸르에 있는 고등학교에서 성경을 가르쳤다. 그리고 한 달에 한 번은 봄베이에 가서 기독교 교육 세미나를 했다. 또한 불가촉 신분의 여성들을 위한 구제, 교육, 의료 활동을 펼쳤다.

미국의 경제 대공항으로 연합기독선교회는 선교사들의 사례비를 일괄적으로 10퍼센트를 삭감했다. 이런 상황을 염려한 맥가브란은 1933년 6월에 선교사 스무 가정을 모아 그의 집에서 특별한 모임을 가졌다. 그 모임을 소위 "절약 생활을 위한 모험 원정대"라고 불렀다. 삭감된 선교비를 극복하기 위한 방안들을 그 모임에서 맥가브란은 제안했다. 그 내용들은 다음과 같다.[14]

① 인도 마을 안에서 인도식 집에서 살기
② 3등석 기차 타기
③ 걷기와 자전거 타기 습관화하기
④ 카다르(Khaddar: 값싼 면직물)로 만든 옷 입기

---

13 McGavran, *Effective Evangelism : A Theological Mandate*, 47.
14 Middleton, *Donald McGavran, His Early Life and Ministry*, 47.

⑤ 인도 이웃들과 인사하며 지내기
⑥ 인도인이 쓴 매거진 구독하기
⑦ 일주일에 한 번씩 인도 친구들과 놀기
⑧ 인도인 집 방문하기
⑨ 인도 관습 익히기
⑩ 인도 문학계에 속하기
⑪ 인도 문화에 맞게 정중하고 우아한 예법 익히기
⑫ 방언(지역 사투리) 지식 증진시키기

이런 구체적인 선교사들의 실천을 통해 생활비를 절약할 뿐만 아니라 인도 문화와 생활을 빨리 익힐 수 있도록 지도했다.

한편, 1933년에 출판된 피켓의 저서 『인도에서 기독교 대중 운동』(*Christian Mass Movements in India*)을 읽은 맥가브란은 피켓의 인간집단 운동에 대한 아이디어에 큰 감명을 받게 되었다. 이 책은 당시 미국의 대공황으로 경제적 어려움을 겪고 있는 그에게 선교적으로 새로운 영적 추수를 위한 돌파구를 마련해 주었다.

인도에서의 인간집단 운동을 리서치하는데 주도적인 리더십을 발휘한 국제기독선교회(the National Christian Council: NCC)는 1934년에 중부 인도 지역에 인간집단 운동 위원회를 발족했다. 이를 통해 크리스천 리더들은 피켓에게 정기적으로 인간집단 운동 지역에서의 핵심 문제들에 관하여 컨설팅을 받았다.

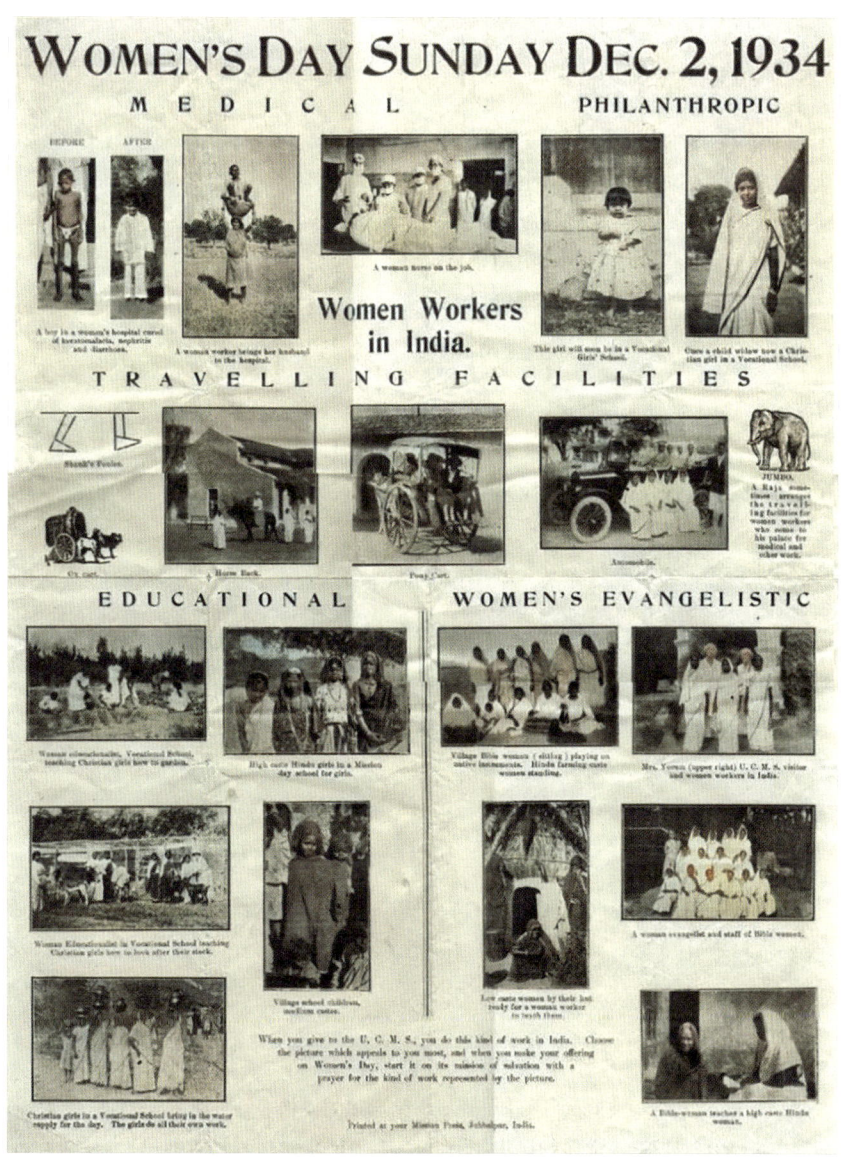

불가촉 여성들을 위한 계몽 포스터(1934년 12월 2일)[15]

---

15 "불가촉 여성들을 위한 계몽 포스터(1934년 12월 2일)," accessed 02/22, 2014. http://www2.wheaton.edu/bgc/archives/treasure/tr02/tr02.html.

나푸르(Nagpur), 친드와라(Chhindwara)[16]

국제기독선교회의 본부가 나푸르(Nagpur)에 있었다. 맥가브란은 그곳에 자주 가서 피켓을 만났고 유대감을 키워 나갔다.[17] 1935년 4월에 나푸르 북쪽 64킬로미터 떨어진 곳에 있는 친드와라(Chhindwara)에서 컨퍼런스가 열렸다. 그때 맥가브란은 인간집단 운동 위원회의 회장이었다. 피켓은 메인 스피커로 발제를 했고 G.S. 인그램(G.S. Ingram)이 세션을 이어서 진행했다.

이 컨퍼런스를 통해 중앙 인도 지역의 인간집단 운동에 대해 다음과 같은 중요한 결정들을 진행했다.[18]

    1. 복음전도자는 한 가지 선교를 다른 수용적인 지역에 적용한다.
    2. 교회들은 구원받지 못한 친척들과 네트워크할 수 있도록 돕는다.

---

16   "Google Map," accessed 02/27, 2014.
17   Arthur G. McPhee, *The Road to Delhi : J. Waskom Pickett and Missions in the Twilight of the Raj and Dawn of Nationhood*, Revised and expanded. ed. (Lexington: Emeth Press, 2012), 184
18   Middleton, *Donald McGavran, His Early Life and Ministry*, 55-56.

3. 모든 지역에서 피켓의 책을 중심으로 독서와 연구를 진행한다.
4. 맥가브란은 매주 인간집단 운동에 대한 소식지를 발간하고 이것은 2년 동안 지속한다.
5. 조직 위원회는 피켓의 리서치 팀을 돕기 위해 맥가브란과 함께 동역한다.
6. 중앙 인도 지역의 카스트와 부족들의 인간집단 운동을 위한 중보기도를 한다.
7. 기독교 리더들은 영적 승리를 우선적으로 촉구한다.

피켓은 맥가브란과 많은 시간 동안 교회성장과 관련된 인간집단 운동에 대해 나누었다. 피켓은 1938년 그렇게 나누었던 것들을 정리하여 두 번째 책을 출판했다. 그것은 『인도의 심장으로 가는 그리스도의 길』(*Christ's Way to India's Heart*)이었다. 피켓의 책에는 교회성장에 기초가 되는 일곱 가지 개념이 포함되어 있었다.

맥가브란은 그것들을 다음과 같이 정의했다.[19]

1. 개인의 개종은 그 사회를 구성하는 모든 멤버의 개종보다 덜 중요하다.
2. 새로운 개종자는 그들의 조상들의 문화에 머물러 있고 그들의 원래 삶의 습성대로 살게 될 것을 기대한다.
3. 인도에서 개종을 위한 하나님의 계획은 가난한 자들에게 복음을 가르치는 것이다.
4. 종교의 확산을 위한 자연적 길은 혈연을 통해서 열린다.
5. 영적 가치는 어떤 것보다 강조되어야 한다. 기독교 복음이 그들에게 주는 의미는 교회가 할 수 있는 어떤 사회적, 경제적 서비스보다 비교할 수 없이 가치 있는 것이다.
6. 교회의 중심성은 선교기관과 대조를 이룬다
7. 하나님의 복음은 흐른다. 다시 말해 하나님께서 선교의 문을 여시고 교회의 자원들이 영적 메마른 땅에 부어져서 복음의 확장이 이루어진다.

---
19 Ibid., 57.

타카트푸르(Thakhatpur) 산간 지역[20]

한편, 맥가브란에게 있어서 1935년부터 1년은 그의 첫째 딸 데오도라를 잃은 이후 가장 힘들었던 시기였다. 그리고 그를 파송한 선교회에서 그가 지역 디렉터의 직을 더 이상 수행할 수 없도록 했다. 1936년 11월, 필드 미션 컨퍼런스에서 새로운 디렉터로 W. B. 알렉산더(W. B. Alexander)를 선출했다. 맥가브란은 자기를 파송한 선교회와 결별해야 하는가라는 심각한 고민까지 이르게 됐지만 결국 선교회의 결정에 순종하기로 했다. 1936년 선교회는 그를 타카하트푸르(Thakhatpur) 산간 지역으로 선교지를 옮기게 했다.[21]

그 지역은 작은 타운을 주변으로 평야를 지나 수백 개의 마을로 흩어져 있었다. 수많은 마을에는 10명에서 50명 단위의 사트나미(Satnamis) 카스트인들이 살고 있었는데 그 카스트인들은 수백만 명에 이르렀다. 사트나미 카스트는 힌두교와 이슬람교의 의례를 절충시켜 받아들인 인도의 일부 종교 집단들

20　"Google Map," accessed 02/27, 2014.
21　McGavran, *Effective Evangelism : A Theological Mandate*, 48.

이다. 그 지역에서 맥가브란은 1954년까지 18년 동안 사트나미 카스트인들을 대상으로 사역을 했다.

1936년 1월 13일부터 2월 18일까지 맥가브란은 피켓과 함께 리서치 작업을 하고 있었다. 그는 자달푸르(Jagdalpur), 바스타(Bastar State), 만들라(Mandla District) 지역을 담당해 리서치를 했다. 이 리서치의 결과를 토대로 피켓과 함께 책을 출판했다. 초판의 제목은 『중부 인도 지역에서의 기독교 선교』(Christian Missions in Mid-India)라고 했는데 나중에 『교회성장과 집단 개종』(Church Growth and Group Conversion)이라고 제목을 변경해 출판했다. 이 책에 인간집단 운동에 대한 초기 생각들이 정리되어 있다. 그리고 사트나미 지역에서 18년간 사역하면서 이론을 반복해 테스트함으로 실제 원리로 확증해 나갔다.[22]

한편, 1930년대 불가촉 천민의 문제는 매우 중요한 정치적 이슈가 되었다. 인도에서 사회적 이동성은 개인에게 주어진 권한은 아니었다. 그러나 하층 계급의 사람들은 기회가 주어지면 상층 계급으로 올라가고자 노력을 기울였다. 특히 불가촉 천민들은 기독교로 개종해 자신의 운명을 개선하고자 하는 사람들도 생겨났다.

선교사들은 성령의 역사로 인도인들이 그 마음 중심에서 변화가 일어나면 힌두교 카스트의 사회적 구조에 변화를 줄 수 있을 것이라는 희망을 가지고 있었다. 결국 이런 생각을 가지고 있던 불가촉민들은 1936년에서 1938년 사이에 많은 폭동을 일으켰다. 이런 과정 속에서 1937년 3월 마하트마 간디는 피켓과 당시 아자리아(Azariah) 주교를 포함한 국제기독선교회의 대표 종교 지도자들을 만났다.

마하트마 간디(1869-1948)

간디는 3시간 동안의 회의를 통해 선교사들이 이런 폭동에 가담하거나 촉발시키지 말 것을 당부했다. 당시 간디는 서방 세계에 매우 의로운 성자와 같은 존재로 인식되었고 심지어는 그가 기독교인이라는 소문까지 날 정도였다.

---

22 McIntosh, *The Life and Ministry of Donald A. McGavran* 16.

그러나 간디는 피켓과 맥가브란이 주창하던 인간집단 운동에 대해 매우 언짢아하고 있었다. 집단 운동(People movement)이라는 용어가 매우 거슬렸으며 불가촉 천민들이 집단으로 기독교로 개종된다는 것이 싫었기 때문이다.23 더욱이 불가촉 천민들이 기독교로 개종할 경우 투표에 있어서 간디에게는 불리하게 작용하기에 더욱 그러했다. 자발푸르에 간디가 머물고 있는 동안 맥가브란은 간디를 찾아가서 단도직입적으로 질문을 던졌다.

"만약 불가촉민이 이전보다 더 나은 삶의 질을 높이는 것이 가능하다면 그들을 기독교로 개종하는 것을 어떻게 생각하십니까?"

이에 대해 간디는 완고하게 대답했다.

"어떤 상황에서도 나는 그들이 기독교인이 되는 것을 원하지 않습니다. 그들을 힌두교인인 상태에서 신분 상승을 하게 하십시오. 그들이 기독교인으로 신분 상승하는 것보다 차라리 힌두교인으로 이전처럼 사는 것이 좋습니다."24

맥가브란은 간디의 중심을 읽고 그를 신랄하게 비판했다. 간디가 불가촉 천민들에게 관심을 기울이는 것은 그들을 진정으로 위하는 것이 아니라 정치적인 이권 때문이라는 것이었다. 대신 맥가브란은 그 당시 불가촉 천민 출신의 정치 지도자였던 빔라오 람지 암베드카르를 지지하는 발언을 했다.

특히 암베드카르는 기독교로 개종하려고까지 했다. 이에 대

빔라오 람지 암베드카르25
(1891-1956)

빔라오 람지 암베드카르(Bhimrao Ramji Ambedkar, 1891년 4월 14일-1956년 12월 6일)는 불가촉 천민 출신으로 인도 참여 인권 운동의 선구자였으며, 대학 교수이며 영국 변호사였다. 인도의 불가촉 천민들의 권익을 위해 불가촉 천민 식수권 운동, 불가촉 천민 분리선거 운동, 집단 불교 개종 운동을 이끌었다. 그는 카스트 제도 유지와 분리선거 반대를 주장한 국민회의 마하트마 간디와 많은 충돌을 빚었다.

---

23 J. Waskom Pickett, *Christian Mass Movements in India* (Cincinnati: The Abingdon Press., 1933), 156.
24 Middleton, *Donald Mcgavran, His Early Life and Ministry*, 80.
25 "Bhimrao Ramji Ambedkar (1891-1956)," accessed 02/20, 2014. http://en.wikipedia.org/wiki/B._R._Ambedkar.

해 간다는 자기는 절대 기독교인이 아니며 힌두교인임을 강조하면서 힌두교의 문화와 전통을 보존하기 위해 힘을 다할 것이라고 불편한 심기를 나타내었다.

그 후 맥가브란과 간디의 불편한 관계는 1938년 12월 인도를 방문한 존 모트 (John R. Mott)에 의해 어느 정도 누그러졌다. 특히 맥가브란은 1919년 YMCA 여름 수련회에서 존 모트의 설교를 듣는 중에 선교사 소명을 받았던 인연이 있다.

존 모트(1865-1955)[26]

존 롤리 모트(John R. Mott, 1865년 5월 25일-1955년 1월 31일)는 뉴욕 태생이며 1888년 코넬대학교를 졸업했다(B.A.). 기독교청년회(YMCA)와 세계기독학생연맹(WSCF)의 오랜 책임 지도자였다. 그는 평화 증진을 위해 국제 기독교 학생 단체를 설립하고 강화한 공로로 1946년 노벨 평화상을 받았다. 그는 1895년부터 1920년까지 WSCF의 사무총장이었다. 1910년 세계 선교의 분수령이 되었던 '에든버러 국제선교회의'를 주재했다. 이 대회를 성사시키기 위해 280만 킬로미터를 여행했는데 그 거리가 자그마치 지구를 68바퀴나 돌 정도였다. 모든 교회와 선교체가 더 이상 경쟁하지 않고 서로 연합할 것을 당부하기 위해 인도, 중국, 일본, 브라질, 남아공, 호주, 뉴질랜드 등지를 방문했고, 한국 역시 두 번이나 방문했다. 특별히 1907년 1월부터 4월까지 한국을 방문하면서 평양 장대현교회에서 열렸던 평양 대부흥을 경험했다 1948년에는 세계교회협의회(World Council of Churches)의 구성에 관여했다. WCC는 그를 평생 명예 회장으로 선출했다. 그의 가장 유명한 저서인 『이 세대의 세계 복음화』(*The Evangelization of the World in this Generation*)는 20 세기 초에 선교사들의 슬로건이 되었다.

모트는 '탐바람 국제선교회의'(Tambaram conference of the International Missionary Council)에 참석차 인도에 와서 간디를 만나게 되었다. 모트는 이미 피켓과 맥가브란의 인간집단 운동에 대해 알고 있었다. 1937년 9월 27일에 맥가브란이 출판한 『교회성장과 집단 개종』(*Church growth and Group Conversion*)의 서문을 모트가 써 주었다. 모트는 화가 나 있는 간디에게 "대중 개종"(mass conversion) 이

---

[26] "John Raleigh Mott(1865-1955)," accessed 02/22, 2014. https://en.wikipedia.org/wiki/John_Mott.

> **FOREWORD**
>
> THE distinctive and important contribution of this most instructive, stimulating and reassuring book has been that of setting forth with clarity and frankness why on the one hand the work of so many churches and mission stations has been so comparatively sterile, and why in other cases their labors have been attended with wonderful fruitfulness. It raises the serious question whether the time has not come in field after field, not only in India but also in other lands, when there should be a major shift in emphasis and a marked reallocation of resources of men and money.
>
> September 27th, 1937
>
> JOHN R. MOTT
> Chairman of the International
> Missionary Council, New York, U.S.A.

『교회성장과 집단 개종』 서문(1937년 9월 27일)

라는 말을 대신해서 "가족들과 집단의 개종"(the conversion of groups and families)이라고 말해 주었다. 그러면서 신앙이라는 것은 개인이 받아들이거나 거부해서 개별적으로 변화되는 것이지 어떻게 대중이 변화될 수 있겠느냐며 간디가 오해한 것이라고 설명했다. 간디에게는 화를 가라앉히기 위해 이렇게 말했지만 모트는 이미 인간집단 운동의 의미와 인도에서 그런 변화들이 일어나고 있다는 것을 잘 알고 있었다.[27]

1930년대 인도는 국민당 간디의 영향을 받아 민족주의 성향이 강하게 일고 있었다. 이것은 선교사들에게는 부정적인 정치적 요인이었다. 그럼에도 불구하고 맥가브란은 불가촉 천민들을 향한 사역의 방향은 조금도 흔들림이 없었다. 그들 심령 속에 성령의 능력으로 내면이 변화될 때 그들 안에 힌두교의 우상을 버리고 사회의 변혁도 이루어질 수 있다고 보았다.

한편, 1937년 맥가브란은 동료 선교사였던 에드가 무디(Edgar Moody)와 헤르만(Herman)과 함께 인도인 복음전도자를 위해 체계화한 가이드북이 필요하다는 생각을 갖게 되었다. 인도인 복음전도자들은 대부분 고아원 출신이다보니 충분한 교육적 혜택을 받지 못한 경우가 많았기 때문에 더욱 절실한 것이었다. 지역 문제로 맥가브란이 이 번역서 작업을 수행하게 되었다. 책 제목은

---

27 Middleton, *Donald McGavran, His Early Life and Ministry*, 83.

『기독교 지식의 본질』(*Essentials of Christian Knowledge*)이라고 했다.

그 책의 목적은 쉽고 분명하게 개종이 일어날 수 있도록 기독교 지식(복음)을 전달하는 것이었다. 16페이지 분량의 힌두어로 제작되어 기독교 지식이 없는 카스트들과 초신자들에게 유익이 될 수 있는 내용이 담겨 있었다.

구체적인 내용은 다음과 같다.[28]

인도 현지 교회 지도자들과 함께한 맥가브란 부부

1. 복음을 전하는 자의 목적
2. 핵심적인 성경 이야기
4. 일반 기독교 예배의 가이드 라인(십계명, 주기도문, 사도신경)
5. 기독교인이 되면 얻는 10가지 유익(십계명)
6. 중요한 찬송가(힌두어로 된 찬송가 11곡)
7. 유용한 성경 구절(100구절)

맥가브란은 인도인 복음전도자들을 모아서 이 책을 통해 가르치고 반복해서 암기하도록 했다. 매일 저녁 그들은 모여 이 책을 중심으로 한 시간에서 한 시간 반씩 공부했다. 맥가브란은 그들에게 단지 지식만 아니라 영적 삶을 살도록 촉구했으며 전도자들이 내용을 가르칠 때 자신의 이야기보다는 가능하면 책에 있는 내용 중심으로 가르칠 것을 당부했다.

그림으로 복음을 전하는 인도 여성 전도자
(1947년)

---

28 Ibid., 87.

사타나미 지역에서 맥가브란이 한 일들은 이밖에도 연합기독교선교회(UCMS)로부터 2,500불의 선교 헌금을 받아 제2차 세계대전으로 피해를 입은 인도인들과 흉년으로 어려움을 당하는 현지인들을 구제하는 사역도 펼쳤다.[29] 1935년부터 1954년까지 백가브란은 지역 방언이었던 카티스가히(Chattisgarhi)어를 사용했는데 1939년에 그 언어를 마스터했다. 그리고 그 이후 4복음서와 사도행전을 사티스가히어로 번역했다.

1947년 6월부터 1948년 12월까지 세 번째 안식년을 맞아 미국을 방문했다. 먼저 연합기독선교회(UCMS)에 인도의 교회성장에 관한 논문과 보고서를 제출하여 교회성장에 관한 연구원을 지명해 줄 것과 선교 정책 결정에 있어 현지의 리서치를 통한 정책 결정을 반영해 줄 것 등을 요구했다. 그러나 그 요구는 받아들여지지 않았다. 모교였던 버틀러대학에서 한시적이지만 교수로 강의도 하게 되었다.

1949년 3월, 맥가브란은 네 번째 임기(Term) 사역을 위해 다시 인도로 돌아왔다. 그가 비어 있는 동안 교회들은 큰 성장이 없었다. 그는 6주 동안 침체기에 빠졌다. 그리고 자기 자신을 돌아볼 시간을 가졌다. 정신을 차리고 두 가지 일에 집중했다.

하나는 책을 집필하는 일이었고 또 하나는 사구자(Sarguja)라고 불리우는 새로운 지역의 가라(Gara) 카스트 종족에게 복음을 전하는 일이었다. 그러면서 사타나미 지역에서 그동안 해 왔던 전도의 일상적인 일들도 진행했다.

1952년 10월부터 11월까지 그동안 썼던 초벌 원고와 타자기, 그리고 식료품을 챙겨서 정글로 들어갔다. 정부로부터 임대한 방갈로에 들어가서 타자를 치기 시작했다. 오전 7시부터 저녁 6시까지 손으로 쓴 원고를 타자기로 쳐서 옮기기 시작했다. 20권의 카피를 만들어서 피켓(Pickett), 크래머(Kraemer), 라투렛(Latourette), 그리고 연합기독선교회 임원들에게 보냈다. 반응은 매우 뜨거웠다. 피켓은 그의 책을 읽고 선교에 획기적인 것을 증명할 것이라고 칭찬했다. 반면, 비판을 하는 사람도 있었다. A.L. 원시어스(A. L. Warnshius)는 맥가브란의 관점이 인도 상황에만 치우쳐 있다고 지적했다.

---

29   McGavran, *Effective Evangelism : A Theological Mandate*, 48.

맥가브란의 이론은 일본, 한국, 필리핀, 중국과 같은 상황에서는 맞지 않을 것이라고 했다. 그러나 대부분의 사람은 그 책의 진가에 칭찬과 격려를 주었다. 책의 교정은 그의 누이 그레이스가 해 주었다. 그녀는 전문 작가였다. 그리고 책의 제목도 『하나님의 가교』(The Bridges of God)라고 제안했다.³⁰

『하나님의 가교』(1955년)

3. 말기 사역(1954-1990)

1952년 초벌원고는 완성되었지만 책의 편집 과정은 1954년까지 계속되었다. 1954년에서 1957년까지 맥가브란은 그의 인생에 있어서 매우 창조적인 기간을 보냈다. 1954년 안식년을 맞아 미국으로 가는 길에 아프리카를 경유했다. 수단, 가나 등 7개국을 방문해 20군데의 선교지를 리서치하고 수백 개의 교회를 살펴보았다.³¹ 그곳에서 인간집단 운동의 사례를 찾아냈다.

마침내 1955년, 미국에서 교회성장의 대장정인 『하나님의 가교』(The Bridges of God)가 출판되었다. 이 책은 교회성장의 개념을 널리 알릴 수 있는 결정적인 역할을 했다. 그리고 아프리카 여행을 준비하면서 새로운 책을 집필할 계획을 가지고 있었다. 그것은 『교회는 어떻게 성장하는가』(How Churches Grow)라는 제목이었다.

1955년, 그는 안식년을 마치고 인도로 돌아오려고 했다. 그러나 연합기독선교회에서는 그가 더 많은 지역을 리서치하도록 요청했다. 그는 그 기회를 통해 많은 선교 현장의 실제 상황을 관찰하고 교회성장의 관점에서 말할 수 있게 되었다. 그 기간 동안 그가 방문했던 지역은 다음과 같다.³²

---

30 Middleton, *Donald McGavran, His Early Life and Ministry*, 124.
31 McIntosh, *The Life and Ministry of Donald A. McGavran* 17.
32 McGavran, *Effective Evangelism : A Theological Mandate*, 49.

방문국	날짜	지역
푸에르토리코	1955년 10월 20일 - 12월 20일	남미
일본, 대만	1956년 1월 12일 - 5월 31일	아시아
필리핀(1차)	1956년 1월 27일 - 2월 14일	동남아시아
태국	1956년 2월 7일 - 4월 24일	동남아시아
필리핀(2차)	1957년 1월 8일 - 4월 30일	동남아시아

선교지 리서치 일정[33]

새로운 저서에 대한 구상은 1956년 아시아 리서치 중에 많은 영감을 얻었다. 1957년, 필리핀 리서치 중에 매우 바쁜 시기였지만 9개월간 짬짬이 원고 초안을 작성했다. 그리고 카피본을 여러 선교 지도자들에게 보냈고 그 반응을 기다렸다. 원고는 라투렛(Latourette), 제이 씨 스미스(JC Smith), 잉글랜드(England), 매튜(Matthews), 프라이스(Price), 골터(Goulter) 그리고 그레이스(Grace)에게 전달되었다.

1957년 2월, 필리핀에 머물고 있는 중에 라투렛으로부터 책에 대한 평가의 편지를 받았다. 라투렛은 맥가브란이 중요시 여기는 교회성장이 단순히 숫자 성장을 강조하는 인상을 받았다는 코멘트였다. 맥가브란은 라투렛과 깊은 유대감으로 관계를 이루어 나갔다. 그의 통찰을 늘 존중했고 그의 지적을 감사함으로 받아 내용을 수정했다.

1957년 가을부터 그는 여러 대학 강단과 교회를 순회하며 선교와 교회성장에 대해 강의했다. 1957년 가을, 오클라호마에 있는 필립스대학교에서 강의 사역이 시작되었다.

1958년 1월 27일부터 6월 11일까지는 자신의 모교인 버틀러대학에서 선교학 과목을 강의했으며 약 100여 명의 학생이 수강했다. 1958년 여름 동안에는 자마이카를 방문해 선교 리서치를 했다. 1958년 9월부터 1959년 1월까지는 드레이크신학교(Drake Divinity School)에서 네 과목의 강좌("세계를 수확하는 교회", "선교의 오늘과 내일", "열방에 직면한 기독교", "교회성장 케이스 스터디")를 개

---

33 Middleton, *Donald McGavran, His Early Life and Ministry*, 167-86.

설하여 강의했다.

1959년 2월 7일에서 6월 30일까지는 오레곤 유진에 있는 노스웨스트기독대학에서 강의했다. 1959년 9월부터 1960년 6월까지는 웨스트버지니아에 있는 베다니대학에서 강의했다.[34] 1957년부터 1960년의 3년이라는 짧은 기간 동안 맥가브란은 국제적으로 교회성장 분야에서 인정된 선교 전략가의 위치를 얻게 되었다.

이 기간 동안 그는 여러 대학에서의 강의를 통해 교회성장연구소의 필요성을 강하게 느끼게 되었다. 분명한 목적이 그에게 생겼다. 그것은 하나님께서 주신 사명이라고 여겼다. 연합기독선교회에서는 맥가브란을 개인으로 존중하지만 선교회의 기본 방침을 거스르는 행동에 대해서는 반대했다.

맥가브란은 그런 상황을 잘 알고 있었기 때문에 선교회에 사의를 통보하고 교회성장연구소를 세우는 일에 몰두했다. 이미 그의 나이는 62세가 되었고 선교회에서는 그의 결정에 우려를 표했다. 35년간 함께했던 선교회 입장에서는 그런 그의 선택을 이해하기 어려웠다.

그 당시의 마음을 맥가브란은 다음과 같이 표현했다.

> 선교사들이 복음을 효과적으로 전할 수 있는 방법을 찾아 제시하도록 하나님께서 나를 부르셨다는 강력한 사명감을 느꼈다. 그래서 교회성장연구소를 세우기 위해 오랫동안 몸 담았던 연합기독선교회(UCMS)를 떠나고자 한다.[35]

더욱이 1957년에 출판된 『교회는 어떻게 성장하는가』를 통해 맥가브란은 새로운 대중적 이미지를 심어 주었다. 교회성장은 교회의 생명을 분석하기 위한 더 포괄적인 시스템으로 인식되었다.

그의 목적대로 교회성장연구소(ICG)는 오레곤 유진에 있는 노스웨스트기독대학(NCC)에서 1961년 1월 2일부터 시작되었다. 피켓의 적극적인 추천으로 감리교 출신 볼리비아 선교사였던 케이스 해밀턴(Keith Hamilton) 목사와

---

34 Ibid., 193-213.
35 McGavran, *Effective Evangelism : A Theological Mandate*, 51.

맥가브란 둘이서 연구소를 시작했다.[36] 돌이켜 보면 맥가브란이 유진에서 연구소를 시작한 것은 하나님의 섭리였다.

당시 NCC의 총장이었던 로스 그리피스(Ross Griffeth) 박사는 그와 정신적으로 깊은 유대 관계에 있었다. 그는 무한한 에너지와 광대한 비전을 품고 있었다. 두 사람은 영적, 신학적 신념을 공유했다. 그는 맥가브란의 아이디어의 천재성을 인식하고 있었다. 그는 맥가브란에게 "20세기의 사도 바울"이라는 표현을 즐겨 썼다. 그는 교회성장연구소를 위해 재정적, 행정적 지원을 아낌없이 해 주었다. 맥가브란은 그리피스 총장에게 교회성장연구소에서 해야 할 세계 복음화를 위한 선교사 훈련과 모집에 대해 설명했다.

교회성장연구소의 또 다른 중요한 요소는 바로 오레곤대학교가 길 건너에 위치해 있는 것이었다. 그리피스 총장은 박사 학위를 받을 수 있는 인류학 과목을 학점 교류로 오레곤대학교에서 들을 수 있도록 했다. 오레곤대학교의 인류학은 교회성장의 교육 과정을 더욱 풍성하게 하는 기회가 되었다.

1961년 9월 첫 주, 복음주의외국선교회(EFMA: the Evangelical Foreign Missions Association)의 대표였던 클라이드 테일러(Clyde Tayor) 박사는 선교회 연례모임에 강사로 맥가브란을 초빙했다. 이 계기로 매년 복음주의외국선교회 선교사들이 안식년을 맞을 때마다 유진의 교회성장연구소에서 정기적으로 강의를 듣도록 했다. 그 당시 했던 강의가 나중에 『교회성장이해』(Understanding Church Growth)의 중요한 내용이 되었다. 풀러에서 첫 4년간은 맥가브란 혼자 강의했지만 그 후에는 랄프 윈터와 알랜 티펫이 같이 강의했다.[37]

1961년 12월 교회성장연구소의 두 번째 교수로 알랜 티펫이 왔다. 그는 연구비로 1,000불을 받았다. 연구소에서는 정령 신앙과 인류학 두 과목을 가르쳤다. 그는 일주일에 4시간을 강의했다. 맥가브란은 12시간을 강의했다. 맥가브란은 티펫의 20년간 피지에서의 사역과 인류학적 안목을 높이 평가했다. 그리고 그의 인류학적 안목을 더욱 발전시키길 원했다.

그래서 당시 오레곤대학교 인류학 분야의 대가였던 호머 바넷(Homer Bar-

---

36 McIntosh, *The Life and Ministry of Donald A. McGavran*, 18.
37 McGavran, *Effective Evangelism : A Theological Mandate*, 52.

nett) 밑에서 박사 과정을 하도록 종용했다. 그것은 탁월한 선택이었다. 티펫의 경험과 인류학에 대한 깊은 학문의 세계는 훗날 풀러에서 빛을 발하게 된다.

한편, 1963년 맥가브란은 66세의 나이에도 불구하고 열정적으로 그의 강의 사역을 펼쳐 나갔다. 다음은 1963년 5월에서 9월까지의 그의 강의 스케줄을 정리한 것이다.

방문단체	날자	지역
Christian Missinary Alliance 정기 총회	5월 13일-14일	아리조나 피닉스
Assemblies of God 연례 회의	6월 26일-27일	미주리 스피링필드
College of Missions 8회 강의	6월 29일-30일	크리스탈 레이크
Marine Medical Mission 리서치	7월 13일-22일	알라스카
Iberville meeting	7월 31일-8월 3일	카나다 몬트리올
EFMA 교회성장 세미나	9월 9일-13일	위노나 레이크

1963년 여름 강의 일정[38]

1964년에서 1968년까지 맥가브란의 삶에 중요한 역할을 했던 선교 리더는 노먼 커밍스(Norman Cummings)였다. 그는 해외십자군(Overseas Crusades)의 디렉터였다. 그는 교회성장연구소(ICG)의 재정적 후원을 하고 있었고 맥가브란의 교회성장학이 더욱 많은 선교사들에게 전해지기를 원했다. 그의 재정적인 지원과 바람의 힘을 입어 맥가브란은 격월로 발행하는 「교회성장회보」를 1964년에 발행하게 되었다. 이것은 16페이지로 된 발행물로 선교 단체와 세계에 흩어져 있는 선교 지도자들과 선교사들에게 발송했다. 노먼 선교사의 재정적 지원으로 20개 이상의 나라들과 1,500개가 넘는 주소지에 발송되었다.

맥가브란은 1980년까지 편집인으로 발행했고, 1986년까지 「교회성장회보」는 계속적으로 발행되었다. 「교회성장회보」에는 교회성장 원리, 교회성

---

[38] Middleton, *Donald McGavran, His Early Life and Ministry*, 271-72.

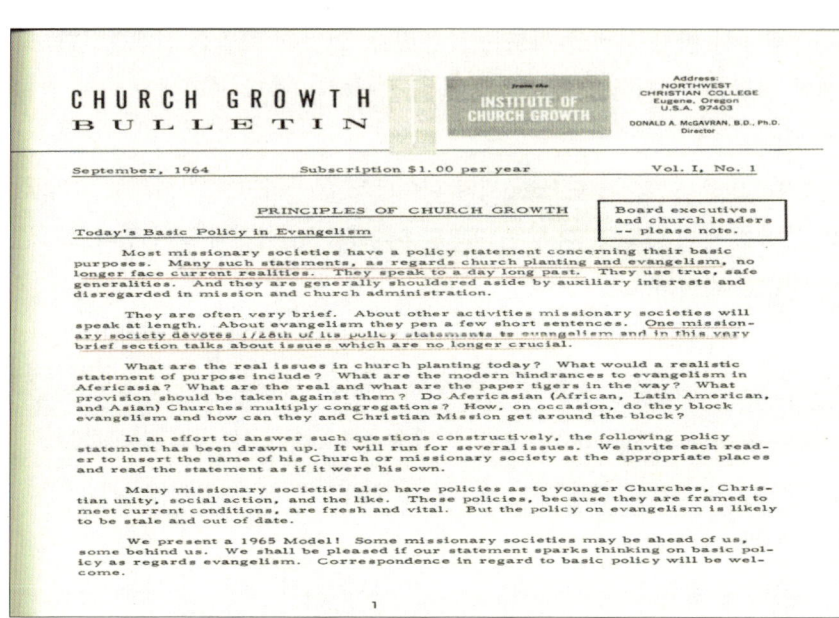

「교회성장회보」창간호(1964년 9월)

장 소식, 각 나라에서 들어온 교회성장 사례, 교회성장을 위해 읽어야 할 도서와 아티클을 소개했다.[39]

1961년 1월부터 1965년 6월까지 4년 동안 오레곤 유진의 교회성장연구소에는 총 61명의 선교사들이 와서 연구했다. 선교사들의 3분의 1은 공의회(Conciliar)교단 출신이었고 다음 3분의 1은 복음주의외국선교회(EFMA)/초교파외국선교회(IFMA) 출신 선교사였으며 나머지 3분의 1은 기독인교회(Christian Churches)와 그리스도교회(Churches of Christ) 출신 선교사였다.

그 당시 교회성장연구소에서 가르쳤던 커리큘럼은 다음과 같다.[40]

1. 교회성장의 원리와 발전(3시간)
2. 교회성장 사례 연구(3시간)
3. 교회성장과 정령 신앙(2시간)

---

[39] Donald A. McGavran, *Church Growth Bullertin Vol.I-V* (Pasadena: : William Carey Library, 1969), 1-14.
[40] Middleton, *Donald McGavran, His Early Life and Ministry*, 277-78.

4. 교회성장을 위한 인류학의 가치(2시간)

5. 선교 세미나(3시간)

6. 리딩 컨퍼런스(3시간)

당시 교회성장연구소에서 공부했던 선교사들이 발표한 사례 발표 논문들은 매우 수준이 높았다. 예를 들어 기독교사의 권위자인 라투렛은 로이 쉐어러(Roy Scherer)의 『한국 교회성장의 들불』(Wildfire Church Growth in Korea)을 읽고 여느 대학교의 박사 수준의 가치가 있는 논문이라고 평가했다. 이렇게 선교사들이 발표한 자료들이 책으로 출판되었다.

로이 쉐어러 선교사 가족[41]
(1960년, 한국 안동)

로이 쉐어러(Roy E. Shearer, 1932년 5월 14일-1999년 6월 30일)는 오레곤 태생이며 1954년 르위스앤클락대학을 졸업했다(B.A.). 프린스턴 신학대학에서 신학 석사(M.Div.)를 받았고 풀러선교대학원에서 석사(Th.M.), 풀러상담대학원에서 박사(Ph.D.) 학위를 받았다. 맥가브란과는 1964년경 오레곤 교회성장연구소에서 만났다. 그는 장로교 선교사로 1957년에서 1967년까지 10년간 한국에서 선교 사역을 했다. 1972년부터 은퇴했던 1997년까지 카나다 밴쿠버에서 장로교 상담 사역을 했다. 자녀로는 아들 팀과 딸 티나가 있다. 1999년 67세로 밴쿠버에서 별세했다. 그의 저서 『한국 교회성장의 들불』(Wildfire: Church Growth in Korea)에서 1832년부터 1964년까지 한국 교회가 어떻게 해서 급성장하게 되었는지 분석했다. 책의 서문을 라투렛 박사가 써 주었고 한국 교회의 성장에 대해 10년간 한국에서 사역했던 경험을 바탕으로 객관적 자료와 데이터를 근거로 분석했다. 1960년대에 한국 교회의 성장을 이렇게 분석했다는 사실은 매우 놀라운 일이며 책 속에서 그가 얼마나 한국을 사랑했는지를 느낄 수 있다.

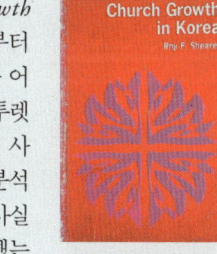

『한국 교회성장의 들불』
(1966년)

---

41 "Andong Station Missionary Families.," accessed 09/18, 2020. https://digital.history.pcusa.org/islandora/object/islandora퍼센트3A115871.

4년이라는 짧은 시간 동안 맥가브란은 활발한 활동을 통해 교회성장 원리를 여러 교단과 선교 단체에 전파했다. 또한 교회성장학의 학문적 영역에서도 한 단계 업그레이드할 수 있는 능력을 지닌 훌륭한 동역자 알랜 티펫을 만나게 되었다.

1965년 6월, 노스웨스트기독대학의 새로운 총장으로 인해 더이상 교회성장연구소를 유지할 수 없게 되었다. 때마침 풀러(Fuller)신학대학원의 허버드 총장이 맥가브란을 풀러선교대학원의 원장으로 청빙해 맥가브란의 교회성장학은 새로운 보금자리에서 새롭게 발전하게 되었다.

1965년 여름, 맥가브란은 2개월간 브라질의 세 지역 장로교단에 교회성장 세미나를 인도하러 갈 때 오레곤 유진에서 출발했다. 그리고 돌아올 때는 캘리포니아 파사데나로 돌아왔다. 맥가브란 부인이 책과 이삿짐을 남편이 없는 동안 캘리포니아로 옮긴 것이었다.

1965년에서 1966년 풀러선교대학원의 커리큘럼은 다음과 같다.

1. 교회성장 원리 이해
2. 성장을 방해하는 숨겨진 심리적, 문화적 요인들
3. 교회성장을 증진시킬 수 있는 목회 훈련의 방법
4. 교회성장의 이해와 측정
5. 교회성장과 정령 신앙
6. 교회성장과 신학
7. 선교와 인류학

맥가브란은 이런 강의를 위해 필요한 교수 요원을 확충했다. 유진에서 함께했던 알랜 티펫이 제일 먼저 부름을 받았다. 세계 선교를 위해 맥가브란은 지역적 필요를 고려해 교수를 선발했다. 남미 지역은 콰테말라 선교사였던 랄프 윈터를 청빙했다. 아프리카 지역을 위해서는 당시 나이지리아 선교사였던 찰스 크래프트를 청빙했다. 평신도들을 위해서는 영국 출신의 에드윈 오르를 청빙했다.

아시아 지역을 위해서는 중국 내지선교회(CIM) 대표였던 아서 글라서 박사를 청빙했다. 1970년 9월 아서 글라서 가족이 파사데나에 왔을 때 집을 구할 동안 알타데나에 있는 맥가브란의 집에 머물렀다. 마지막으로 1971년 볼리비아 선교사였던 피터 와그너가 교수로 청빙되었다.

아서 글라서, 알랜 티펫, 맥가브란, 뉴튼 말로니(1983년)[42]

맥가브란은 풀러선교대학원장으로 1971년 7월 1일까지 학기 중에는 본과 수업에 전력했으며 여름 방학 중에는 위노나 레이크(Winona Lake IN), 벤트노(Ventnor NY), 필라델피아(Philadelphia PA) 등에서 교회성장 세미나를 활발하게 진행했다.[43]

1971년 7월 1일 74세가 된 맥가브란은 아서 글라서 박사에게 대학원장 직을 물려주고 시니어 프로페서가 되었다.[44]

1972년 선교교수협의회가 네슈빌에 있는 스카릿(Scarritt)대학에서 열렸다. 이때 메인 강의는 풀러선교대학원 교수들이 했다.

여름 인디애나주 위노나 레이크에서 강의 중인 맥가브란(1965년)

네 가지 강의가 있었는데 그 내용은 다음과 같다.

---

42 "Fuller's Story in Pictures." accessed 09/18/2020. https://www.fuller.edu/wp-content/uploads/2017/10/GlasserTippettMcGavranMalony1983-1024x787.jpg.
43 McIntosh, *The Life and Ministry of Donald A. McGavran* 28.
44 McGavran, *Effective Evangelism : A Theological Mandate*, 61.

1. "교회성장신학교의 철학은 무엇인가?"(강사: 도널드 맥가브란)
2. "교회성장신학"(강사: 아서 F 글라서)
3. "풀러선교대학원에서 선교 리서치"(강사: C 피터 와그너)
4. "선교 이론으로서 동질집단 이론"(강사: 도널드 맥가브란)

이 강의를 통해 선교학에 대한 관심이 증폭되었고 그 모임으로 미국선교학협회(The American Society of Missiology: ASM)가 형성되었다.[45]

1965년부터 1971년까지 6년 동안 세계 선교를 위한 가장 의미 있는 스텝이 준비되는 기간이 되었다. 1971년 가을까지 풀러선교대학원에는 여섯 명의 교수와 41개국에서 온 250여 명의 선교사들이 교회성장학을 공부했다. 이 기간에 졸업한 풀러선교대학원의 학생들은 세계 선교의 많은 영역에서 원동력이 되는 지도자들이 되었다.

1971년 가을, 맥가브란은 풀러에서 로이 쉐어러 교수와 함께 "교회성장 1"이라는 과목을 강의했는데 11,12월 맥가브란이 필리핀과 싱가포르에 방문하느라 강의를 못하게 되었을 때 쉐어러 교수가 대신 수업을 진행했다. 그 코스는 9월 28일부터 12월 6일까지 진행된 강의였다.

그때 사용했던 코스의 개요(Outline)는 다음과 같다.[46]

1. 서론(도입)
2. 교회성장에 대한 복합적인 불신
3. 하나님의 의지와 교회성장
4. 오늘날 선교의 책무와 기회와 명령
5. 우주적 안개
6. 사실(Facts)이 요구된다
7. 교회성장의 이유 발견
8. 성장의 원인을 발견하기 위한 요소들

---

45 Ibid., 64.
46 McIntosh, *The Life and Ministry of Donald A. McGavran* 36.

9. 이해에 대한 도움과 방해
10. 부흥과 교회성장

그리고 이 코스는 다음과 같은 필독서를 요구했다.[47]

1. 『교회성장과 하나님의 말씀』(*Church Growth and the Word of God*, Tipett)
2. 『한국 교회성장의 들불』(*Wildfire: The Growth of Church in Korea*, Shearer)
3. 『현대 아프리카 교회와 선교』(*Church and Mission in Modern Africa*, Adrian Hastings)
4. 『라틴아메리카 교회성장』(*Latin American Church Growth*-Read, Monterrosos, Johnson)

과제물로는 각자 자기의 사역 필드에 대한 리서치 보고서를 작성하는 것이었다. 이렇게 준비된 학생들이 맥가브란의 정신을 이어받아 세계 각처에서 훌륭한 선교 리더십을 발휘할 수 있었다.

1971년까지 교회성장 운동은 해외선교(아시아, 아프리카, 라틴아메리카 등)에 지대한 영향을 끼쳤다. 1972년부터 미국 내에 교회성장 운동이 일어났다. 피터 와그너 교수는 북미에 교회성장을 증진시키기 위해 노력했다. 실질적인 방안으로 피터 와그너 교수는 맥가브란과 함께 지역목회자를 위한 세션을 마련했다. 매주 화요일 아침 7시에서 10시까지 레이크 에버뉴교회에서 교회성장 세미나를 개최했다.

피터 와그너는 캘리포니아에서 시작한 이 운동을 전 미주로 전파하고자 하는 의지가 강했다. 이 코스에 윈필드 안(Winfield Arn) 박사가 동참했다. 이렇게 해서 미국 교회의 성장 운동이 일어나게 되었다.[48]

캘리포니아에서 일어난 이 운동은 피터 와그너의 생각대로 전 미주에 영향을 끼쳤다. 미주 교단뿐만 아니라 국제 교단에서도 이 운동에 관심을 가지고

---

47 Ibid.
48 Donald A. McGavran and Win Arn, *How to Grow a Church* (Glendale, Calif.,: Regal Books, 1973), 1.

윈필드 안(Winfield Arn 1923년 6월 26일-2006년 12월 13일)은 미국 테네시 출생이며 『교회는 어떻게 성장하는가』, 『교회성장의 열 가지 스텝』 등 많은 미국 내 교회성장 관련 서적을 집필했다. 풀러에서 맥가브란 박사와의 만남을 통해 교회성장에 대한 깊은 영감을 받았다. 교회성장 운동의 원리와 통찰이 미국 개신교 교회와 상당한 관련이 있다고 믿고 1973년 미국교회성장연구소(Institute for American Church Growth)를 설립했다. 이 연구소와 캐나다의 해당 연구소인 캐나다교회성장연구소는 북미 전역에 세미나와 함께 교육 키트와 영화를 제작해서 미국의 교회성장 운동에 힘썼다.

1983년도 미국교회성장연구소 소장 윈 안(1923-2006)⁴⁹

동참했다. 피터 와그너의 노력으로 목회자들을 중심으로 하는 목회학 박사(D.min.) 과정이 풀러신학교에 개설되었다.

맥가브란은 1971년부터 1978년까지 풀타임 교수로 왕성한 활동을 했고 은

퇴하는 1981년까지 하프타임 교수로 강의했다. 1980년 아서 글라서 박사는 폴 피어슨 박사에게 풀러선교대학원 원장 자리를 물려주었다. 그 시기와 맞물려 1981년 맥가브란도 역시 은퇴를 했다. 맥가브란이 풀러에서 은퇴하면서 교회성장이라는 용어의 원래 의미가 퇴색되기 시작했다.⁵⁰

1984년 피터 와그너 교수에게 풀러선교대학원 원장직 위임하는 맥가브란

1981년 피터 와그너의 새로운 책인 『교회성장과 순복음』(Church Growth and the Whole Gospel)에서 피터 와그너는 왕국의 복음을 강조했다. 맥가브란은 이에 우려의 마음을 담은 편지를 와그너에게 보냈다. 구원의 복음을 왕국의 복음으로 대치하는 것은 교회성장 운동 비판자들의 입장에서 주장되는 것이었다. 1980년대 교회성장은 풀러선교대학원에서 복합적인 요인으로 인해 그 세

---

49 "Denominational Growth Development Scale." accessed 09/16/2020 http://4.bp.blogspot.com/_s_cPvJgyTl0/TSO1XrdsjmI/AAAAAAAAL4/y2RtQuDr5bQ/s1600/WCA2.jpg
50 McIntosh, *The Life and Ministry of Donald A. McGavran* 72.

찰스 피터 와그너(Charles Peter Wagner, 1930년 8월 15일-2016년 10월 21일)는 뉴욕 태생으로 신학자, 선교사, 작가, 교사 및 여러 조직의 설립자였다. 초창기에 그는 교회성장 운동의 핵심 지도자였지만 결별하고 이후에는 신사도 운동을 주도했다. 그는 1956년부터 1971년까지 남미선교부와 안데스복음주의선교부(현, SIM International)에서 볼리비아 선교사로 봉사했다. 1970년에 풀러에서 맥가브란과 만나게 되었다. 그 후 30년 동안 (1971년-2001년) 풀러선교대학원에서 교회성장학 교수로 역임했다. 1993년부터 2011년까지 세계추수사역(Global Harvest Ministries)의 창립자였으며 부흥 운동가와 개혁가를 교육해 전 세계적 변화 운동을 일으킬 수 있는 와그너 리더십 연구원(Wagner Leadership Institute, 현, Wagner University)의 창립자이자 명예 총장이었다. 또한 Reformation Prayer Network, International Coalition of Apostles, Eagles Vision Apostolic Team 및 Hamilton Group을 설립하고 Global Spheres, Inc.의 부사장을 역임했다. 그동안 많은 저술(80 권)을 남겼다.

피터 와그너(1930-2016)[51]

력이 약화되었다. 1960년대 풀러선교대학원은 교회성장 패러다임 중심으로 형성되었다. 학생들은 맥가브란을 통해 교회성장이라는 신선한 인사이트를 얻기 위해 풀러에 왔다. 1970년대에 피터 와그너는 교회성장학에 책임자로서 역할을 감당했다.

새로운 변화가 풀러선교대학원에 생겼다. 교회성장의 강조점은 지속되었다. 그러나 필수 코스 없이 교회성장의 원리와 방법 두 코스만 밟으면 누구든지 졸업할 수 있게 되었다. 나중에 두 코스마저 한 코스로 줄어들었다 대신 선교 전략과 심화 교회성장이 추가되었다. 교회성장은 다섯 가지 필수 과목 중에 하나로 축소되었다. 1980년대 교회성장은 커리큘럼에서 더 이상 큰 힘을 발휘하지 못했다.

1982년에 학생들은 교회성장을 풀러선교대학원의 규범과 규칙이라기보다

---

51 "Concerns for C. Peter Wagner on the Cutting Edge of Missions Strategy" accessed 09/18/2020. https://veritasdomain.files.wordpress.com/2014/12/c-peter-wagner-on-the-cutting-edge-of-missions-strategy.jpg

단지 맛보기로만 체험하고 졸업하게 되었다.[52] 풀러에서의 이런 변화는 미국 교회에 교회성장학의 적용에 있어서 본질적인 것보다 공식화된 인스턴트식 적용에 의한 부작용의 결과로 볼 수 있다. 피터 와그너에 의해 주도된 미국 교회성장의 맥도날드식 적용은 소비자 중심의 교회성장을 추구하게 되었고 회심성장이 아닌 유입성장을 초래하게 되었다. 미국의 교회성장 운동이 회심성장이 아닌 유입성장이나 생물학적 성장으로 변질된 것에 대해 말년에 맥가브란은 우려와 비판의 목소리를 냈다.

풀러에서의 상황과 미국의 교회성장 운동의 부정적인 모습에 대해 그는 처음 인도에서 깨달았던 인간집단 운동(people movement)에 대한 개념과 하나님의 가교의 개념으로 교회성장의 올바른 의미를 되새겨 주었다. 맥가브란은 죽는 그 순간까지 세계에 흩어져 있는 영혼을 구원코자 하는 뜨거운 열정으로 강의와 저술을 했다. 그가 남긴 저서는 다음과 같다.

1. 『교회성장과 집단 개종』(Church Growth and Group Conversion, 1936)
2. 『하나님의 가교』(Bridges of God, 1955)
3. 『교회는 어떻게 성장하는가』(How Churches Grow, 1959)
4. 『교회성장과 기독교 선교』(Church Growth and Christian Mission, 1965)
5. 『교회성장이해』(Understanding Church Growth, 1970)
6. 『미래 선교의 중요한 문제』(Crucial Issues in Missions Tomorrow, 1975)
7. 『교회성장의 열 가지 스텝』(Ten Steps for Church Growth, 1977)

그외 저서 12권, 공저 9권, 편집 1권, 많은 기고문(International Review of Missions, Christianity Today, World Vision Magazine, Missiology: An International Review, Evangelical Missions Quarterly에 실린)이 있다. 그의 몸 속에 흐르는 선교사의 피는 그를 일평생 선교사로서 세계 각국에 흩어져 선교사명을 감당하는 후배 선교사들에게 효과적인 복음 전파(Effective Evangelism)를 위해 무엇을 해야 할지를 알게 했다.

---

52 McIntosh, *The Life and Ministry of Donald A. Mcgavran* 75.

제4장

맥가브란의 개종 이야기

맥가브란의 개종 이해는 한 영혼에 대한 열정에서 시작된다. "교회성장"이라는 용어는 분명 좋은 의미를 담고 있지만 어감 때문에 많은 사람에게 부정적으로 평가되기도 했다. 겉으로 보이는 물량적 성장으로 비쳐졌기 때문이다. 맥가브란은 그런 이유에서 말년에는 교회성장이라는 용어보다 "효과적인 복음전도"(Effective Evangelism)라는 용어를 즐겨 썼다. 교회는 불신자를 전도해 그리스도의 참된 제자가 되게 하는 일에 우선순위를 두어야 함을 강조하기 위해서이다.

맥가브란은 개종의 과정을 두 단계로 구분했다. 그것은 "제자화"와 "완전화"이다. 예수 그리스도의 성품을 닮아 성숙한 그리스도인이 되는 것을 완전화로 보았다. 이에 비해 이전의 가치관을 버리고 그리스도 중심의 복음적 가치관을 수용하는 처음 단계를 제자화로 보았다. 맥가브란이 선교했던 인도 현지에서 무엇보다도 우선적인 과정은 제자화였다.

맥가브란의 교회성장학의 이론들은 그가 열망했던 한 영혼의 구원에 관한 이론이라고 해도 다르지 않다. 그의 이론을 잘 이해하기 위해서는 맥가브란의 선교 현장과 그의 삶을 통해 이해하는 것이다. 이에 35년간의 인도 선교 현지에서의 체험을 통해 교회성장 원리로 체계화된 핵심적 교회성장 이론들을 살펴보고자 한다.

이 이론들이 어떤 배경 속에서 형성되었는가를 생각하면서 읽어 나간다면 우리의 교회 현실에 적용하는 데 많은 도움이 될 것으로 기대한다. 이런 원리들이 한국 교회의 상황 속에서 어떻게 실현될 수 있을지를 고민하며 적용점을 찾아보기를 바란다.

1. 하나님의 영광

　교회성장은 우선적으로 하나님의 뜻이다. 하나님의 마음으로 잃은 양을 찾고, 교회가 성장할 때, 하나님의 영광이 드러난다. 교회성장학의 신학적 핵심은 마태복음 28장 19-20절 대위임명령의 말씀에 따라 모든 열방을 제자 삼는 일이다.[1] 교회성장은 단순한 방법론이나 리서치가 아니라 성경적이고 신학적인 것이다. 맥가브란은 근본적으로 교회성장에 있어서 하나님의 선교 (Missio Dei)를 지향했다.[2] 세계 선교를 위해 무엇을 해야 할지에 대해 맥가브란은 다음과 같은 분명한 입장을 표했다.

> 하나님께서는 사람들이 구원되어야만 한다는 데 우선 관심을 갖고 계신다. 찾으시는 하나님은 그들이 발견되기를 원하신다. 즉, 사람들이 예수 그리스도와 구속적 관계에 이르고 그분의 이름으로 세례를 받아 그분의 가족이 되기를 원하신다. 하나님께서는 길을 찾을 수 있는 많은 양이 산 위에서 낙오된 채 혹독한 바람에 떨고 있는 것을 기뻐하지 않으신다. 더 많이 발견할수록 하나님께서는 더 기뻐하신다. 따라서 선교의 특성 가운데 중요하며 다른 것으로 대체할 수 없는 것은 바로 이것이다. 즉, 선교는 거대하고 계속적인 하나님의 찾으심이다.[3]

　교회성장은 하나님께서 잃으신 자를 찾으시는 하나님의 선교에 동참하는 행위이다. 선교의 주체이신 하나님께서 그분의 기쁘신 뜻대로 잃은 자를 찾아 구원의 반열에 세우시기 위해 이 땅에 교회를 세우셨다. 교회성장은 곧 이런 하나님의 뜻을 이루는 것이다. 교회성장학의 창시자인 도널드 맥가브란은 무엇보다 이것을 먼저 밝혔다.

1　Donald A. McGavran, *Momentous Decisions in Missions Today* (Grand Rapids, Mich.: Baker Book House, 1984), 15.
2　McGavran, 『교회성장이해』, 56.
3　Ibid., 58.

교회성장은 하나님의 기뻐하시는 뜻을 효과적으로 이루도록 하는 원리라고 맥가브란은 강조했다.[4] 이런 관점에서 그는 한 사람의 개종을 하나님께서 가장 기뻐하시는 일로 간주했다.

2. 충직성 원리

충직성 원리(Faithfulness Principle)는 하나님의 뜻을 따르는 충성된 종의 자세에 대한 원리이다. 하나님의 충직한 종은 주님의 말씀에 순종해 잃어버린 양을 찾아 나선다. 교회성장은 이와 같은 충직성의 결과로 이루어진다. 마태복음 25장에 기록된 예수님의 비유에서 언급한 달란트를 맡은 충직한 종들처럼 교회성장은 주인되신 하나님의 뜻을 기쁨으로 받아 성실하게 순종하는 하나님의 일꾼들을 통해 이루어진다.

교회성장의 주체는 하나님이시지만 개종을 위한 이 땅에서의 선교 수행은 하나님의 뜻을 따르는 제자들에 의해 이루어진다. 그들의 충직성에 의해 개종이 이루어진다. 맥가브란은 교회성장이란 곧 하나님을 향한 충성심이라고 정의하며 다음과 같이 언급했다.

> 교회성장은 하나님께 대한 충성이다. 그리스도인은 주님의 마음으로 잃어버린 자들을 찾아 구원하도록 보냄을 받는다. 그리스도를 위해 종이 되는 길은 자신을 위해 물질을 얻는 일이 아니라 잃은 자를 찾는 데 있다. 교회성장이란 자비의 행위이다. 즉, 강한 자들이 약한 자들의 짐을 지고, 굶주린 자들에게 생계의 수단이 되는 빵을 공급하는 일이다. 그럼에도 불구하고 하나님께 순종하는 종들은 교회성장을 인간애로써 행해지는 한 행위로 보지 않고, 오히려 교회의 확장이 하나님을 기쁘시게 하는 일이기에 그 일을 추구한다. 교회성장이란 충성심이다.[5]

---

4 McGavran, *Effective Evangelism : A Theological Mandate*, 22.
5 McGavran, 『교회성장이해』, 31.

3. 실용주의

맥가브란은 효과적 복음전도를 위해 실용주의 방법(Pragmatism)을 적극적으로 활용했다. 그가 실용주의 방법들을 적극적으로 활용했던 이유는 그의 교육가적, 학문적 배경에서 기인한다. 맥가브란은 컬럼비아대학교에서 힌두교 인도 현지인들에 대한 교육학적 분석으로 박사 학위를 받았다.

그는 선교사였지만 동시에 교육가였다. 그는 교육가답게 선교 현지를 리서치하고 객관적 리서치의 결과들을 분석해 사역에 반영했다. 그런 반복적 사역의 결과를 통해 교회성장의 원리를 발견했다. 선교지를 분석하는 것뿐만 아니라 선교 전략을 세울 때도 실용적 원리들을 적극적으로 활용해서 효과적인 전도가 이루어지도록 노력했다.

실용주의 원리에 입각해 효과적인 개종을 이루어지기 위해, 효과적인 전도 방법을 사용하는 데 주저하지 않았다. 효과적인 전도를 위해 방법론에 있어서 자유로워질 필요성을 인식했다.

한 가지 방법이 통하지 않으면 적절한 다른 방법을 시도했다. 전도의 문제는 방법론의 문제일 수 있음을 경험을 통해 깨달았다. 피터 와그너는 맥가브란의 70세 생일에 그의 선교적 업적을 기리는 기념 논문집에서 다음과 같이 교회성장의 실용적 전략에 대해 언급했다.

> 선교에 실용주의를 위한 여지가 있는가?
> 그렇다. 우리가 내일의 도전에 맞설 수 있기를 원한다면, 더 많은 것을 필요로 하기 때문이다. 맥가브란이 말했듯이, 우리는 "선교의 해돋이"에 있지 않다. 풍성한 수확의 정오에 바로 서 있다. 많은 사람은 다가오는 10년 동안 우리가 역사에서 교훈을 얻은 대로 교회에 수많은 거듭나는 그리스도인들을 기대하고 있다. 하나님께서는 수확의 가장 큰 축복을 함께 나눌 사람들에게 많은 요구 사항을 갖고 계신다. 그중 한 명은 성령의 지시를 받아 실용적인 선교 전략으로 무장해서 그들을 맞이해야 한다.[6]

---

6   C. Peter Wagner, *Pragmatic Strategy for Tommrow's Mission*, ed. Alan R. Tippett, *God, Man and*

맥가브란의 실용주의는 인도 선교 현지에서 청지기직으로서의 책임감에서부터 비롯된 것이다. 그는 선교사들이 하나님 나라를 현지에 건설하고자 할 때 면밀하게 계획하거나 준비하지 않고 하나님의 자원인 인력과 재정을 과도하게 낭비하는 것을 보고 너무 놀랐다. 그래서는 안된다는 것을 뼈저리게 느꼈다.[7]

교회성장학에서 활용되는 실용주의는 많은 논란이 있었다. 독일의 관념론을 비판하며 미국에서 대두된 과학적 실용주의, 즉, 세속주의 학문을 교회에 적용한다고 보았기 때문이다.

그런 비판에 대해 피너 와그너는 다음과 같이 설명했다.

> 교회성장 운동은 항상 실용주의를 강조했으며 많은 사람에게서 비판을 받았지만 여전히 실용주의를 강조한다. 교회성장 운동에서 활용하는 실용주의는 교리나 윤리를 타협하는 종류의 실용성이 아니다. 그것은 엄격한 질문을 하는 전통적인 방법론과 프로그램을 꼼꼼하게 검토하는 성실한 실용주의의 일종이다. 교회의 어떤 종류의 사역이 의도한 목표에 미치지 못한다면, 준비된 실용주의는 시정해야 할 잘못된 부분이 있다고 말해 줄 수 있다.[8]

4. 수색신학과 수확신학

하나님의 뜻을 따라 잃어버린 자를 찾는 일에는 책임이 따른다는 핵심 요소를 맥가브란은 수색신학(搜索神學: Search Theology)과 수확신학(收穫神學: Theology of harvest)을 비교해 설명했다.

수색신학이란 추수해야 할 들판에 거두어드릴 영혼들이 많이 있음에도 불구하고 거두어들이지 않는 일꾼들의 태도를 의미한다. 게으른 악한 종들은

Church Growth (Grand Rapids,: Eerdmans, 1973), 158.
7　Donald Anderson McGavran, *Understanding Church Growth* (Wm. B. Eerdmans Publishing, 1990), ix.
8　C. Peter Wagner, *Leading Your Church to Growth* (Ventura, CA, U.S.A.: Regal Books, 1984).

그 들판의 상황이 어떤지만 살펴보는 태도를 취한다.
수색신학이 발생한 원인에 대해 맥가브란은 다음 네 가지로 설명했다.[9]

첫째, 식민지 상황 속에서 국내에서의 무관심과 해외에 대한 적대감에 직면하여 수색신학이 발생했다. 식민지와 같은 적대감이 있는 곳에서의 개종은 교회에 많은 희생이 따르고 정치적으로도 민감한 사안이 될 수 있는 문제이다. 맥가브란이 이런 생각을 갖게 된 것은 1922년에 영국 식민지였던 인도 현지가 동일한 상황이었기 때문이다.

둘째, 종교적 상대주의로 인해 사람들을 제자화하고 완전화하는 과정을 방해해서 수색신학에 머무르게 했다. 인도의 힌두교 문화를 종교적 상대주의의 관점에서 일정 정도의 거리를 두고 그 이상 접근하려고 하지 않았다.

셋째, 선교 현지에서 복음으로 제자 삼는 일보다는 구제, 계몽, 교육 등에 더 신경을 씀으로 인해 개종자들을 만들지 못하고 수색신학이 되었다. 선교사들의 사역이 복음 전파보다는 현지인들의 구제 사역에 집중하다 보면 구령에 대한 수고 없이 스스로 만족하며 선교 활동을 하게 된다.

넷째, 교회는 선교의 결과를 중시하지 않고 미미한 교회성장을 합리화하기 위해 오로지 교회의 존재 의미만을 찾는 수색신학에 빠졌다. 결과를 계산해서는 안 된다고 주장하고 심지어 결과를 강조하는 것에 대해 공격했다고 설명한다.

맥가브란은 선교에 대한 수색신학에 대해 다음과 같이 단호했다.

> 단순한 수색은 하나님께서 원하시는 것이 아니다. 하나님께서는 잃어버린 자녀들을 찾아내기 원하신다. 단순한 수색, 냉랭한 증언(회심시키려는 열정이 없이, 전심을 기울인 설득 없이 교인 숫자가 증가하는 것을 두려워하는 것)은 성경적으로 정당화될 수 없다. 단순한 수색은 하나님께서 원하시는 것이 아니다. 하나님께

---

9 McGavran, 『교회성장이해』, 61-64.

서는 그분의 잃어버린 자녀들이 발견되기를 원하신다.[10]

반면, 맥가브란은 개종할 영혼들을 추수해야 할 추수신학의 성경적 근거를 다음과 같이 설명했다.[11]

첫째, 마태복음 9장 37-38절에서 주님은 추수할 일꾼을 부르신다. 추수할 들판을 보고 그리스도의 주권을 선포하는 것만으로는 충분하지 않다. 하나님께서는 이삭을 베시어, 단을 묶고, 그분의 창고 안으로 들이기를 원하신다.

둘째, 마태복음 18장 12-13절에서의 100마리 양 중 잃어버린 한 마리의 양을 찾는 비유나 누가복음 15장 8-10절에서 한 드라크마를 찾는 여인의 비유를 통해 잃은 자를 찾아 개종하기를 원하시는 하나님의 적극적인 마음을 알 수 있다.

셋째, 하나님의 계시의 정점은 그리스도 안에 있다. 그리스도 안에서 구원이 선포되었다. 화해의 복음이 선포된 것이다. 복음의 확장은 잃은 자를 찾으시는 하나님의 뜻이 담겨 있는 것이다. 하나님의 계시는 더 많은 사람에게 확장될 때에 하나님의 영광에 대한 감사가 증가된다.

넷째, 초대 교회의 제자들은 복음에 응답하는 사람들에게로 적극적으로 향해 갔다. 베드로, 요한, 바나바, 바울, 실라, 아볼로 그리고 그밖의 사람들이 복음으로 제자들을 삼았으며, 사람들을 주님의 도로 가르쳤고, 사람들이 구원받도록 끊임없이 선교 여행을 떠났다.

맥가브란은 결론적으로 선교신학은 수색하시는 하나님과 수확하시는 하나님을 동등하게 보아야 한다고 말했다.

또한, 하나님의 부르심을 입은 일꾼들의 태도에 대해 다음과 같이 설명했다.

---

10 Ibid., 69.
11 Ibid., 69-76.

수확할 정도로 곡식이 익은 들과 확실한 이삭들을 골라 단을 묶어 나르는 일꾼들의 행렬은 신학적 의미를 갖고 있다. 그리스도인들은 그들 자신의 뜻으로 들에 가지 않는다. 하나님께서 그들을 그곳으로 보내신다. 그들은 그들 자신의 유익을 위해 단을 나르지 않는다. 그들은 곡식단을 주인의 창고로 운반한다. 하나님께서 성장시키시고, 곡식을 익게 하시며, 일꾼들에게 상을 주신다.[12]

5. 보편적 안개 이론

교회성장을 정확하게 인식하는 것을 가로막는 것을 맥가브란은 "보편적 안개"(Universal Fog)라고 표현했다.[13] 정확한 현실적 진단을 통해 교회성장을 위한 예측과 전략들을 수립할 수 있는데 복합적 요인으로 이런 진단을 가로막게 하는 것이 있다고 보았고 그런 안개들을 제거해야만 개종에 이르는 교회성장이 가능하다고 보았다. 가로막는 요인들을 다음과 같이 설명했다.

① 통계적 원인

우리가 개종을 이루기 위한 교회성장을 정확하게 이해할 수 없는 이유 중 하나는 교인들의 수를 제멋대로 부정확하게 보고하는 데 있다. 어떤 이유든 데이터의 오류는 교회성장을 방해한다. 성장을 위한 출발은 항상 교회가 서 있는 자리가 정확히 어디인지를 인식하는 것이다. 객관적이고 정직한 통계를 통해 현재의 위치와 상황을 파악하는 것이 보편적 안개를 제거하는 우선적 과제이다.

② 행정적 원인

선교의 열매나 개종을 고려하지 않는 천편일률적인 선교 행정은 교회성장

---

12 McGavran, 『교회성장이해』, 78.
13 Ibid., 131.

을 방해한다. 교회행정이나 선교 행정에서 우선순위를 발견하는 것과 그것을 실천하는 것은 다르다. 우선순위가 발견되었다면 반드시 행정적 실천이 뒷받침되어야 한다. 교회 상황이나 선교지의 상황에 따라 우선순위는 달라질 수 있다. 교회 행정가와 선교 행정가들은 그런 차이점을 인정하지 않고 관행처럼 천편일률적으로 행동해서는 안 된다. 이것은 복음을 거역하는 것이며 교회성장을 방해하는 것이다.[14] 선교의 열매를 위해 적극적인 실천으로 보편적 안개를 제거해야 한다.

③ 문화적 원인

문화적 편견이 개종을 이루는 교회성장을 가로막는다. 선교사들의 자민족 중심주의로 선교 활동을 하는 것은 교회성장을 가로막는 안개들을 증가시키는 것이다. 이에 대해 맥가브란은 다음과 같이 설명했다.

> 아프리카, 라틴아메리카, 아시아에서의 전도란 대체로 실제적인 개종에 대한 큰 기대 없이 씨를 뿌리는 것을 의미한다. 본토인 기독교인들과 선교사들은 전도지와 쪽 성경을 나누어 주며, 방송을 하고, 성경을 가르쳐 주며, 그리스도의 이름으로 많은 선한 일을 한다. 그들은 이 모든 활동을 전도라 부른다. 즉, 전도란 씨를 뿌리는 것이라고 본다. 이런 경우 '전도'는 사실상 교회성장에 대한 관심을 다른 곳에 돌리게 한다. 이런 문화적 편견은 안개를 증가시킨다.[15]

선교사들의 자민족 중심주의에서 타문화를 평가하고 선교하려고 해서는 안된다. 자국에서 선교적 활동이라고 생각하는 방법으로 접근하는 것은 안개를 증가시키는 결과를 초래한다. 실제적인 개종을 이루기 위해서는 선교지의 문화를 깊이 있게 이해하고 그들의 입장에서 선교적 접근을 할 때 보편적 안개를 제거할 수 있다.

---

14 Ibid., 138.
15 Ibid., 140.

④ 의미상의 원인

용어의 기준이 명확하지 않음으로 인해 측정이 모호한 경우 교회성장을 가로막는다. 예를 들어, 교회라는 개념을 선교지에서 사용할 때 그 정확한 기준이 세워지지 않으면 평가하기가 어려워진다. 단어들이 안개를 증가시킨다. 교회, 선교회, 사업, 증거, 관심, 전파, 만남 등이 모호한 의미로 사용된다. 모호한 단어들은 안개를 짙게 한다.[16]

이런 안개를 제거하기 위해서는 용어의 개념과 기준을 정확하게 세워야 한다. 선교지의 상황과 문화에 맞게 용어의 기준을 통일시켜야 한다. 통일된 기준에 의해 비교와 평가가 이루어질 수 있다.

⑤ 심리적 원인

교회성장에 대한 자기 합리주의는 보편적 안개를 가중시킨다. 교회성장의 대표적 합리주의는 "양보다는 질이다"라는 자기 합리화이다. 이것은 결코 질이 중요하지 않다는 개념이 아니다. 선교사 스스로가 교회성장에 대한 열정도 없이 자기 합리화를 하는 것을 의미한다.

랄프 윈터는 이런 합리주의에 대해 다음과 같이 설명했다.

> 모든 중요한 질적인 것들은 양적으로 측정할 수 있는 차원을 가지고 있다. 양적인 정의는 어떤 것들에서 질적인 것으로 고려될 수 없다. 그 도전은 우리가 측정할 수 있는 질적인 것들을 명확히 하는 것이 중요하다는 것이다. 풍요한 질적인 것들은 양적 측정이 가능한 차원들을 가지고 있다.[17]

양과 질에 있어서 질만을 강조하며 교회성장에 대한 자기 합리주의를 갖는 것은 교회성장에 대한 혼돈을 가중시킨다.

---

16 Ibid., 142.
17 Ralph D. Winter, *Quality or Quantity, Crucial Issues in Missions Tomorrow* (Chicago,: Moody Press, 1972), 178.

⑥ 선교 후원 촉구로 인한 원인

선교 후원을 받기 위해 정확하지 않은 내용을 보고한다. 이는 선교지 상황을 정확하게 볼 수 없게 만든다. 선교지에 대해 선교사 외에는 정보를 알 수 없는 구조상 선교사들이 선교 후원만을 위해 선교 보고를 부분적으로 하거나 한 부분만 부풀려서 하게 될 때 보편적 안개는 제거되기 어렵다.

선교사에게 선교 후원은 중요한 문제이지만 우선적인 교회성장의 목적은 개종을 통해 영혼을 거두어들이는 것이다. 하나님의 뜻을 이루는 일꾼으로서 정확하고 객관적인 선교 보고는 필수이며 그러할 때 안개를 제거할 수 있다.

⑦ 신학적 원인

특정 교단의 교회론, 타종교에 대한 태도, 봉사와 섬김을 충분한 증거로 보는 신학적 입장, 전도를 포기한 신학적 견해들이 교회성장을 가로막는 안개와 같은 역할을 한다.

안개는 개종을 통해 민족들을 제자 삼으려는 현명한 판단과 그에 따른 행동을 방해한다. 만일 교회들과 선교회들이 지금까지 교회성장이 얼마나 이루어졌는지 또는 이루어지지 않았는지에 대한 정확하고 의미 있는 통계를 신학적 다른 견해로 인해 제시해 주기를 거부한다면, 올바른 교회성장은 이루어질 수 없다.

로이 쉐어러(Roy Shearer)는 그의 저서 『한국 교회성장의 들불』(Wildfire: Church Growth in Korea 1966)에서 한국 내의 모든 장로교인 숫자를 자세히 조사해 그 통계를 세밀히 분석한 후 9개의 성장 도표를 그렸다.[18] 이런 통계는 한국 장로교의 대성장이 주로 북서 지방인 평안남북도에서 일어났다는 것을 보여 준다.

하나님께서 자신의 교회들에 복을 주셔서 성장시키는 복잡한 과정들을 더욱 잘 이해하는 것은 매우 실제적인 일이다. 그러나 그렇게 하기 위해 기독교

18　Roy E. Shearer, *Wildfire: Church Growth in Korea, Church Growth Series* (Grand Rapids,: W. B. Eerdmans Pub. Co., 1966), 112-13.

인들은 먼저 그들을 감싸고 있는 안개를 인식하고, 그것을 몰아내기 위한 조치를 취해야만 한다.[19]

6. 부흥 운동 원리

교회성장과 부흥 운동은 매우 밀집한 관계를 가지고 있다. 한 사람의 개종은 부흥 운동(Revival Movement Principle)을 통해 다수의 개종으로 이어진다. 특히 맥가브란은 부흥 운동에 있어서 기도의 중요성을 강조하며 다음과 같이 설명했다.

> 부흥은 '교회 내에서의 성령의 활동'이다. 따라서 전능하신 하나님의 주도로 이루어지는 것이지만 대개는 그것을 간절히 기도하는 사람들에게 주어진다. 기도가 부흥을 가져왔다. 먼저 오랜 기간에 걸쳐 계속되는 뜨거운 기도가 있고, 그러고 나서 부흥이 일어나는 것이다.[20]

기도와 함께 하나님의 말씀이 개종을 위한 부흥의 선결 조건임을 다음과 같이 강조했다.

> 성경 말씀은 꼭 필요하다. 성경에 대한 지식이 없으면 부흥이 일어나지 않는다. 유럽과 아메리카 교회들에서의 부흥은 오랜 세월에 걸쳐 가정과 교회에서 주의 깊게 성경을 읽은 결과였다. 한국의 부흥에서 큰 원동력으로 작용한 것은 장로교회가 1895년 한국에 전파되었을 때부터 교회의 본질적 부분으로 자리 잡았던 철저한 성경 연구였다.[21]

---

19 McGavran, 『교회성장이해』, 151.
20 Ibid., 288-89.
21 Ibid., 292.

맥가브란은 "부흥은 복음을 전하고자 하는 충동"이라고 정의했고 부흥 운동과 교회성장의 상관 관계에 대해 다음과 같이 7가지를 제시했다.[22]

1. 부흥이 일어난 동질집단의 다른 구성원들을 상대로 선교하는 경우가 다른 민족들을 상대로 선교하는 것 보다 더 큰 교회성장을 가져다준다.
2. 교회 내에서의 부흥은 개종자들이 끊임없이 교회로 쏟아져 들어올 때 교회성장을 가져다준다.
3. 도시 교회 내에서의 부흥은 다음 조건들이 충족되면 교회성장으로 연결된다.

   첫째, 교인들이 교회성장에 대한 안목을 갖고 있는 경우
   둘째, 교역자들이 전심으로 교회성장에만 헌신하면서 여러 해에 걸쳐 일관된 프로그램을 시행하는 경우
   셋째, 교회의 선교기관들이 성령이 교회성장을 위해 사용하셨던 방법들에 비추어 정책을 결정하는 경우

4. 인간집단 운동 내에서 이루어지는 부흥은 다음 조건들이 충족되면 큰 교회성장을 일으킨다.

   첫째, 수용성이 높은 인간집단에 초점을 맞추는 경우
   둘째, 새로운 개종자 가운데 리더를 발굴해 훈련하는 경우

5. 부흥 운동의 지도자들이 성령을 방해하지 않고 교회 사역의 우선순위 등을 알게 될 때 부흥 운동은 교회성장을 낳는다.
6. 부흥을 아주 중요한 가치로 여길 때 부흥 운동은 교회성장을 낳는다.
7. 부흥과 지식의 결합이 한층 중요한 것으로 생각될 때 부흥은 교회성장을 낳는다.

22　Ibid., 309-11.

7. 인간집단 원리

도널드 맥가브란(1973)

맥가브란의 교회성장학에 나타난 개종을 이해하기 위해서는 인간집단(People Group Principle)이라는 개념을 먼저 이해해야 한다. 왜냐하면 인간집단을 분별하고 그에 적합한 효과적인 진도 계획을 세울 때 교회성장이 이루어지기 때문이다. 맥가브란은 인간집단은 결혼이나 가까운 인간관계가 특정 사회집단 내에서만 일어나는 부족, 종족, 혈족, 카스트 또는 특정 동질집단을 의미한다고 했다.[23]

맥가브란은 인류는 여러 가지 잡다한 조각들이 모여 이루어진 모자이크와 같으며, 각 조각은 다른 조각에 속한 사람들에게는 생소하고 불쾌하게 보이는 각기 나름대로의 삶의 방식을 가지고 있다고 보았다.[24]

세계 구원을 위한 하나님의 계획이 시행될 수 있으려면, 대부분의 나라에 있는 모자이크 대부분의 조각에서 생명력을 지닌 회중들의 폭발적인 증가가 일어나야만 한다. 이런 일은 개인 개종과 함께 집단 개종으로 이어진다.

맥가브란은 인간집단을 올바로 이해하고 선교할 때 주의해야 할 점에 대해 다음과 같이 지적했다.

> 하나의 인간집단 전체를 기독교화하기 위해서 하지 말아야 할 첫 번째 일은 개인들을 그 집단 속에서 빼내어 다른 사회로 데려가는 일이다. 인간들은 그리스도께 향한 운동이 일어나는 그 사회 안에서 기독교인이 된다. 새로운 개종자를 그들의 사회로부터 떼어 내는 것(그들이 불신 친척들에 의해서 쫓겨나도록 하는 것) 또는 아직 그리스도 안에서의 새로운 삶이 명확하지 않은 새신자들에 의해 압도당하도록 하는 것 때문에 인간집단 안에서 그리스도를 향한 개종 운

---

23 Ibid., 486.
24 Ibid., 337.

동이 실패할 수 있다.²⁵

랄프 윈터와 피터 와그너 (전아시아선교협의회, 서울, 1973년)²⁶

동일한 인간집단의 모자이크에서 독립적으로 복음을 제시하는 것은 결코 바람직한 선교 방법이 아님을 지적했다. 맥가브란은 인간집단 운동과 모자이크 이론과 관련해 랄프 윈터의 선교적 관점을 언급했다.

즉, 랄프 윈터의 선교적 접근에 있어서 E-0, E-1, E-2, E-3의 구분은 인류가 모자이크로 구성되어 있다는 사실을 보여 주는 것이며, 그것은 선교학에 대한 그의 탁월한 공헌들 중의 하나가 되었다.²⁷

---

25 McGavran, 『하나님의 선교전략』, 30-31.
26 Photo of Winter at the All-Asia Mission Consultation in Seoul, Korea," accessed 09/18, 2020. http://www2.wheaton.edu/bgc/archives/memorial/Winter/winter06.htm
27 McGavran, 『교회성장이해』, 111.

8. 효과적 전도 원리

교회성장은 효과적 전도(Effective Evangelism)에 관한 연구이다. 잃어버린 양을 찾고자 하시는 하나님의 뜻을 순종하는 데 있어서 효과적 복음전도의 방법을 소홀히 해서는 안 된다. 교회성장의 정체가 잘못된 방법에 기인된 것을 파악하지 못하고 계속해서 동일한 방법을 고집하는 것은 결코 충성된 종의 사세가 아니다.

복음 전파의 수고를 헛되게도 습관적인 반복으로 낭비하는 경우들이 있다. 복음에 수용적이지 않는 사람들에게 잘못된 애착을 가지고 반복적으로 선교적 자원을 낭비하는 것은 어리석은 일이다. 조금만 둘러보면 복음에 수용적인 사람들을 발견할 수 있는데도 양들이 없는 빈 산골짜기에서 기웃거리고 다니는 형상이다. 많은 교회와 선교회가 수십 년 동안 효과가 없다고 입증된 방법을 고수하는 우를 범한다. 그런 원인들을 제거하고 효과적 복음전도의 방법을 찾는 것이 교회성장을 이룰 수 있는 길이다.[28]

9. 전도 우선 원리

맥가브란은 사회봉사보다 복음전도에 우선권(Priority to Evangelism)을 두었다. 선교 현지에서 사회복지를 위한 사역, 즉 인도 현지에서 나병환자들을 위한 돌봄의 사역을 했지만 사람들에게 우선 필요한 것은 사회복지가 아니라 복음이라고 강조했다.

> 성경에 계시된 하나님께서는 남녀를 예수 그리스도와의 삶의 관계로 인도하시는 데 최우선순위를 두셨으므로 복음을 선포해 사람들이 책임 있는 교회의 일원이 되고 제자가 되도록 설득하고 초청하는 일로 사명을 정의할 수 있다. 그러므로 선교의 다른 특징 중에서도, 가장 중요하고 대신할 수 없는 것은 거

---

28 Ibid., 90-91.

룩하고 지속적인 선교 사명이어야 한다. 선교의 중요하고 대치될 수 없는 목적은 교회성장이다.[29]

세계교회협의회(WCC)에 속한 교회들과 선교부의 지도자들은 "새로운 선교신학"에 따라 인간의 물질적 필요를 충족시켜 주고 세계적 사회질서의 기본적 정의를 시정하는 데 몰두하는 동안 사실상 전도를 포기했다. 맥가브란은 사회적 봉사를 최우선시하는 사람들의 견해를 따를 수 없었다. 맥가브란은 사회적 봉사보다 복음전도가 더욱 중요한 것임을 다음과 같이 주장했다.

> 나는 예수 그리스도를 믿는 사람들에게 부여되는 구원이 인간의 최고의 필요이며, 인간의 다른 모든 선한 것은 먼저 하나님과 화해되는 것을 통해 주어지게 된다고 확신한다.[30]

10. 수용성 원리

수용성의 원리란 동일한 선교적 자원으로 복음을 전할 때 개종될 대상자가 어떤 배경과 상황과 문화 속에 있느냐에 따라 복음을 받아들이는 수용도가 다르다는 것이다. 효과적 복음전도를 위해서는 복음의 수용성(Receptivity Principle)이 높은 개종집단에 복음을 전하는 것이 바람직하다. 만약 한정된 선교적 자원과 인적 자원이 있을 때 복음을 어떤 대상에게 전해야 할 것인가 선택의 여지가 있을 때는 복음의 수용성이 높은 대상자들에게 전하는 것이 바람직하다.

맥가브란은 복음의 수용성을 변화시킬 수 있는 상황과 요인들을 다음과 같이 분석했다.[31]

---

29 McGavran, *Understanding Church Growth*, 23-24.
30 McGavran, 『교회성장이해』, 84.
31 McGavran, 『교회성장학』, 316-28.

① 새로운 정착

최근에 이사왔으며, 과거의 관습에서 벗어났으나 아직 새로운 생활 방식이 익숙해지지 않은 사람들, 새로운 친구를 사귀고 있고, 새로운 문화 속에 적응하는 사람들, 예를 들어 외국 유학생이나 외국인 노동자들은 복음의 수용성이 높다.

② 여행에서 돌아온 사람들

참전 군인들, 노동자로 외국에 갔다 온 사람들은 복음의 수용성이 높다.

③ 피정복자들

맥가브란이 사역했던 인도의 경우 영국의 식민지였기 때문에 정복자인 서양인들이 복음을 전하는 것은 그들에게 부정적인 요인으로 작용했다. 복음의 수용성이 낮은 상황이었다. 식민지 역사의 배경 속에서 서양인들이 기피되는 국가에 한국 선교사들이 파송되는 것은 복음의 수용성이 높아지는 요인이 될 수 있다. 특히 세계 속에 한류 열풍은 어느 정도 한국 선교사들에게 복음의 수용성을 높여 주는 효과를 얻을 수 있다.

④ 민족주의

민족주의는 교회성장에 대해 긍정적으로나 부정적으로나 큰 영향을 미친다. 1919년 한국의 일제 강점기에 민족주의는 교회성장을 도왔다. 선교사가 그 민족의 독립이나 개화를 위해 도움이 되는 입장에 서 있을 때 복음의 수용성을 높이는 긍정적인 영향을 미친다.

⑤ 지배로부터의 자유

지배는 기독교 복음에 대한 응답을 억제한다. 반면, 통제의 완화는 복음의 수용성을 촉진시킨다. 그러므로 선교사들은 토착교회 원리를 지향해 현지인들에 의해 자발적으로 교회가 운영될 수 있도록 격려하고 훈련해야 할 책임이 있다. 토착교회가 되면 이런 문제는 자연스럽게 해결되고 복음의 수용성이 높아지게 된다.

⑥ 문화 이식(acculturation)

문화 이식이란 다른 사회들과의 접촉을 통해 문화변혁이 일어나, 새로운 상황에 순응하며 원래의 문화나 제도를 수정하는 동적인 과정이다. 새로운 문화에 대해 어떻게 반응하느냐에 따라 그 사회에 변혁이 일어날 수 있다. 복음이 전파되어 개종이 일어나는 것도 사회 변혁이라고 볼 수 있다.

맥가브란은 이런 과정을 세 단계로 설명하고 있는데 그것은 거부, 적응(수용), 회귀이다.

거부는 새로운 문화에 대해 문을 닫아 버리고 배척하는 것이다. 처음에는 항상 거부의 단계를 거치게 된다. 그다음 단계로 수용이 이루어진다.

수용은 새로운 문화의 좋은 점에 눈을 뜨게 되고 그 문화를 적극적으로 받아들이게 되는 것이다. 복음이 전파되어 개종이 이루어질 때 소수의 사람들이 복음의 은혜를 체험하고 그것을 적극적으로 받아들인다. 이런 과정을 통해 수용성의 변화가 발생하게 된다.

회귀는 수용한 새로운 문화를 체험했지만 적극적으로 수용하지 못하고 이전의 불신앙의 문화로 회귀하려는 단계이다. 이 단계는 특히 주의해야 한다. 회귀하려는 사람들을 잘 분석해 원인을 찾아 보완하고 불신의 문화로 회귀하지 않도록 전략적으로 접근해야 한다. 이것이 제자화 이후 완전화의 필요성이다.

결국, 맥가브란은 수용성이 효과적 전도 방법을 결정한다고 주장했다. 본질적인 선교적 과제는 수용성을 발견하고, 수용적인 사람들이 책임 있는 교회의 일원과 신실한 제자가 될 때까지 수용성에 맞게 선교 방법, 제도 및 직원들을 조정하는 것이다.[32]

---

32 McGavran, 『교회성장이해』, 395.

11. 제자 우선의 원리

맥가브란의 선교 사역과 교회성장 운동의 핵심은 주님의 지상명령을 순종해 모든 민족을 제자화하는 것이다. 교회성장의 중심에는 제자화라는 신학적 핵심이 있다. 개종을 위한 우선순위(Discipling and Perfecting)에 있어서 제자화의 중요성을 강조했다.

맥가브란의 교회성장을 계승하고 미국 내 전도와 교회성장의 최고 권위자인 조지 헌터(George Hunter)는 교회성장의 핵심으로써 제자화에 대해 다음과 같이 언급했다.

> 지난 19세기 동안 세계의 어느 곳을 막론하고 기독교 운동이 제자 삼기를 강조했을 때, 두 가지 일이 일어났다. 하나는 여러 교회들이 세워진 것이며 다른 하나는 우리들의 수에 비례하여 사회적 영향력을 행사해 온 것이다. 그러나 기독교의 선교가 제자 삼기를 소홀히 하고 그리스도의 일이 다른 측면들에 집중될 때에 우리는 항상 많은 제자를 얻지 못했으며, 많은 교회를 세우지도 못했고 많은 사회적 영향력도 갖지 못했다.[33]

맥가브란은 마태복음 28장 19절의 말씀을 해석할 때 모든 족속은 모든 민족, 부족, 카스트, 우리가 속해 있는 모든 사회 조직체를 의미하며 우리가 그 속에 들어가서 그들을 제자화하는 것이 교회를 세우는 일이며 교회성장을 이루는 목적이라고 말했다.[34]

모든 민족을 그리스도께 인도해서 제자 삼는 일을 위해 맥가브란은 교회를 세우는 사역이 가장 중요한 일이라고 했다. 제자화를 가장 효과적으로 이루고자 하는 열망에서 하나님의 가교를 발견하게 되었고 그것은 교회성장의 기초가 되었다. 그의 저서인 『하나님의 가교』에서 그는 모든 민족을 제자화하기 위한 효과적인 방법에 대한 고민을 다음과 같이 표현했다.

---

33 George G. Hunter, "Can United Methodists Recover Evangelism?," *Church Growth Bullertin* 1977, 117.
34 McGavran, *Effective Evangelism : A Theological Mandate*, 18.

조지 헌터(George G. Hunter III, 1938년 6월 25일 ~)는 1960년 플로리다서던대학교(B.A.)와 1963년 에모리신학대학교(B.D.)를 졸업하고, 1964년 프린스턴신학교에서 신학 석사(Th.M.)를, 1972년에 노스웨스턴대학교에서 철학 박사(Ph.D.) 학위를 받았다.

헌터 박사는 20개 이상의 국가에서 30개 이상 교단의 교회성장과 전도 세미나를 이끌었다. 교회성장에 관한 책 10권을 저술했다 애즈베리신학교(Asbury Theological Seminary)의 세계선교학교(School of World Mission and Evangelism)에서 18년 동안 학장을, 10년 동안 명예 교수를 역임했다. 미국교회성장협회의 공동 창립자이자 신학교육전도아카데미(The Academy for Evangelism in Theo logical Education)의 창립자이다.

조지 헌터(George G. Hunter III)³⁵

모든 민족이 어떻게 기독교인이 되는가?
사색이 아니라 시급하게 적용해야 하는 문제가 여기에 있다. 문제는 성경에서와 마찬가지로 어떤 계급의 사람이든지, 종족이나 또는 부족들 사이에서 어떻게 집단이 그리스도에게 돌아오는 길이 확립되며, 그들과 관련된 가족들이 기독교 신앙으로 돌아서서 몇 십 년 동안에 기독교화되는가이다. 교회가 단지 개인만 아니라 인간집단이 어떻게 기독교인이 되는가를 이해하는 것은 극히 중요하다.³⁶

맥가브란의 교회성장 이론의 출발점은 이와 같이 모든 민족에게 효과적으로 복음을 전해 그들이 그리스도의 제자가 되게 하는 것이었다. 그리고 맥가브란은 교회성장의 근거가 되는 마태복음 28장 19-20절의 말씀 속에서 그리스도의 제자가 되는 과정을 설명했다. 먼저 "모든 족속들을 제자로 삼으라"는 명령과 둘째로 "그들에게 모든 것을 가르쳐 지키게 하라"는 명령을 구분한다. 처음 명령에 언급된 "제자를 삼으라"는 것을 맥가브란은 제자화(disci-

---

35 "Barbarians in Our Midst: How the Irish Spread the Gospel," accessed 09/18, 2020. https://goodnewsmag.org/2015/03/barbarians-in-our-midst-how-the-irish-spread-the-gospel/.
36 McGavran, 『하나님의 선교전략』, 26.

pling)라고 표현했다.³⁷ 이 성경 본문을 통해 온전한 그리스도인이 되는 절차와 과정을 두 단계로 구분해서 설명했다.

첫 단계에서는 지상명령에 입각해서 족속들을 제자로 삼아야 한다.

소극적으로 말하면, 제자화는 다신교, 우상숭배, 물신숭배, 또는 집단적인 충성에 기초하는 인간이 만들어 낸 어떤 다른 종교들을 제거하는 것을 말한다.

적극적으로 말하면, 제자화는 그 족속의 개개인이 예수 그리스도가 자신의 주와 구세주가 되심을 믿고 그리스도께 연합되어 있다고 느끼고, 그들 자신이 주님의 교회의 교인이라고 믿으며, "우리 식구들은 기독교인이며, 우리들의 책은 성경이고, 우리들이 예배드리는 장소가 교회"라고 깨닫는 것이다.

족속의 공동생활에서 사람들의 마음을 흩뜨리는 분열적이며 잘못된 신들과 영들을 제거하고 그리스도가 왕좌에 앉도록 하는 것, 이것을 우리는 제자화라고 부른다.³⁸

둘째 단계는 마태복음 28장 20절 말씀대로 '그들에게 모든 것을 가르쳐 지키게 하는 것'이다. 이 두 번째 단계를 맥가브란은 완전화(perfecting)라고 표현했다. 이것은 먼저 제자화된 사람들의 신앙이 성숙한 단계로 변화되는 것을 말한다. 완전화에 대해 그는 다음과 같이 설명했다.

> 완전화는 제자화된 집단 안에 도덕적 변화가 일어나는 것이며, 공동체 전체에 철저한 기독교적 생활 방식이 점차 일어나며, 개인이 결심할 나이가 되면 각 세대를 구성하는 개인의 회심이 이루어지는 것이다. 오래 전에 '기독교' 문명에 있는 교회들의 엄청난 노력을 통해 성스러운 생활과 사회적, 인종적 그리고 정치적 정의가 이루어진 것은 완전화 과정의 일부이다. 또한 모든 세대를 통해 수백만의 개인들을 예수 그리스도와 생동적인 관계를 갖도록 인도하기 위해 바쳤던 모든 기도와 노고 역시 완전화에 이르게 하는 과정이다.³⁹

---

37 McGavran, 『하나님의 선교전략』, 34.
38 Ibid., 34-35.
39 Ibid., 36.

맥가브란이 정의하는 완전화에는 다음과 같은 중요한 요소들이 있다.

1. 완전화는 제자화 다음 단계이다.
2. 완전화 단계는 그리스도의 제자가 된 사람들에게 하나님의 성품인 의로움, 진리, 사랑 그리고 자비가 나타나 윤리적 변화가 이루어지는 단계이다.
3. 완전화는 인간집단 내에서 이루어지는 공동체에 나타나는 사회적 변화를 수반한다. 사회적, 인종적 그리고 정치적 정의가 실현되는 단계를 말한다.
4. 완전화는 그리스도와 생명력 넘치는 개인관계를 유지할 수 있도록 영적 훈련을 받아 가는 단계이다.
5. 완전화는 차세대(subsequent generations) 가운데 일어나는 개인 개종을 강조한다. 복음을 수용한 1세대가 제자화의 단계에 머물러 있더라도 집단 개종을 통해 더욱 성숙해지면서 다음 세대에 완전화를 이루는 개인 개종을 강조한다.
6. 완전화는 중단 없이 계속되는 과정이다.

스프래들린(Spradlin)은 맥가브란의 완전화 개념이 1971년을 기점으로 집단 중심적 개념에서 개인주의적 개념으로 변했다고 지적했다. 1971년 이전에는 집단 개종을 염두에 둔 인간사회 집단을 기술하는 용어로 완전화를 사용했지만, 1971년 이후에는 미국 개인주의의 영향을 받아 개인적인 성장을 강조하는 의미로 사용했다는 것이다.

당시 풀러선교대학원에는 미국화 바람이 불고 있었다. 맥가브란은 미국 제자들이 급성장하는 상황에 완전화를 미국 현지 교회에 맞게 새로 정의했다.

완전화는 제자가 되고 세례를 받은 신자들이 성경적 그리스도인이 되게 하고, 그들의 삶이 성경을 앎으로 변화를 받아, 예수님과 더 깊은 개인적 관계를 맺게 하는 것이다.

맥가브란이 제자화와 완전화라는 용어를 선택한 몇 가지 이유가 있다.

첫째, 집단 개종 운동을 위한 선교 전략적인 이유이다. 기독교화(제자화)와 성화(완전화)의 구분을 선교적으로 재정의한 것이다.
둘째, 개종자에게 (다른 조건을 많이 달지 말고) 가능한 속히 세례를 베풀기 위한 선교 전략적 개념이다.
셋째, 마태복음 28장에 나오는 성경적 용어를 전략적으로 재정의한 것이다. '제자 삼으라'는 성경 용어이기에 보수주의자들도 공격할 수 없다고 판단했다.
넷째, 맥가브란은 제자화와 완전화를 기독교화(Christianization)의 두 단계로 보았다.

맥가브란이 성숙한 그리스도인이 되는 단계를 이렇게 제자화와 완전화로 구분한 것은 인간집단 운동에 대한 이해가 부족한 선교사나 목회자들 때문이다. 그들은 이 두 과정을 구분 없이 동일시함으로 인해 새롭게 그리스도인이 된 개종자를 완전화의 단계에 있는 사람으로 취급하는 문제점이 있었다. 이 두 단계를 구분하는 것은 인간집단을 기독교인이 되도록 인도하는 사람들에게는 필수적인 것이다.

인간집단을 제자화할 때 방해 받거나 심지어 중단되는 경우는 기독교를 전혀 모르는 사람들에게 첫 단계(제자화)에서부터 오래된 기성 교회 교인들도 아직 도달하지 못한 윤리적 변화나 성숙한 헌신으로 요구하기 때문이다.

제자화의 단계에서는 그리스도의 구주되심을 인정하고 이전에 섬기던 우상을 집에서 제거하고 성경이 하나님의 말씀이라는 것을 인식하는 정도도 큰 변화이다. 그러므로 선교사나 목회자는 인내심을 가지고 제자화된 사람들을 그리스도의 장성한 분량까지 성장할 수 있도록 완전화의 과정을 이어서 지속적으로 도와주어야 한다.

12. 동질집단 원리

교회성장의 선교적 핵심으로 고려되는 다른 하나는 동질집단 원리 (同質集團 原理: Homogeneous Unit Principle)이다. "동질집단"이란 모든 구성원이 공통적인 특성들을 가진 사회의 한 구분이다. 동질집단과 관련해서 맥가브란은 "모자이크 이론"을 언급했다. 인류는 여러 가지 다양한 조각들이 모여 이루어진 모자이크와 같으며, 각각의 조각은 나름대로의 삶의 방식을 가지고 있는데 그 각각의 조각을 동질집단이라고 한다.

동질집단은 일반적으로 생각할 수 있는 국가나 민족뿐만이 아니라 다양한 특성 즉 신분, 피부색, 언어, 소득, 교육 등으로 구분될 수 있다. 그리고 독특한 것은 이런 동질집단의 특징은 시대와 상황에 따라서 변화한다는 것이다.[40] 맥가브란은 동질집단 원리의 성경적 근거를 다음과 같이 언급했다.

> 교회사의 처음 15년 동안에 거의 모든 신자가 유대 공동체의 구성원들로 남아 있으면서 기독교인들이 되었다. … 1900여 년 전에 교회는 유대인들이 인종적 장벽을 넘지 않고 기독교인이 되는 것을 좋아했다는 것을 발견했다.[41]

사람들은 자신과 같은 종류의 사람들에 의해서 복음이 설명될 때에 더 잘 이해하게 된다. 자신처럼 보고, 말하고, 행동하는 동일한 문화권 속에 있는 사람들로 구성된 교회에 들어가기를 더 좋아한다. 복음이 다양한 사람들에게 전해질 때 동질집단 원리가 작용한다는 것을 이해하고 개종을 위한 효과적인 전략을 세울 때 개종을 통한 교회성장은 이루어진다.

---

40 McGavran, 『교회성장이해』, 339.
41 Ibid., 348.

교회지도자들과 함께한 맥가브란(풀러 강의실, 1979년)[42]

13. 구원과 생활 향상에 기인한 전도 장애(Halting Due To Redemption And Lift)

복음을 통해 개종된 사람은 내적, 외적 변화를 경험하게 된다. 특히 선교지에서의 개종은 이전의 생활과는 다른 변화(생활 향상)가 뚜렷하게 나타나기 때문에 변화 이전에 속해 있던 집단에서는 그 개인이 이질적으로 취급되고 그것이 전도에 장애가 될 수 있다. 선교를 통해 개종된 사람이 구원의 효과로 변화된 원인에는 다음과 같은 것들이 포함된다.[43]

① 그리스도의 구속

한 개인이 회개하고 개종하면 새로운 피조물이 된다. 새로운 피조물의 결과는 이전 생활의 습관인 탐욕, 게으름, 음주, 증오, 시기를 극복한다. 더 유

---

42 IJFM Editorial staff, "The Legacy of Donald McGavran: A Forum," *International Journal of Frontier Missiology 2* Summer, no. 31 (2014): 65.

43 McGavran, 『교회성장이해』, 434.

능하고 생산적인 사람이 된다. 그는 자녀들을 신앙으로 교육한다. 하나님께서 그에게 요구하시는 것을 배우고 정규적으로 예배를 드린다. 내면적인 변화로 인해 삶의 방식이 변화된다.

② 선교 활동으로 인한 생활 향상

원조와 학교 교육, 병원을 통한 질병을 극복, 농업 발전, 문맹 퇴치, 직업학교를 통해 생활이 향상된다. 직업학교를 통해 기술자, 직업인이 되어 상당한 봉급을 받게 된다. 국가에 따라 공무원이 되기도 하고 중간 계층이 된다.

③ 신분 상승으로 인한 분리

생활이 향상되어 이전의 인간관계에서 분리된다. 새로운 집단에 속해 일하게 되면서 새로운 인간관계가 형성된다. 생활이 향상될수록 이전에 교제하던 사람들과의 간격은 심화된다. 이런 분리로 인해 그들은 이전 친구들에게 효율적인 복음 전달자가 되지 못하고 비기독교인들과의 친지적 유대 관계도 끊어지게 된다. 이런 요인으로 인해 오히려 복음전도에 장애가 된다.[44]

구속과 향상으로 인해 교회성장에 저해가 되는 것에 대한 해결 방안을 위해 맥가브란은 다음과 같은 일곱 가지 원리들을 제시한다.[45]

① 진정한 구속은 영적 성장을 위해 더욱 노력한다.

진정으로 구속받은 사람들은 초대 교회 당시 예루살렘을 피하여 사방으로 흩어진 제자들처럼 어디든지 가서 복음을 전하고 교회를 개척해야 한다. 구속으로 인한 변화를 극복하고 교회의 성장을 위해 더 큰 노력이 필요하다.

② 진정한 성장은 하나님 나라를 확장하려고 노력한다.

교회성장은 하나님의 역사이다. 성장과정 속에서 향상은 세속적인 것이 될

---
44 Ibid., 439.
45 Ibid., 447-56.

수 있다. 세속적인 향상을 경계해야 한다. 오직 하나님 나라를 위한 교회의 성장을 위해 더욱 노력해야 한다.

③ **생활향상이 급진적이 되어 비기독교인 친척들 사이의 사회적 접촉을 차단하는 것은 교회성장을 위해 결코 바람직한 것이 아니다.**
이런 변화는 기독교인들을 그가 속한 공동체로부터 분리시킨다. 이런 변화는 의심스러운 축복이다. 성장을 위해 우상을 숭배하던 생활은 청산해야 하는 것이 마땅하지만 그렇다고 그가 속한 공동체와 완전히 단절하는 것은 성장과는 무관한 것이다. 그것을 분별하여 성장을 위해서는 공동체와의 관계를 가지고 있어야 한다. 오히려 더욱 적극적인 관계를 가져야 한다.

④ **생활향상은 교회성장에 비례되어 유지되어야 한다.**
그러기 위해서는 생활의 변화와 향상이 일어나도 이전의 인간관계를 끊지 말고 계속해서 그들에게 복음을 전해야 한다.

⑤ **지나친 생활향상은 본질적인 기독교와는 별 관계가 없다.**
생활향상을 위해 기독교나 교회를 수단으로 여겨서는 안된다. 교회성장과는 관계없이 생활향상만을 추구하는 것은 기독교와는 관계없는 세속화된 생각이다.

⑥ **교회성장을 향한 노력이 생활향상을 향한 노력을 능가할 때까지 그 노력을 증가시킨다.**
교회성장에 더욱 집중해야 생활향상의 장애를 극복할 수 있다.

⑦ **성장장애는 성경 말씀 속에서 무한하게 번창하는 교회성장 패턴을 사용함으로 해결된다.**
복음을 전하는 전도자들은 교회성장을 위해 하나님이 합당하게 여기고 축복하시는 교회 생활의 패턴이 무엇인지를 발견하고 적극적으로 그 패턴을 활용해야 한다.

14. 인간집단 운동

인간집단 운동(People Movement)에서 인간집단은 결혼이나 가까운 인간관계가 특정 사회집단 내에서만 일어나는 부족, 종족, 혈족, 카스트 또는 특정 동질집단을 의미한다. 동일한 인간집단 안에서의 개종이야말로 효과적인 집단 개종으로 연결될 수 있음을 다음과 같이 설명한다.

> 인간집단 운동은 모두 동일 부족집단 출신인 다수의 개인들(5명이든 500명이든)의 공동 결단으로부터 초래된다. 이런 운동은 그들로 하여금 사회적 이동 없이 그리스도인들이 되게 하여 그들의 비기독교적인 친척들과 옛날과 다름없는 접촉을 유지하게 하며, 그 부족집단의 다른 그룹들이 여러 해가 지나 유사한 결단을 하게 하고 그리하여 오직 그 부족집단의 성원들로 이루어진 기독교 교회를 형성할 수 있게 하는 것이다.[46]

인간집단 운동은 맥가브란이 인도현장에서 경험한 내용을 정리한 것이다. 부족 또는 카스트 제도권 아래 있는 인간집단을 연구하고 그들이 비기독교 신앙에서 기독교 신앙으로 개종하는 첫 번째 단계인 집단 개종 운동의 역할을 기술한다.

인간집단 운동은 기독교 선교에 큰 비중을 차지한다. 교회사와 선교 확장의 역사에 대한 이해도 하나님께서 인간집단들을 제자화하는 것을 인간집단 운동 패턴으로 축복하신 하나님의 역사라는 사실을 인식할 수 있게 한다.

1) 인간집단 운동의 장점

공동체들은 사회적인 분산 없이, 동일 가족 성원들 사이의 뼈아픈 이별 없이 그들의 일상적인 인간관계를 유지하면서 기독교에 입문한다. 이 결과 형성되는 회중들은 지도자 및 가족적 충성을 완벽하게 갖춘 사회구조를 소유한

46　Ibid., 488.

다. 함께 일하고 생활하는 데 익숙한 한 종류의 사람들로 이루어진다. 그러므로 인간집단 운동 교회들은 더욱 안정적이며 목사와 선교사에 덜 의존적이고 박해 아래 더 잘 견뎌 낸다.[47]

맥가브란이 저술한 『하나님의 가교』(Bridges of God)의 3장은 신약에 나타난 인간집단 운동에 대해 설명한다. 신약은 인간집단 운동의 좋은 실례를 보여준다. 성경에 나타난 많은 실례들을 보면서, 성령께서 초대 교회를 인도하셔서 인간집단 운동을 통해 초대 교회를 성장하게 하셨다. 초대 교회에 나타난 인간집단 운동의 몇 가지 형태를 살펴보면 다음과 같다.

2) 신약성경에 나타난 인간집단 운동의 형태

(1) 룻다식 집단 운동

룻다는 사도행전 9장 32-38절에 베드로가 고넬료를 만나러 가는 중에 들른 도시이다. 그곳에서 베드로는 8년 동안 중풍에 걸린 애니아를 치유했다. 그것을 목도한 룻다 사람들은 모두가 그리스도인이 된다. 성령의 치유 역사를 통해 만성 질병에 있던 환자가 치유될 때 그 환자와 부족공동체를 이룬 집단 전체에 개종이 이루어진다.

(2) 루스드라식 집단 운동

루스드라는 사도행전 14장 6-19절에서 사도바울이 제1차 전도여행 중 방문했던 소아시아 지역이다. 백성 중 일부가 기독교인이 되고 이 균형이 기독교 신앙에 적대적으로 되는 형태이다. (루스드라에 있는 회당 공동체의 몇 사람이 주님께 돌아왔다. 한편, 나머지 사람들은 바나바와 바울을 마을에서 쫓아냈다).

(3) 라오디게아식 집단 운동

요한계시록 3장 14-20절에서 주님께 책망만 들은 교회이다. 집단 운동이 점진적으로 정체된다. 명목상의 기독교인들로 가득하고 복음의 첫 사랑을 잃

---

[47] Ibid., 491.

었다. 목양에 실패한 경우이다.

(4) 에베소식 집단 운동

사도행전 19장 1-10절에 바울이 3년간 머무르면서 복음을 전했던 소아시아 지역이다. 바울은 그리스도에 대한 지식이 부족하고, 세례도 받지 않고, 성령도 받지 못한 그리스도의 제자들로 구성된 작은 교회를 세웠다. 12명의 가장들과 그 가족들이 에베소 교회의 시초였다.[48] 소수의 그룹을 개종시키고 그들을 통해 새로운 제자들이 세워지면서 집단 개종이 발생한 경우이다.

15. 토착교회 원리

토착교회(Indigenous Church Principle)란 현지 문화적 특수성을 고려해서 현지인들을 중심으로 현지인들의 문화에 맞추어 세워진 교회이다. 맥가브란이 토착교회의 아이디어를 갖게 된 것은 롤랜드 알렌(Roland Allen)의 저서 『선교 방법: 바울의 방법을 택할 것인가, 우리의 방법을 택할 것인가?』(Missionary Methods; St. Paul's or Ours?)를 통해서이다.

중국에서 성공회 선교사로 일한 롤랜드 알렌은 20여 년 동안 네비우스의 영향을 받으며 바울의 선교 방법을 사용하여 토착 선교 원리들을 위한 성경적 기초를 발전시켰다. 알렌은 바울의 선교는 철저하게 토착교회를 세우는 데 집중했음을 설명했다. 바울은 새로운 교회를 세울 때 유대인을 대행자로 임명하지 않았다. 언제나 새로운 기독교인들 가운데 무급 장로들을 임명했다. 모든 교회의 치리와 관련한 문제를 성령의 인도 아래 지역교회들에게 맡겼다. 항상 바울의 일방적인 결정으로 문제를 해결하려고 하지 않았으며 지역교회의 지도자들의 의견을 그대로 반영했다. 바울의 선교적 방법론은 선교기지를 만드는 것이 아니라 현지인들 중심의 토착교회를 개척하는 것이었다.[49]

---

48 Ibid., 518.
49 Roland Allen, *Missionary Methods; St. Paul's or Ours?* (Grand Rapids,: Eerdmans, 1962), 118-19.

맥가브란은 토착교회의 좋은 실례로 한국 교회 선교 초기에 뿌리내렸던 네비우스의 6가지 선교의 방법을 소개했다. 그 내용은 다음과 같다.[50]

1. 각 개종자로 하여금 그가 부름을 받은 그 부름 가운데 거하게 한다(고전 7:20). 각 개종자는 그가 기독교인이 되기 전에 살았던 동일한 방식으로 생계비를 벌고 그가 세례 받기 이전에 살았던 곳에서 생활한다. 기독교는 평범한 사람들을 위한 새로운 삶의 방식으로 인식된다.
2. 무보수 평신도 지도자들, 즉 장로와 교사들로 양떼를 돌보도록 맡긴다.
3. 교회 집회를 교인들의 가정에서 모이도록 하거나 그들의 문화에 맞는 예배당을 짓도록 한다.
4. 새롭게 개척된 소그룹 교회들로 하여금 유급 전도사나 선교사 자신에 의해 시찰받도록 한다. 한 유급 사역자가 10-40개의 소교회를 지휘할 수 있다.
5. 광범한 훈련이 주어지도록 한다. 주일 예배는 설교가 아니라 성경을 가르치는 데 중심을 둔다. 성경 이야기를 말하고 회중으로 하여금 그것을 암기하게 하며 교리문답을 설명하고 교인들로 하여금 그 교리문답을 항목별로 암기하게 한다. 교리문답은 무급 리더들이 한다. 선교 본부는 리더들에게 한 달 정도의 강도 높은 훈련을 제공한다.
6. 새로운 교회 개척은 기존 교회들이 개척하게 한다.

이런 네비우스의 토착 선교 원리들은 무한정한 확장을 할 수 있다. 이 체제는 네비우스에 의해 직접 경험된 것이다. 이를 통해 건전한 자립 전도하는 교회를 배가시켰다.

맥가브란은 토착교회가 성장하는 이유에 대해 다음과 같이 8가지로 제시했다.[51]

---

50 McGavran, 『교회성장학』, 495-96.
51 Ibid., 499-504.

1. 토착교회 원리를 따르는 선교사는 현명하게 선교를 일차적으로 교회 개척으로 해석한다. 이 원리의 핵심은 복음을 전파하고 교회를 배가하는 열정을 갖는다.
2. 비기독교인들은 토착교회 무급 지도자들을 자신과 같은 사람으로, 또는 가까운 친척으로 본다.
3. 지역교회 지도자들은 행함으로 배운다. 그들의 확신은 남을 가르치면서 더욱 강화된다.
4. 선교회가 새로운 교회를 개척할 때 교역자들을 위한 봉급 예산이 필요치 않게 된다. 지역교회에서 가장 우수한 교인이 교사나 장로가 되어 보수 없이 봉사한다.
5. 전체 성원에 의한 자연적인 증가가 더욱 자연스럽게 이루어진다. 이것은 기독교인의 생활과 예배, 삶이 동일한 공동체 안에서 이루어지기 때문에 성장이 자연스럽게 이루어진다.
6. 일반 기독교인들이 그리스도를 증거하고 교회의 책임 있는 교인이 되도록 권면할 때 교회들은 다양한 장소에서(가정에서 가정으로, 마을에서 마을로, 씨족에서 씨족으로, 산등성이를 넘어 다음 골짜기에 이르도록) 증가한다.
7. 교회의 규모가 커지고 교인들이 증가하면 토착교회 원리는 기독교인들이 모교회 또는 선교회가 아닌 자체 교회가 생활비를 부담하는 전임 교역자를 초청해야 한다는 것을 가르친다.
8. 토착교회 원리는 권징이 지역교회에 맡겨져야 함을 강조한다. 지역교회는 선교사의 교회가 아니라 그리스도의 교회이다. 외국인이 지교회를 판단하는 불쾌감을 제거하고, 다양한 문화적 적용의 여지를 넓혀 준다. 성경과 성령이 말씀하시는 바를 자유롭게 따를 수 있다.[52]

토착교회 원리는 인간집단 개종과 밀접한 관계가 있어서 인간집단 개종에 관해 더 알수록 토착적 교회를 세울 수밖에 없다. 다시 말해 선교사들이 토착

---

[52] McGavran, 『교회성장이해』, 551.

교회 원리에 관해 더 알면 알수록 더욱 훌륭한 집단 개종을 이룰 수가 있다.[53]

16. 교회 개척의 원리

맥가브란은 교회의 개척을 통해 복음의 확장(The Multiplication of Churches)이 활발하게 이루어진다고 보았다. 그런 원리는 사도 바울의 교회 개척을 통해 나타나는 것처럼 성경적 원리라고 여겼다. 그러므로 선교적 과제는 지구상의 수용적인 인간집단에 교회를 효과적으로 개척 증식시키는 것이다.[54] 예수 그리스도의 복음이 땅의 무수한 사람들에게 도달하는 것이 가능하게 되는 유일한 방법은 환상적인 교회 개척이 일어나는 것이다.[55] 교회들은 확장에 의해 성장한다. 즉, 현재의 교회가 점점 더 커짐에 따라, 의도적으로 새로운 교회를 세우는 것으로 성장한다. 교회 개척은 진지하게 받아들여질 필요가 있다. 새로운 교회의 필요성은 엄청난 것이다.[56]

17. 하나님의 가교 원리

"하나님의 가교 원리"(The Bridges of God)는 서로 다른 모자이크의 한 조각을 넘어가기 위해서는 다리가 필요한데 그것은 서로를 왕래할 수 있는 관계를 이용하는 것이다. 예를 들어, 친척들과 친지들의 관계망은 교회성장을 위한 최상의 대로이다.

하나님께서 만들어 놓으신 하나님의 가교를 찾아 사용해야 한다. 하나님께서 전 세계에 복음을 전할 임무를 교회에 부여하셨다. 복음 전파는 사람

---

53 McGavran, 『교회성장학』, 518.
54 McGavran, 『교회성장이해』, 82.
55 Ibid., 622.
56 Donald A. McGavran and Win Arn, *Church Growth Principles* (Bayswater, Victoria, Australia: Vital Publications, 1976), 89.

제4장 맥가브란의 개종 이야기 125

인도 현지 마을을 방문해 청소년 교육을 독려하는 맥가브란[57]

과 사람, 집단과 집단을 연결해 주는 다리를 통해 가능하다. 초대 교회에서는 유대에서 그리스와 로마로 건너가는 다리들을 통해 복음이 전파되었으며, 바울은 이 다리들을 가장 잘 이용한 선교 전략가였다.[58]

맥가브란은 기독교 신앙은 친척에서 친척, 가까운 친구에서 가까운 친구에게로 가장 잘 흐른다는 사실을 발견했다. 모든 인간 사회는 편리한 곳에 다리가 건설된 강 한편에 있는 도시와 같다. 사람들은 다리가 아닌 다른 장소를 찾아내서 강을 건널 수 있다. 그러나 다리를 건너가는 것이 훨씬 편리하다.

다리 근처에 사는 사람들은 다리로부터 멀리 떨어져 사는 사람들보다 훨씬 편리하게 강을 건널 수 있다. 새로운 생각, 식료품, 사람들의 행렬들, 신념들이 다리를 통해 왕래한다. 교회성장을 위한 행정을 할 때, 연결되기 어려운 사람들을 위해 다리를 발견하고 사용할 수 있어야 한다. 하나님의 선한 청지

---

57 IJFM Editorial staff, "The Legacy of Donald McGavran: A Forum," International Journal of Frontier Missiology 2 Summer, no. 31 (2014): 63.
58 McGavran, 『하나님의 선교전략』, 9.

기들은 다리를 기억하고 그 다리를 통해 왕래해야 한다.[59]

18. 담대한 전도 계획의 원리

교회성장을 위한 개종을 위해서는 담대하고 과감한 전도 계획(Set Goals and Make Bold Plans)이 필요하다. 교회성장은 과감한 계획 없이는 좀처럼 이뤄지지 않는다. 목표를 설정하는 것이 중요하다. 효율적인 복음전도를 수행할 때 목표를 설정할 필요가 있다. 목표는 노력을 핵심 과제에 집중하게 한다. 기독교 지도자들의 기본적인 목적은 예수 그리스도에 대한 신앙을 통해 사람들을 구원하시는 하나님의 영원하신 목적과 일치시키는 것이 본질적이다.

목표 설정은 목사들과 선교사들로 하여금 그들의 우선순위를 하나님을 기쁘시게 하는 일에 일치시키도록 돕는다. 목표 설정은 머리가 되시는 위대하신 예수께서 그들을 언제나 인도하시고 성령께서 그들을 복음화에 언제나 매진하게 하신다는 것을 기억하도록 돕는다.[60]

1) 목표를 설정하는 세 가지 단계

(1) 복음전도가 철저하게 성경적이라는 것을 강조하라.
목표 설정은 측정할 수 있는 교회성장이 성경적으로 요구된다는 사실을 가르침으로 출발해야 한다.

(2) 과거의 성장을 도표로 나타내라.
지난 10년 정도면 충분하다. 교인들의 분포를 아는 것도 중요하다. 생물학적 성장, 전입 성장, 개종 성장 등을 살펴보라.

미래의 성장을 측정하는 데 있어서 가장 유용한 도구는 연간 평균 성장률(AAGR)이다.

59　McGavran, 『교회성장이해』, 567.
60　Ibid., 590-91.

(3) 신앙에 입각하여 기획하라.

하나님께서 이 교회에 어떠한 성장을 허락하시는지 헤아리라.

신앙에 입각한 기획들은 기도 및 성령의 계속적인 임재에 대한 확신을 전제로 이루어진다. 신앙에 입각한 기획을 허락해 주시도록 하나님께 간구해야 한다. 우리는 하나님의 은총의 책임 있는 청지기들로서 우리가 믿는 것이 그의 뜻에 일치하기를 간구해야 한다.[61]

2) 과감한 계획이란

과감한 계획이란 이전보다 훨씬 적극적인 어떤 것을 의미한다. 교회성장을 저해하는 요소들을 파악하는 것으로 충분하지 않다. 우리는 주민 전체에 걸쳐서 교회를 설립하는 납득할 만하고 충분한 계획들을 고안하면서 추진해야 한다.[62] 선교의 각 단계에 적합한 계획 수립이 필요하다.

첫째, 연구조사의 단계이다.
둘째, 훌륭한 지원을 받은 전초기지의 단계이다.
셋째, 교회들의 힘 있는 군락들이 다양한 지역들에서 발생한다.
복음에 응답하는 지역 사람들은 성령의 충동 또는 기타 행동에 의해 감동을 받아 복수적인 개인결신 과정을 통해 개종이 된다.
넷째, 주민들의 본질적 기독교화가 이루어진다. 주민의 3분의 1, 절반, 혹은 10분의 9가 기독교인이 된다.

---

61 Ibid., 611-12.
62 Ibid., 626.

제5장

교회성장 학자들의 개종 이야기

도널드 맥가브란의 교회성장학은 1965년 풀러선교대학원을 통해 더욱 발전되었다. 맥가브란은 선교대학원의 교수진으로 제일 먼저 호주에 있었던 알랜 티펫을 청빙했다. 그리고 지구촌 각 대륙의 실제적 선교 교육을 위해 각 대륙별로 선교 경험을 가진 선교사들을 교수로 초빙했다. 그렇게 모인 교수들은 각각 랄프 윈터, 찰스 크래프트, 에드윈 오르, 아서 글라서, 피터 와그너였다. 최고의 강사진으로 풀러학파가 형성이 되었고 교회성장학은 세계 선교에 큰 영향을 끼치게 되었다.

선교대학원 원장의 자리는 아서 글라서에게 물려주고 그다음으로 선교 역사에 깊은 통찰을 발견한 폴 피어슨 교수에게로 이어지게 되었다. 맥가브란의 교회성장학은 여러 교수들에 의해 더욱 풍성하게 발전되었다. 당시 풀러학파 교수들의 개종에 대한 학문적 인사이트를 살펴보도록 하겠다.

도널드 맥가브란에게 거시적 안목으로 기독교 역사를 깨닫도록 했던 케넷 라투렛의 개종의 역사를 살펴보고 풀러학자들의 개종 이론을 이해하려고 한다.

1. 캐넷 라투렛의 개종 이론

케넷 라투렛(Kenneth Scott Latourette)은 역사를 기독교의 확장사로 서술했다. 구속사적인 관점에서 인류의 역사를 보았다. 기독교 복음이 인간을 위한 하나님의 최고 행동이며 역사는 하나님께서 인간을 위해 그리스도를 통해 이루신 역사요, 거기에 대한 인간 반응의 역사라고 평가했다. 그는 그리스도인들을 통한 확장과 후퇴, 기독교에서 발생한 새로운 운동들, 인류 전체의 견지에서 판단해 본 기독교의 영향력을 기술했다. 거시적인 안목에서 역사를 기술하고 있지만 결국 역사의 큰 흐름과 운동을 가까이 살펴보면 한 개인의 개종을 통해 영향을 미치고 그것이 기독교 역사의 큰 물줄기를 변화시켜 가는 시발점이 되었다. 라투렛은 시종일관 구속사적 관점을 가지고 역사를 관찰했다.

케넷 라투렛(Kenneth Scott Latourette, 1884년 8월 6일-1968년 12월 26일)은 중국 역사와 세계 역사를 기독교의 관점에서 기술한 역사학자이다. 미국 오레곤 태생으로 예일대에서 박사(Ph.D) 학위를 받았다. 기독교 역사에 관련된 80권의 책을 저술했다. 1918년 침례교 목사 안수를 받았다. 1921년부터 예일대학의 역사학 교수로 역임했다. 이때 맥가브란을 만났다. 1958년 은퇴 후에도 저술 활동을 활발하게 했다. 1968년 84세의 나이로 고향인 오레곤에서 교통사고로 하나님의 부르심을 받았다.

케넷 라투렛(1884-1968)[1]

그의 이런 관점은 어거스틴에서 유래했다. 어거스틴은 아리스토텔레스의 반복적 관점(circle view)을 계속적 관점(linear view)으로 전환하므로 기독교 역사를 기록하는 중추적 관점이 되었다. 기독교의 역사와 세속사를 모두 직선적으로 보았다. 그리고 세속사도 "만물이 그의 발 아래 복종토록"(엡 1:22) 하시려고 의도하시는 하나님의 목적대로 전개되어 왔다고 보았다. 그것은 세속사와 구속사를 별개로 보던 기존의 견해들을 깨뜨리는 것이었다.

라투렛은 그의 주요 저서인 『기독교 확장사』(*A History of The Expansion of Christianity*)에서 기독교회의 확장 운동에 4대 시기를 구분했다. 이 모든 시기에 있어서 기독교의 팽창 운동이 한동안 지속되다가 어느 시기에 이르러 침체기가 뒤따르고, 그 후에 다시 창조적인 부흥 운동(Revivalization)을 통해 기독교가 확장되는 복음전도에 새 관심을 가지게 된다. 이런 부흥 운동이 침체된 교회

---

1 American Historical Association, "The Christian Understanding of History," accessed 09/07, 2020. https://www.historians.org/about-aha-and-membership/aha-history-and-archives/presidential-addresses/kenneth-scott-latourette.

를 다시 살아나게 한다고 설명했다.[2]

라투렛은 개인의 개종을 거시적 안목에서 해석해 기독교의 확장이 다수의 개종에 의한 부흥 운동으로 이어진다고 보았다. 그는 네 시기의 기독교의 팽창을 설명했다.

1) 제1기 팽창

기독교의 초기 팽창(1-500 AD)은 초대 교회시대부터 대략 500년 동안 지속되었다. 교회는 초기 핍박을 받았지만 오래지 않아 로마 문화 속에 자리를 잡고 로마제국의 국경을 넘어서 북유럽으로 진출해 갔다. 초기의 교회는 로마의 박해에도 불구하고 꾸준히 팽창해 갔다. 주후 313년 콘스탄틴 대제에 의해 로마제국의 종교로 공인되었다.

그때부터 서구 사회에 교회가 집단 개종 운동(People Movement to Christ)의 중요한 역할을 했다. 1기 팽창 시대에 수도원은 지대한 역할을 감당했다. 그러나 팽창의 시기가 둔화되는 주후 500년부터 950년의 기간을 기독교 팽창의 침체기 또는 후퇴기(Recession)로 보았다. 이것은 처음 500년간에 비해서 기독교 확장이 현저하게 둔화되고 확장이 있더라도 매우 미미한 모습이었다. 그럼에도 불구하고 문화적인 면에서 볼 때 기독교는 이때도 팽창해 갔다. 특히 카롤링 왕조 시대의 기독교는 매우 놀라운 것이었다. 특히 수도원을 중심으로 기독교 문화는 끊임없이 확대되어 갔다.

2) 제2기 팽창

라투렛에 의하면 기독교 선교 운동의 두 번째의 각성과 팽창(950-1350 AD)은 주후 950년에서 약 400년간 계속된 것으로 본다.[3] 그것은 가톨릭교회의 수도원 교단(Monastic Orders of Roman Catholicism)의 눈부신 확장이었다. 이 수

---

[2] Kenneth Scott Latourette, *The First Five Centuries*, vol. 1, 7 vols., *A History of the Expansion of Christianity* (New York ; London: Harper & Brothers, 1937), xi-xii.
[3] Winter et al., 『미션 퍼스펙티브』, 202.

도원에 소속된 수도사들은 저 멀리 로마제국의 국경을 넘어서 중국에까지 손을 폈다. 이때 복음은 북쪽 유럽뿐만 아니라 중앙 유럽 그리고 아시아의 많은 나라에까지 미치게 되었다.

도니미칸 교단(The Dominican Order)과 프랜시스칸 교단(The Franciscan Order)은 특히 가난한 대중을 대상으로 하는 전도에 열심을 기울였다. 이 시기에 동방무역의 개척과 확대로 제국주의의 침투가 시작됐다. 이때 기독교 복음은 해외 무역과 함께 자극을 받아 열심으로 선교 운동을 전개했다.

주후 1200년 이후에 선교의 새로운 장을 연 것은 로마가톨릭 교황이 그 산하의 수도 교단에 "해외선교를 할 때 라틴어가 아닌 현지의 언어를 성경에 사용해도 좋다"고 허락한 일이었다. 이 시기에 가톨릭을 중심으로 하는 타문화권 선교가 항해술의 발달과 함께 활발히 이루어지게 되었다.

3) 제3기 팽창

기독교 제3기 팽창(1500-1750 AD)은 종교개혁과 로마 카톨릭의 반 종교개혁 운동으로 특징 지어진다. 종교개혁의 시대에도 개신교는 타문화권 선교가 활발히 이루어지지 않았고 여전히 로마가톨릭의 주도하에 선교가 수행되었다. 수도원을 중심으로 한 수도사들의 선교 활동이 이루어졌다.

기본적인 전략은 이전 시대의 선교와 큰 차이가 없었다. 그러나 이 시기 기독교의 팽창은 많은 결실을 만들어 냈다. 식민지화라는 부정적인 영향도 있지만 제3세계에 대한 새로운 선교의 모험이 이루어졌다.

개신교의 상황은 종교개혁 후 직접 선교에 나서지 못했다. 그러나 독일에서 시작된 종교개혁과 성경의 권위를 회복하고 만인제사장설을 주장했던 루터에 의해 번역된 독일어 성경은 곧 도래할 개신교 선교를 위한 초석이 되었다. 이런 영향은 유럽의 전 지역으로 퍼져 나갔고 이것은 결과적으로 머지않아 시작될 개신교의 세계 선교 운동의 준비였다.

4) 제4기 위대한 선교의 세기

라투렛은 기독교 확장사를 기술한 그의 저서 7권 가운데 제3권을 위대한 선교의 세기(The Great Century: 1815-1914)에 할애했다. 나폴레옹의 패망과 유형(1815) 후 제1차 세계대전이 시작할 때까지의 99년간은 비교적 서구 세계가 평온을 누리면서 번영할 수 있는 시대였다. 이 시간 중 개신교는 별다른 전쟁의 위험을 겪지 않으면서 세계 선교에 진출해 갔다. 1793년에 윌리엄 케리(William Carey)가 선교 역사상 처음으로 해외선교회를 런던에 설립해서 자신이 인도 선교사로 떠났는데 이것이 개신교 해외선교 활동의 시작이 되었다. 이 선교회는 2년 후 1795년에는 런던선교회(The London Missionary Society)가 됐다.[4]

그 후 12년 동안 즉 개신교 선교의 세기가 시작되는 1815년까지에는 수많은 개신교 각 교단의 해외선교 기관들이 조직되었다. 이같이 하여 기독교 개신교회가 전 세계에 퍼져 나가는, 복음의 세계 진출의 현장을 라투렛은 개신교 선교의 "위대한 세기"(The Great Century)라는 이름을 창안해 묘사했다.

1910년에 영국 에든버러에서 선교대회가 열렸으며 모든 선교 단체들이 참가했다. 이 대회에 맥가브란의 아버지 존 맥가브란도 참여했다. 이 대회에서 선교 단체의 대표와 교회 지도자들은 서구 사회의 선교 임무의 중요성을 선교 활동의 확장으로 봤으며 이것이 선교명령의 완성이 된다고 봤다. 라투렛 교수는 그의 기독교확장사를 통해 인간집단의 개종을 통해 기독교가 계속해서 확장해 나가고 있다고 보았다.

5) 라투렛의 기독교 확장사

라투렛의 기독교 확장사는 총 7권으로 이루어져 있으며 1934년부터 1945년까지 순차적으로 출판되었다.

1934년에 출판된 제1권 『첫 5세기』(The First five Centuries)는 콘스탄틴 이전

---

4 Latourette, *A History of Christianity*, 1033.

과 이후로 구분하여 기독교가 확장된 역사를 기술했다. 그리고 주후 500년까지 기독교가 헬레니즘 세계에 어떻게 공헌했는지를 기술했다.[5]

1938년에 출판된 제2권 『불확실성의 천년』(The thousand years of uncertainty, A.D. 500-A.D. 1500)은 서유럽, 중부 유럽, 발틱해에서의 로마가톨릭의 확장을 설명했다. 또한 비잔틴 제국에서의 기독교의 확장과 이슬람의 발흥으로 인한 십자군 전쟁, 그리고 그로 인한 기독교 환경의 영향을 기술했다.[6]

이듬해인 1939년에 출판된 제3권 『진보의 3세기』(Three Centuries of Advance, A.D. 1500-A.D. 1800)는 유럽에서 일어난 과학적 발견과 상업적 혁명, 그리고 지리적 발견의 시기를 설명했다.

로마가톨릭의 개혁과 프로테스탄트의 발흥으로 인해 서방 기독교는 급속히 부흥했음을 기술하고 있다.[7] 특히 한국의 기독교 전파가 처음으로 설명되어 있다. 1619-1620년 당시 유명했던 중국의 기독교 학자 서광계(徐光啟, Xu Guangqi 1562-1633)가 조선으로의 기독교 전파를 계획했지만 성공하지 못했다는 기록을 설명했다. 처음 조선에서 개종이 일어난 때는 1785년 공식적 조선인 순교자가 기록된 때로 설명했다.[8]

1941년에 출판된 제4권 『미국과 유럽에서의 위대한 세기』(The Great Century in Europe and the United States of America A.D. 1800-A.D. 1914)는 기독교 확장에 있어서 새로운 운동들이 펼쳐진 시기로 기술하고 있다. 특히 미국에 새로운 개척자들과 이민자들을 통한 로마가톨릭, 프로테스탄트의 전파, 그로 인한 기독교의 영향을 설명했다.[9]

1943년도에 출판된 제5권 『남미, 호주, 아시아, 그리고 아프리카에서의 위

---

5 Latourette, *The First Five Centuries*, vii-viii.
6 Kenneth Scott Latourette, *The Thousand Years of Uncertainty, A.D. 500-A.D. 1500*, vol. 2, 7 vols., *A History of the Expansion of Christianity* (New York ; London: Harper & Brothers, 1938), vii-viii.
7 Kenneth Scott Latourette, *Three Centuries of Advance, A.D. 1500-A.D. 1800*, vol. 3, 7 vols., *A History of the Expansion of Christianity* (New York ; London: Harper & Brothers, 1939), vii-ix.
8 Ibid., 361-62.
9 Kenneth Scott Latourette, *The Great Century in Europe and the United States of America A.D. 1800-A.D. 1914*, vol. 4, 7 vols., *A History of the Expansion of Christianity* (New York ; London: Harper & Brothers, 1941), vii-viii.

대한 세기』(*The Great Century in the Americas, Australia, Asia, and Africa, A.D. 1800-A.D. 1914*)는 라틴아메리카에 정치적 혁명으로 인해 로마가톨릭에 위기가 있던 시기였으나 비기독교 원주민들을 향한 프로테스탄트 기독교들의 선교로 인해 부분적인 회복이 있었다고 설명했다.

또한, 호주와 뉴질랜드, 태평양 섬나라에 로마가톨릭과 개신교의 유입을 기술했다. 그리고 남아프리카 지역에서의 기독교의 확장을 설명했다.[10]

1944년에 출판된 제6권 『북 아프리카와 아시아에서의 위대한 세기』(*The Great Century in Northern Africa and Asia, A.D. 1800-A.D. 1914*)는 북아프리카와 인도, 아시아 특히 중국과 일본, 한국에서의 기독교의 확장에 대해 설명했다.[11]

한국에서의 기독교의 확장에 대해 한 장을 할애해 설명했다. 처음 한반도에 기독교가 접촉된 계기를 다음과 같이 서술했다. 1594년도 유럽의 예수회 출신 장교가 쓰시마섬에서 겨울을 보내게 되었다. 그때 동행한 신부들이 군인들에게 세례를 베풀었는데 그때 한국 노예들이 끌려왔고 나가사키까지 와서 그들에게 세례를 베풀었다는 것이다.[12] 그 후 19세기 중 후반에 먼저 가톨릭이 조선에 유입되었고 1880년대에 개신교가 유입되었음을 이어서 기술했다.[13]

1945년에 출판된 제7권 『폭풍으로 지난 진보』(*Advance through Storm, A.D. 1914 and after, with Concluding Generalizations*)는 1914년 제1차 세계대전 이후에 기독교의 확장에 대해 기술했다. 북미에 이주민들로 인한 변화와 남미의 개신교의 약진, 그리고 일제의 지배하에 있던 중국과 한국에서의 기독교의 확

10　Kenneth Scott Latourette, *The Great Century in the Americas, Australia, Asia, and Africa, A.D. 1800-A.D. 1914*, vol. 5, 7 vols., *A History of the Expansion of Christianity* (New York ; London: Harper & Brothers, 1943), vii-viii.
11　Kenneth Scott Latourette, *The Great Century in Northern Africa and Asia, A.D. 1800-A.D. 1914*, vol. 6, 7 vols., *A History of the Expansion of Christianity* (New York ; London: Harper & Brothers, 1944).
12　Ibid., 413-14. 라투렛은 다음 도서에서 한국에 기독교 전파의 근거를 인용했다. Charles Dallet, *Histoire De L'eglise De Corée Précédée D'une Introduction Sur L'histoire, Les Institutions, La Langue, Les Moeurs Et Coutumes Coréennes : Avec Carte Et Planches*, 2 vols. (Paris: V. Palmé, 1874), Vol. I, 3-4. 참고할 것.
13　Latourette, *The Great Century in Northern Africa and Asia, A.D. 1800-A.D. 1914*, 430.

장에 대해 설명했다.[14]

7권의 방대한 기독교 확장사 완권이 발표된 이후 8년만인 1953년에 『기독교 역사』(A History of Christianity)라는 단권의 책이 출판되었다.[15]

라투렛은 그 이후에도 19세기 20세기를 기독교 역사에 있어서 혁명적 시기로 명명하고 1958년에서 1962년까지 다섯 권의 책을 출판했다. 19-20세기에 로마가톨릭과 프로테스탄트 그리고 동방교회가 유럽을 중심으로 어떻게 확장되었는지를 설명했다. 라투렛은 이 책들을 통해 1,800년 이후로 기독교는 세계가 이전보다 더 광대해지고 심원해지도록 영향을 끼쳤다고 평가했다. 1966년에 그는 거듭 "기독교의 영향은 증가했으며 오늘날보다 그 영향이 더 컸던 적은 없었다"라고 말했다.

라투렛은 별세하기 2년 전(1967년)에 자서전을 통해 이토록 방대한 기독교의 역사를 기록할 수 있었던 동기와 과정을 설명했다. 자서전에서 그는 하나님께서 자기를 통해 그분의 아들 예수 그리스도를 나타내시기 위해 은혜를 주셨다고 했다. 이 방대한 작업을 할 수 있었던 것은 자기의 공적이 아니라 시작하게 하신 하나님께서 강한 영감으로 속삭여 주셨기 때문이었다고 고백했다.

2. 알랜 티펫의 개종 이론

알랜 티펫은 맥가브란과 가장 오랫동안 교수 사역을 동역했던 학자였다. 티펫은 오레곤 노쓰 웨스트기독대학(NCC)에서 교회성장연구소(ICG)사역을 할 때부터 맥가브란과 동역하고 있었다. 테펫은 개종과 관련되어 문화변혁 이론을 주장했다. 티펫은 맥가브란과 함께 교회성장학의 발전에 지대한 공헌

14　Kenneth Scott Latourette, *Advance through Storm, A.D. 1914 and after, with Concluding Generalizations*, vol. 7, 7 vols., *A History of the Expansion of Christianity* (New York ; London: Harper & Brothers, 1945), vi-vii.

15　Latourette, *A History of Christianity*; Lion Publishing, 『교회사 핸드북』, 송광택 역 (서울: 생명의 말씀사, 1989), 20.

을 했다. 티펫의 공헌은 인류학적 통찰들을 교회성장학에 접목시킨 데 있다. 성경의 권위 아래 교회성장학을 발전시키고 싶었던 티펫은 교회성장학적 관점에 대한 성경적 배경을 정리했다.16

풀러선교대학원에서는 문화인류학적 이론들을 강의했다. 티펫의 강의는 학문적으로 탁월했다. 학생들은 기초적인 개념을 파악하는 데 열중했는데, 티펫은 더 높은 학적 수준으로 강의했다. 학적으로 잘 준비된 학생들은 티펫의 강의에 열광했다. 인류학적 이론들은 사역에 적용할 수 있게 잘 다듬어져 학생들은 많은 유익을 얻었다.

알랜 티펫(1911-1988)17 알랜 티펫(Alan Tippett, 1911년 11월 9일-1988년 9월 16일)은 호주 출생으로 감리교 목사(윌리엄 티펫) 가정에서 자라났다. 1934년 멜버른대학을 졸업했다. 1935년 감리교 목회자 훈련을 받았고 1938년 감리교 목사 안수를 받았다. 선교사로서의 소명을 가지고 1941년 피지섬에 들어가 토착교회 개척을 했다. 20년 만에 완전한 토착교회를 이루고 1961년 호주로 돌아왔다. 1961년부터 맥가브란과 함께 오레곤에 있는 교회성장연구소 사역을 했다. 1964년 오레곤대학에서 박사 학위를 받았다. 1965년 맥가브란과 함께 풀러선교대학원에서 선교신학 교수를 역임하고 1977년 은퇴 후 호주로 돌아와서 1988년 별세했다. 그는 교회성장학을 인류학과 성경신학으로 더욱 발전시키는 데 큰 역할을 했다.

티펫은 필수 과목인 애니미즘(Animism)을 강의했다. 이 과목을 통해 선교 현지인들이 가진 신앙 세계를 이해하는 것이 얼마나 중요한지 강조했다. 문화, 문화변혁이 기독교 선교에 미치는 영향에 대해 주로 강의했다.

티펫은 토착화 이론(Indigenization)을 발전시켰는데, 이것은 그동안 서구 선교사들이 주창하던 3자 원리(Three-Self Formula)를 넘어서는 통찰력을 제공했다.

---

16 Tippett, *Church Growth and the Word of God; the Biblical Basis of the Church Growth Viewpoint*, 12-15.

17 Australian Association of Missions Studies, "Alan Tippett Symposium on Mission & Cross Cultural Ministry," accessed 10/02, 2020. http://babasiga.blogspot.com/2013/05/alan-tippett-symposium.html.

목사 안수 후 30세의 알랜 티펫과 아내 에드나 티펫 (1941년)   알랜 티펫과 아내 에드나 티펫

오늘날에 그의 이론은 상황화신학(Contextualization)으로 발전되었다.

티펫은 또한 능력대결(Power Encounter)에 대한 개념을 소개했다. 남부 폴리네시아군도에서 일어난 집단 개종 운동을 기술하면서, 그리스도의 능력이 토착민들이 섬기는 토속신보다 강하게 드러날 때 개종이 일어난다고 주장했다.[18]

식민사관을 넘어서 현지 문화와 언어를 존경하며 사역했던 티펫의 선교학을 식민지 이후 선교학(Post-Colonial Missiology)이라 한다. 티펫의 선교학적 공헌은 이루 말할 수 없으며 핵심을 정리하면 다음과 같다.

첫째, 교회성장학의 태동과 방법론에 결정적인 도움을 제공했다.

인류학적 통찰과 성경적 배경, 신학적 논리를 통해 교회성장학이 태동하는 데 결정적인 역할을 했다. 무엇보다 교회성장학을 위한 다양한 연구방법론을 제공했다.[19]

둘째, 선교학의 학제적 방법론을 정립했다.

티펫의 선교학은 신학, 역사, 인류학 등 다양한 학문을 아우르는 특성을 가지고 있기 때문에 학제적 방법론을 사용해야 한다고 주장했다. 분석에서 마치는 것이 아니라 언제나 선교적 주제를 종합하는 방법을 사용해야 한다고 주장했다.

---

18 Alan R. Tippett, *People Movements in Southern Polynesia; Studies in the Dynamics of Church-Planting and Growth in Tahiti, New Zealand, Tonga, and Samoa* (Chicago,: Moody Press, 1971).

19 Gerald H. Anderson, *Mission Legacies : Biographical Studies of Leaders of the Modern Missionary Movement, American Society of Missiology Series* (Maryknoll, N.Y.: Orbis Books, 1994), 535.

셋째, 선교학의 몇 가지 중요한 핵심 개념을 정립했다.

기능대체(Functional substitutes), 능력대결(Power Encounter), 인간집단 운동(People Movement), 토착교회(Indigenous Church), 변화의 주창자로써의 선교사(the advocates of change), 변화의 실행자로서의 수용자(the real innovators) 등 여러 개념을 정립했다.

넷째, 인류학을 선교학의 기초로 삼았다.[20]

타문화 상황에서 효과적인 사역을 감당해야 하는 선교사에게 인류학은 필수적이라고 주장했다. 이것이 풀러에서 인류학을 가르친 이유이기도 하다.

다섯째, 멘토링을 통해 선교학자들을 길러냈다.

티펫은 일대일 멘토링의 대가였다.[21] 그의 서재에서 이루어지는 깊이 있는 질문과 토론을 겸한 멘토링을 통해 학자들을 길러 냈다. 아주 세밀한 부분까지 터치하는 학문적 통찰을 통해 좋은 학자의 본을 보여 주었다.

개종과 관련된 티펫의 이론은 문화변혁 이론이다. 그의 문화변혁 이론은 그의 스승이었던 호머 바넷(Homer Garner Barnett) 교수에게 영향을 받았다. 그의 이론은 선교 현장인 남태평양 피지섬에서 집단 개종의 과정을 관찰하면서 더욱 구체화되었다.

한 사회 구성원이 개혁되기 위해서는 반드시 내부 개혁자에 의해 이루어져야 한다. 선교지에 파송된 선교사는 외부 주창자이다. 이 이론에 따르면 외부 주창자는 결코 내부를 변혁시킬 수 없다. 내부를 변혁시키기 위해서 외부 주창자는 내부의 혁신자들을 만나야 한다. 그들에게 복음의 영향력을 발휘하여 내부의 혁신자들이 내부에 들어가서 복음의 영향력을 발휘하게 된다.

내부의 혁신자들에 의해 내부 주창자가 세워지게 되고 그 내부 주창자는 동일한 부족 전체를 복음화시킬 수 있게 된다. 선교사들은 이런 문화변혁 이론을 숙지해서 선교사가 해야 할 역할이 무엇인지 처음부터 사역의 목표점과 한계점을 인식하고 선교지에 들어가야 한다. 이런 과정은 맥가브란이 주

---

20 Ibid., 536.
21 Ibid., 537.

창했던 모자이크 이론 그리고 하나님의 가교의 역할과 일맥상통한다. 그리고 선교적 목표로 선교사는 반드시 선교지에 토착교회를 세워야 함을 인식하게 한다.

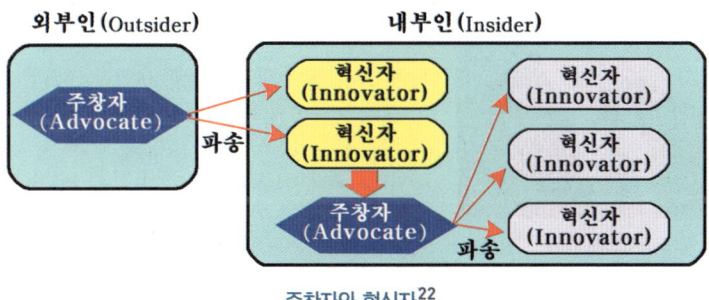

주창자와 혁신자[22]

문화변혁 이론을 통해 선교사의 역할이 무엇인지를 인식할 수 있으며 교회의 토착화가 얼마나 중요한 사역인지를 알 수 있다. 결국 선교사의 역할은 내부 주창자를 훈련시켜서 그 사회 안에 파송하여 내부 주창자에 의해 집단적인 개종을 이루게 하는 것이다. 그의 주장은 맥가브란의 교회성장 운동을 이론적으로 발전시키는 중요한 역할을 했다.

3. 찰스 크래프트의 개종 이론

찰스 크래프트(Charles H. Kraft)의 개종 이론은 알렌 티펫의 개종 이론에서 많은 영향을 받았다. 한 사람의 개종의 과정을 문화인류학적 접근을 통해 해석했는데 무엇보다도 하나님과의 상호관계 속에서 인간의 결단 과정으로 설명했다. 그는 1950년에 아프리카 나이지리아 북부에서 형제 선교단(Brethren missionary) 소속 선교사로 활동했다.

그는 아서 글라서 박사가 풀러선교대학원(SWM)에 교수로 오기 1년 전인

---

[22] R. Daniel Shaw and Charles Edward van Engen, *Communicating God's Word in a Complex World : God's Truth or Hocus Pocus?* (Lanham, Md.: Rowman & Littlefield Publishers, 2003), 245.

찰스 크래프트(Charles H. Kraft, 1932년 1월 1일-)는 미국 커네티컷 출생으로 윗튼대학에서 인류학 학사(BA) 애쉬랜드신학대학에서 신학 학사(BD)를 하트포드대학원에서 박사(Ph.D)학위를 받았다. 그는 1955년 목사 안수를 받았다. 1957년 나이지리아 북동부의 부족 그룹(Kamwe/Higi)에서 선교사로 교회 개척 사역을 했다. 3년간 사역을 하면서 캠웨랜드 지역 100명에서 1960년 사역을 마치고 나올 때는 1000명으로 성장했다. 그 후 미시간주립대학과 UCLA의 학부에서 각각 5년 동안 언어학과 아프리카 언어를 가르쳤다. 1969년부터 풀러선교대학원에서 아프리카 지역 코스와 개종, 상황화신학과 관련된 과목을 강의했다. 그는 자신의 전문 분야에서 30권 이상의 책과 수많은 기사를 저술했다. 현재 그는 심층 치유, 구원 및 영적 전쟁에 중점을 둔 Deep Healing Ministries의 대표이다. 그는 수천 명의 사람들을 예수 그리스도 안에서 영적, 정서적 자유로 인도하는 사역을 하고 있다.

찰스 크래프트(1932-)[23]

1969년에 먼저 풀러선교대학원의 교수로 임명되었다.[24] 그는 풀러에서 문화인류학과 커뮤니케이션, 세계관, 영적 전쟁, 내적 치유 등을 강의했다.[25] 그가 남긴 중요한 학문적 업적 중에서 맥가브란의 개종과 관련된 이론을 먼저 고찰하고 크래프트 교수와의 인터뷰를 정리한 내용을 살펴보도록 하겠다.

1) 개종과 필수 요구조건

크래프트는 개종의 의미가 성경에서 다양한 유형으로 나타난다고 보았다.[26] 구약성경은 하나님께 가까이 살다가 하나님을 떠난 사람들이 다시 하나님

---

[23] "Charles H. Kraft," Baker Publishing Group, accessed 09/18, 2020. http://bakerpublishing-group.com/authors/charles-h-kraft/253

[24] Kraft, *Swm/Sis at Forty : A Participant/Observer's View of Our History*, 72.

[25] Charles H. Kraft, *Anthropology for Christian Witness* (Maryknoll, N.Y.: Orbis Books, 1996), xiii.Kraft writes and teaches about biblical Christianity and culture (including contextualization), communicating biblical Christianity, anthropology and Christianity, cross-cultural Christian theology, worldview, spiritual warfare, inner healing, generational curses, and the evils of Freemasonry.

[26] Charles H. Kraft, 『기독교와 문화』, 임윤택·김석환 역 (서울: CLC, 2006), 534.

께 돌아와서 충성을 다짐하는 것을 지칭한다고 보았다.

신약성경은 하나님으로부터 멀어져 가던 자들이 하나님께로 향하여 가는 치유된 자의 전환, 방향의 변화, 역방향으로 가는 것으로 보았다.

맥가브란과 강의에 대해 논의하는
찰스 크래프트(1970년)

구약성경이나 신약성경에 나타나는 방향전환의 개념에는 자신을 잘못된 길로 가게 했던 실수와 자기의 잘못된 의지를 회개(metanoia)하는 과정을 포함한다.[27] 예전의 삶의 방식으로부터의 회개와 전환은 삶의 변혁과 함께 관계들의 변혁으로 이루어진다.

크래프트는 옛 삶의 방식에서 새로운 삶의 방식으로의 전환 과정을 다음과 같이 설명했다. 개종의 과정도 이런 프로세스를 통해 이루어진다고 보았다. 이 과정을 개종(conversion)과 합체(incorporation)의 역동성이라고 한다.

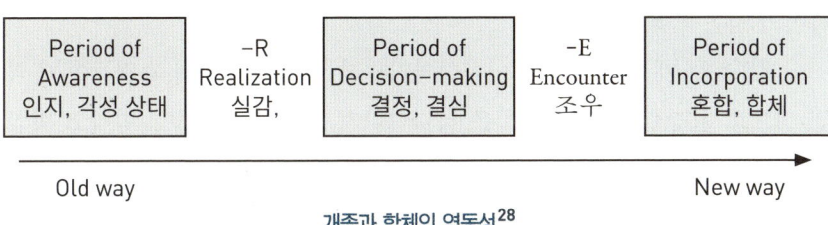

개종과 합체의 역동성[28]

개종과 관련해 필수적인 요구조건은 하나님의 초청에 효과적으로 응답하는 것이다. 그것은 믿음으로 응답하는 것으로 시작해 그 관계가 지속되는 것을 의미한다. 그리고 맥가브란의 제자화의 단계에서 완전화의 단계로 이어지는 것을 크래프트는 하나님과의 상호관계를 통해 이루어지는 것으로 보았다. 완전화로 가는 것은 하나님과의 관계가 더 깊어질 수 있는 훈련을 통해 이루

---

27 Ibid., 535.
28 Ibid., Dynamics of the process of conversion and incorporation.

어진다.[29] 그는 성경에 나타난 하나님과 그분의 백성들과의 상호관계의 경험 속에는 다섯 가지 중요한 불변적 요소들이 있다고 했다.[30]

그것을 살펴보면 다음과 같다.

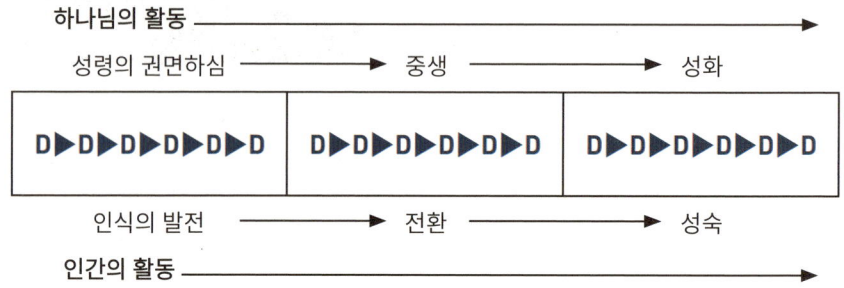

회심 과정에서 하나님의 활동과 인간의 활동의 종합적 도해[31]

첫째, 하나님께 대한 의식적인 충성(믿음의 헌신)이다.

둘째, 하나님께 대한 인간의 의식적인 충성에서 생겨나는 하나님과 인간 사이의 역동적 상호작용이다.

크래프트는 개종의 순간이 이루어지기까지 수많은 결정의 과정들이 축적된 것으로 설명한다. 그 과정들은 하나하나가 회심의 순간을 지향하고 회심을 기대한다는 것이다. 앞서 도표에서 설명되었듯이 이 과정은 자극, 인식, 숙고, 결정, 통합 그리고 새로운 습관 등으로 이어진다. 이런 과정 속에서 하나님께서는 인간과 함께 일하신다. 한 사람이 개종해서 중생하게 되고 성숙해 가며 성화되는 과정 속에 하나님께서는 계속 상호작용을 통해 일하신다. 인간은 매 순간 의사결정(D decision)을 통해 변화되어 간다.

셋째, 성장과 성숙이다.

의식적인 충성과 회심 과정에서 역동적인 상호작용의 불변적 요소에 성장 혹은 성숙의 과정이 첨가된다. 회심 과정에서 성장과 성숙은 완전화의 과정

---

29 Ibid., 535.
30 Ibid., 537-42.
31 Ibid., 540.

과 연장선상에 있다.

넷째, 공동체 안에서 일어나는 개종-성숙의 과정에 대한 필요성이다.

여기서 말하는 공동체는 곧 교회를 의미한다. 크래프트는 하나님과의 관계에 생기가 생기고, 기독교적 습관이 생기고, 영적 은사가 발견되고 영적 성숙이 이루어지기 위해서는 반드시 교회에 일원이 되어야 한다고 강조한다.

다섯째, 개종 과정에서 인간이 담당해야 할 부분은 그들이 속한 사회 문화적 상황과 일치해야만 한다는 것이다.

그들의 발전하는 인식, 하나님과의 성숙한 관계, 교회공동체 안에서의 친교 등은 다른 문화집단이 아니라 자신들의 문화와 일치해야 한다고 설명한다.[32] 이 점은 맥가브란의 동질집단이론, 집단 개종과 관련된 동일한 관점으로 이해가 된다.

2) 개종에 관한 인터뷰

2016년 6월 6일 오후 4시경 찰스 크래프트 교수와의 인터뷰를 통해 정리된 내용을 살펴보면 다음과 같다. 맥가브란의 개종과 관련해 크게 세 가지의 질문을 드렸고 그에 대한 답변을 정리했다.

찰스 크래프트 교수와의 인터뷰[33]

질문 1. 하나님을 모르는 사람들에게 복음을 전하고 그들의 세계관을 기독교적 세계관으로 바꾸는 것이 선교사의 중요한 역할인데 교수님께서 나이지리아에서 현지인들의 세계관 변화를 위해 행하신 노력이 무엇이었습니까?

---

32 Ibid.
33 Charles H. Kraft, (2016, June 06). Interview by 정용암, Ph. D of William Carey International University, Pasadena, CA.

답변 1. 나이지리아 현지에서 가장 중점적으로 행했던 것이 성경을 현지인들에게 가르치는 것이었습니다. 그런데 성경의 이야기와 그들의 문화의 차이가 복음을 이해시키기에 장벽이 되었습니다. 처음에는 주입식의 교육을 통해 그들을 변화시키려고 했지만 효과적이지 못했습니다. 그런데 재미있는 것은, 성경을 이야기하면서 현지인 스스로에게 이해되지 않는 성경 말씀의 의미를 스스로 발견하도록 대화를 하게 했는데, 그런 과정을 통해 그들의 문화 속에 가장 적절한 복음의 해석이 이루어졌고, 그런 과정을 통해 복음이 들어가고 그들의 세계관이 바뀌게 되는 것을 보게 되었습니다.

질문 2. 맥가브란 교수님이 주장하셨던 집단 개종이 나이지리아 선교 현지에서도 발견되었습니까?
답변 2 집단 개종이 이루어진 것을 목도했고 그런 집단 개종을 통해 나이지리아 선교지에 살던 99퍼센트의 사람들이 기독교화 된 것을 보았습니다.

질문 3. 맥가브란 교수님이 개종에 대해 말씀하실 때 제자화와 완전화에 대해 설명하셨는데 교수님께서는 나이지리아 현지에서 그 과정들을 어떻게 진행하셨으며 어떤 결과를 얻게 되셨습니까?
답변 3. 현지에서 일어난 집단 개종을 통해 복음화가 이루어졌지만 성숙한 그리스도인으로 성장하는 과정은 쉽지 않았습니다. 기독교 문화와 나이지리아 문화의 차이가 클수록 완전화를 이루는 단계에 다다르기가 어려웠습니다. 한정된 선교적 자원과 인적 자원 속에서 결단을 내린 것은 완전화에 지나치게 선교적 자원을 쏟다 보면 오히려 교회성장에 방해가 될 수 있다는 것을 발견했습니다. 그래서 우선적으로는 제자화에 초점을 두고 나이지리아 현지인들이 기독교 울타리 안에 들어올 수 있도록 배려하고 완전화는 시간의 여유를 두고 대처해 나갔습니다. 교회성장을 이루는 데 있어서 제자화를 제일 과제로 둘 수밖에 없었습니다.

4. 랄프 윈터의 개종 이론

랄프 윈터(1924-2009)[34]

랄프 윈터(Ralph D. Winter, 1924년 12월 8일 -2009년 5월 20일)는 미국 파사데나에서 출생했다. 고등학교시절부터 네비게이토 출신으로 성경을 늘 암송했다. 제2차 세계대전 중 해군으로 복무했다. 칼텍에서 학사(B.S.) 학위를 받고 콜롬비아대학에서 신학 석사(M.A.) 학위, 1953년 코넬대학에서 언어학으로 박사(Ph.D.) 학위를 받았다. 프린스턴과 풀러에서도 수학했다. 그 후 지도교수였던 마포삼열 교수의 추천으로 남미 과테말라 장로교 선교사로 파송되었다. 그곳에서 세계 복음화를 위한 선교 전략을 구체적으로 확립했다. 1967년부터 1976년까지 풀러선교대학원의 교수로 역임했다. 그 후 미국세계선교센터(USCWM), 윌리엄캐리국제대학(WCIU) 및 국제전방개척선교회(International Society for Frontier Missiology)를 창립했다. 1974년 스위스 로잔에서 열린 '세계 복음화 대회'에서 그의 발표는 세계 선교의 분수령이 되었다. 이 프레젠테이션에서 윈터는 글로벌 선교 전략을 국가적 경계에 초점을 맞추는 것에서 별개의 종족 그룹에 초점을 맞추는 것으로 전환했다. 국가를 타겟으로 삼는 대신 선교 단체와 교회가 전 세계적으로 수천 개의 미전도 종족 그룹을 선교 타겟으로 삼아야 한다고 주장했다. 그는 전 세계의 많은 선교부에 전도를 촉진 시켰을 뿐만 아니라 연구, 훈련 및 출판을 통해 세계 복음화를 가속화했다.

랄프 윈터(Ralph D. Winter)는 개종 이해에 거시적 안목으로 접근했다. 세계 선교의 과업을 이루기 위한 큰 그림 속에서 개종을 이해했다. 맥가브란의 교회성장학을 랄프 윈터는 천재적인 선교적 통찰로 더욱 발전시켰다. 선교학계에 그의 주요 선교적 통찰은 대명사처럼 되었다. 그의 중요한 선교적 공헌을 통해 맥가브란의 교회성장학이 어떻게 발전해 갔는지를 살펴본다

그의 주요한 선교적 업적을 살펴보면 다음과 같다.

---

34 Greg H. Parsons, "Celebrating the Work of God through the Life of an Innovator Ralph D. Winter," Mission Frontiers May-August (2009): 12.

10/40 창(window)

1) 두 조직체 이론(Two structures theory)[35]

모달리티(modality)로서의 교회와 소달리티(sodality)로서의 선교 단체가 집단 개종을 위해 서로 협력해 선교 사명을 수행해 왔다는 것이다. 두 조직체 이론을 통해 교회와 선교 단체의 선교적 역할을 분명히 인식하고 선교적 개종을 이루어야 함을 주장했다.

2) 미전도 종족(Unreached people group)

이 용어는 1974년 스위스 '로잔(Lausanne) 선교대회'에서 발표한 개념이다. 그는 지구촌의 북위 10도와 40도 지역을 10/40 창(window)이라고 했다. 그 창 안에 가장 많은 미전도 종족이 존재하며 그들 종족에게 복음을 전해야 할 선교적 과업을 일깨워 주었다. 이것은 맥가브란의 선교적 개종을 위한 구체적인 선교적 타겟을 선정해 주었다는 의의를 지니고 있다.

---

35 Ralph D. Winter and Greg H. Parsons, *Lausanne '74 : Ralph D. Winter's Writings, with Responses* (Pasadena, CA: William Carey Library, 2015), 130.

3) 신학 연장 교육(Theological Education by Extension: TEE)

남미의 선교지에서 선교사로서의 역할을 하는 사역자들을 위한 교육프로그램이다. 신학교에 올 수 없는 사역자들에게 현장을 떠나지 않고도 신학 교육을 할 수 있도록 시스템화했다. 이런 신학 연장 교육은 남미뿐만 아니라 전 세계적으로 유명해져서 오늘날에는 수많은 나라에서 이 프로그램이 다양하게 실시되고 있다.

4) 문화유형 이론으로 E1, E2, E3 문화적 거리 이론(Cultural distance)

E1(Same culture, same language)은 동일한 문화와 동일한 언어권에 있는 선교 지역을 말한다. E2(Different culture, same language)는 다른 문화, 동일한 언어를 사용하는 선교 지역을 말한다. E3(Different culture, different language)는 다른 문화와 다른 언어를 사용하는 선교 지역을 의미한다. 랄프 윈터는 선교 지역을 이와 같이 구분해서 문화적 거리에 따라 다른 선교적 훈련과 선교적 접근을 해야 함을 강조했다.

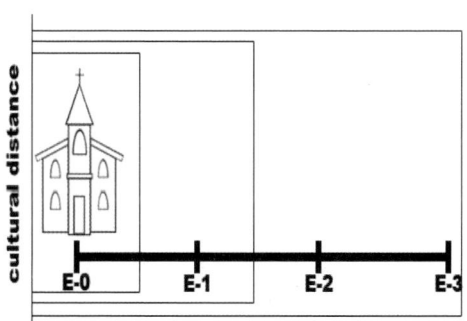

문화적 거리: E-Scale[36]

---

36 Ralph D. Winter, "Cultural Distance: E-Scale," accessed Feb. 28. 2018. http://xamissionary-training.weebly.com/2-cultural-distance-e-scale.html.

5) 전방개척 선교학(Frontier Missiology)

전방개척 선교에 대해 더 자세한 설명이 필요하다. 1974년도 로잔에서 발표한 윈터의 진술은 타문화 복음전도에 대한 것이었다. 이 발표는 비록 기존의 크리스천들과 회중들이 동일 문화권에서 복음전도를 잘 하고 있지만, 문화적 장벽이 있는 타문화권에서는 그렇지 않다는 현실에 기초하고 있다. 이런 장벽들의 문제는 동일한 문화를 갖는 이웃 사람들은 복음을 들을 수 있는 적절한 기회를 가질 수 있지만 다른 문화권에 있는 사람들에게는 그렇지 않음을 의미한다.

윈터는 이런 상황에 대해 다음과 같이 아서 글래서의 글을 인용한다.

> 만일 지구상의 모든 교회가 자신이 살고 있는 문화권 가운데 있는 모든 사람에게 복음을 전하는 엄청난 일을 이루어 낸다 하더라도 지구상에 여전히 남아 있는 절반 이상의 사람들은 미전도된 채 남아 있을 것이다.[37]

'선교'라든가 '선교사'와 같은 용어들이 윈터의 생각과는 다른 의미로 사용되기 때문에, 윈터는 자신의 타문화 선교를 분명히 할 수 있는 새로운 용어를 개발할 필요를 느꼈다. 그래서 그는 "전방개척 선교"(Frontier mission)라는 말을 만들었다. 전방개척 선교란 "숨겨진 종족들 내에 바울식 선교학적 돌파를 목적으로 의도된 활동"이라고 했다.[38] 전방개척 선교 운동은 일반 선교와 구분하기 위해 "전방개척"이라는 말을 더해 전개했다.

이런 용어들은 대위임령의 남아 있는 과업에 대한 정확한 인식과 그것을 어떻게 완성하는가에 대한 의미를 전달하기 위해 만들어진 것이다. 그것들은 교회가 이미 실제적으로 모든 정치적인 나라 가운데 세워졌고, 세계 많은 나라들에서 활발한 크리스천 운동이 이루어지고 있다는 선교학적인 실제의 이해를 반영한 것이다.

---

37 Ralph D. Winter, "The Story of the Frontier Mission Movement," *Mission Frontiers Bulletin September-October* (1995): 48.
38 Ibid., 65.

역사적 고찰 및 요약이라고 할 수 있는 윈터의 1974년도 논문에서 알 수 있는 바와 같이, 미전도 종족집단 아이디어를 통해 '선교사'에 대한 새로운 정의가 내려지는데, 그것은 "토착교회가 존재하지 않는 곳에 복음을 나누기 위해 문화의 경계를 넘어가는 사람"을 말한다. 윈터가 지적한 것은 오늘날 선교학적인 현실을 볼 때에 이렇게 문화적 경계를 넘어가야 하는 선교사 대부분이 기존에 이미 일종의 교회 운동이 일어난 문화권에서 일하고 있다는 것이다.

그는 "일반선교"(regular mission)가 지도자들을 훈련시키고, 새로운 신자들을 제자화 하는 등 국가 교회 운동을 지원하는 모든 종류의 선한 사역을 포함하는 용어라고 했다. "전방개척 선교"(frontier mission)라는 용어는 어떤 종족 가운데에 기존의 교회 운동이 없는 곳에서 이루어지는 다른 종류의 타문화 사역을 묘사하기 위해 마련되었다.

이런 정의에서 본 바와 같이, 전방개척 선교 조건은 다음의 두 가지에 의존한다고 볼 수 있다.

① 선교학적 돌파(missiological breakthrough)를 목적으로 한다.
② "숨겨진(hidden)" 종족 가운데에 이루어지는 사역을 의미한다.

여기서 "숨겨진"이라는 아이디어는 이웃 전도를 하기에 충분한 역량이 있는 크리스천 운동이 없기 때문에 복음을 전하기 위해 타 문화 선교사와 복음전도가 필요한 집단을 의미한다.

여기서 "선교학적 돌파"란 하나의 과정(process)으로서, "토착 문화(다른 나라 문화 전통에서 빌려오거나 가져온 것이 아닌) 가운데에 새로운 전통의 한 교회가 태어나는 과정"이다.[39] 그런 돌파는 고전적 관점에서 볼 때에 바울의 관심으로 완전한 이방인 회당이 생겨

1984년 9월7일
「크리스채너티 투데이」
숨겨진 종족을 찾고
있는 윈터

---

39 Ibid., 64-65.

나는 것과 같은 것이다. 그런 돌파의 목표는 생명력 있는 교회(viable church)이며, 이는 전방개척 선교 운동을 위한 선교학과 전략을 위해 매우 중요한 개념이다.

윈터는 생명력 있는 교회를 다음과 같이 정의한다.

> 그것은 일반적으로 교회라고 부르는 그런 것이 아니라, 앞서 진술한 바와 같이 E2 혹은 E3 형태의 도움 없이 자신의 종족을 복음전도 할 수 있는 최소한의 그러나 충분히 토착적인 크리스쳔 전통이 이루어지는 것을 의미한다. 가까스로 생명력을 유지하는 것과 같은 교회를 세우는 것은 최소한의 목표로 이해되어야 한다. 다시 말하면, 어느 지역에 있는 모든 교회가 지속적인 타문화 접촉이나 외부인의 도움을 전적으로 받지 않는 것을 뜻하지는 않는다. 그 의미하는 바는 선교학적인 돌파가 만들어져야 한다는 것이다. 이는 자신들에 의하여 번역된 성경의 충분한 내용과 토착적인 복음전도를 하는 회중들로 이루어지는 최소한의 군집(Cluster)이 필요함을 의미할 것이다.
> 이 점에 있어서 이와 같은 정의들은 우리가 대위임령의 완수라는 기초적 국면들을 손으로 만질 수 있는 형태로 측정할 수 있도록 인간적 관점에서 고안된 것이라는 것을 이해하는 것이 중요하다.
> 예수께서는 모든 족속으로 제자를 삼으라고 말하셨다. 따라서, 선교학적 돌파에 대한 최소한의 의미는 이전에 크리스쳔이 없는 사람들의 집단 가운데 복음을 가져가는 것을 의미한다. 여기서 말하는 과업이란 단순히 사람들에게 복음을 말하는 것이나 단지 하나의 교회를 개척하는 것을 의미하는 것이 아니고, 외부의 협력이 없이도 근처의 이웃 복음전도 사역을 할 수 있는 토착적인 교회 운동의 전개를 구하는 것을 의미한다. 그것은 신자들의 숫자나 퍼센트의 문제뿐만 아니라, 교회 운동으로서의 생명력이 중요하다는 것을 의미한다.[40]

전방 개척 선교에 대한 정의의 두 번째 요소는 종족집단(people group) 특히 윈터가 지적한 바 "숨겨진" 것 같은 집단과 관련된다. 이런 관점을 설명하는

40　Ibid., 65-66.

데 도움을 주는 연속선상의 개념을 소개했다.

그는 복음을 듣는 자의 문화적 거리를 E-0에서 E-3의 연속선상에서 나타내었고, 그것은 한 종족집단 내에 각 개개인들이 교회 운동과 문화적으로 얼마나 멀리 있는가를 나타낸다. P-0에서 P-3는 복음전도자와 종족집단의 문화가 얼마나 가까운가를 나타내는 것으로, 종족집단 내에서 복음전도자의 문화와 매우 비슷한 개개인을 나타내기도 하고(P-0는 교회의 문화권 안에 있는 사람들이지만 명목상의 중생하지 못한 개개인들을 의미하며, P-0.5는 자신의 종족집단 내에 교회가 있지만 교회의 주변에 서성이는 사람들을, 그리고 P-1은 자신들을 크리스천이라고 하지는 않지만 그 집단 내에 토착적인 복음전도 하는 교회가 있는 종족집단 가운데에 있는 사람들을 의미한다),

그 숫자가 증가하는 것은 문화적 유사성이 멀어지는 것으로 P-2 및 P-2.5가 되고 자신들 가운데에 문화적으로 비슷한 크리스천 운동이 없는 경우에 P-3가 된다.[41] 윈터는 개개인의 크리스천 전통으로부터의 문화적 거리라는 아이디어를 설명하기 위해 메가스피어(Megasphere), 마크로스피어(Macrosphere), 미니스피어(Minisphere), 마이크로스피어(Microsphere)라는 용어를 적용한다. 복음전도를 위해, "메가스피어는 다른 메가스피어와 그 문화적 친화성에 있어서 전략적 중요성을 띠기에 충분히 가깝지 않은 하나의 그룹을 의미한다."

마크로스피어들은 "복음전도적 관점에서 의미심장한 종속 커뮤니티들"인데, 이런 종속집단들이 의미심장하게 나뉘어진 것을 마이크로스피어라고 부른다. "한 마이크로스피어는 마찬가지로 미니스피어로 나뉘어진다. 그러나, 이 마이크로스피어의 경우에는 서로 다른 독립된 선교학적 돌파가 일어날 만큼 크지 않을 수 있다는 점에 동의한다."

따라서, P-0에서 P-1은 그들의 미니스피어에 교회를 가지며, P-2는 그 미니스피어에는 교회가 없지만, 마크로스피어 가운데에 교회가 있고 교회를 가지고 있는 다른 미니스피어에 문화적으로 가깝다. P-2.5에 있는 경우는, 가장 근접한 교회가 다른 마크로스피어에 있는 경우이며, P-3는 가장 가까운 교회가 다른 메가스피어에 있는 것을 말한다.

---

41 Ibid., 62-64.

여기서 윈터가 지적하는 매우 중요한 선교학적인 관점은 E-2 및 E-3 경계를 넘어 가는 많은 선교사들이 있기는 하지만, 이들은 대부분이 말하자면, P-1 집단(교회에 대한 문화적 장벽이 없는 집단)에서 대부분 사역하고 있는데, 그 말은 대부분 이미 한 문화 집단 내에 복음 사역을 하는 교회가 있는 집단 가운데에서 일한다는 뜻이다.

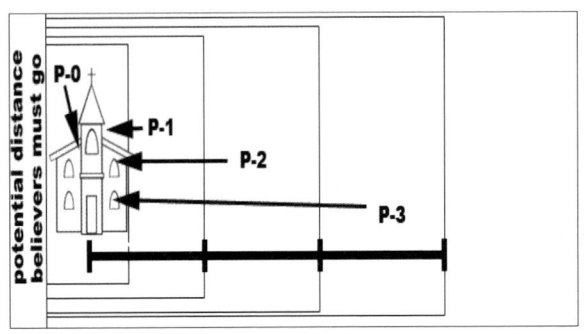

문화적 거리: P-Scale[42]

그는 E 일련 번호(문화적 거리)가 P 일련 번호(교회에 대한 문화적 장벽)보다 클 때에, "비록 다른 목적을 위해서도 그런 활동이 정당화될 수도 있지만, 자체적 수고의 낭비가 있다"고 지적한다.[43] 따라서, '일반선교'는 이미 가까운 이웃 복음전도를 수행할 수 있는 집단 가운데에서 타문화 선교사들이 일하는 것을 말한다. 이는 선교사에게는 그것이 E-2 혹은 E-3 사역이지만, 그 지역 사람들에게는 E-1 상황에 해당하는 것이 된다.

그런 상황에서는 리더십 훈련이 중요하고 한 집단에서 다른 집단들로 사실상 더 많은 선교 활동이 전개되어야 함이 분명하기에 윈터는 그런 사역(P-0 중심의 사역)을 구상하는 것이 아니다. 오히려, E-2 및 E-3 선교사들이 선교학적 돌파와 그가 말하는 바 진정한 개척 선교, '전방개척 선교'와 같은 특수하고 복합적인 사역이 필요한 P-2 및 P-3 집단 가운데 사역을 더욱 확장할 필요가 있다는 것을 촉구하는 것이다.

42　Ralph D. Winter, "Cultural Distance: P-Scale," accessed Feb. 28. 2018. http://xamissionary-training.weebly.com/3-cultural-distance-p-scale.html.
43　Winter, "The Story of the Frontier Mission Movement," 64.

이런 P-2와 P-3 집단들은 그들에게 도달하기에 문화적으로 충분히 가까운 교회가 없기 때문에 '숨겨진' 것이며 따라서 타문화 사역을 필요로 한다. 이들이야 말로 기존의 교회들이 그들에게 도달하기 위해서는 자신들의 문화 장벽과 편견을 넘어야 할 만큼 그들이 다르다는 사실을 인지하지 못한다는 점에서 기존의 "종족에 대한 무지"(people blindness)를 보이고 있는 집단들이다. 자동차 운전에 사각지대가 있는 것처럼 숨겨진 종족들은 문화적 장벽들로 인한 선교적 사각지대와 같은 것이다. 세계 선교의 과업을 이루기 위해서는 전방위선교를 통해 숨겨진 종족들을 찾아 복음을 전해야 한다.

종합적으로 윈터는 새로운 집단으로 복음이 들어갈 때 일어나는 구별되는 선교적 단계를 다음과 같이 네 단계로 정의한다.[44]

1. 개척 단계(A Pioneer Stage): 기존의 크리스천들이나 교회 운동이 없는 집단 가운데 복음이 처음으로 들어가는 단계
2. 양육 단계(A Paternal Stage): 교회 운동이 일어나려고 할 때에 외국 선교사들이 현지인 지도자들을 훈련시키는 단계
3. 협력 단계(A Partnership Stage): 선교사와 현지 지도자들이 동등하게 사역하는 단계
4. 참여 단계(A Participation Stage): 선교사는 더 이상 동등한 위치에 있지 않고 현지 교회의 초청에 의해서만 일하는 단계

6) 확장된 관점(Larger perspective)인 기독교 문명 운동

역사를 기독교 문명사로 보았으며 기독교가 역사 가운데 꽃피웠던 시기를 르네상스라는 용어를 사용하여 기독교 르네상스 이론을 펼쳤다.

맥가브란은 1920년에서 1922년까지 예일대학원(Yale University)에서 기독교 교육을 전공했다. 그곳에서 공부하는 동안 그는 케넷 스콧 라투렛 (Kenneth

---

44 Ralph D. Winter and Steven C. Hawthorne, *Perspectives on the World Christian Movement : A Reader* (Pasadena, Calif.: William Carey Library, 1981), 170.

Scott Latourette)의 학문적 영향력을 받게 되었다.⁴⁵ 그 후 맥가브란은 1937년 출판된 라투렛의 『기독교 확장사』(*A history of the expansion of Christianity*)에 깊은 감명을 받았고 라투렛의 이런 기독교 역사관은 맥가브란에게 큰 영향을 끼쳤다.

맥가브란은 1952년 10월부터 11월까지 인도 사타나미 지역 정글에 들어가서 『하나님의 가교』(*The Bridges of God*)의 초벌을 완성했다. 그때 20권의 카피를 만들어서 여러 선교사들과 학자들에게 발송했는데 그중에 라투렛도 포함되었다. 원고를 읽은 라투렛은 거시적 안목에서 맥가브란의 글에 균형을 잡게 하는 학문적 도움을 주었다.⁴⁶

30세의 랄프 윈터(과테말라 소재 개인 서재, 1958년)

라투렛의 기독교 확장사에 더 큰 감명과 인사이트를 받은 사람은 누구보다도 랄프 윈터이었다. 1965년 풀러선교대학원이 개원될 때 맥가브란은 먼저 알랜 티펫을 교수로 초빙했고 1966년 9월 두 번째로 랄프 윈터를 초빙했다.⁴⁷

랄프 윈터는 과테말라에서 신학 연장 교육(TEE) 프로그램으로 성공적인 선교를 이루고 있었다 TEE는 신학교육을 받기 힘든 선교 현지의 평신도 지도자들에게 매우 효과적인 신학 교육 프로그램이 되었다.

1969년에 출판된 랄프 윈터의 저서 『신학 연장 교육』(*Theological Education by Extensio*)의 서문을 맥가브란이 썼다. 서문에서 맥가브란은 TEE를 극찬하며 라틴아메리카뿐만 아니라 아시아, 아프리카 세계 오대양 육대주에서 TEE는 선교의 신선한 바람으로 작용할 것이라고 공언했다.⁴⁸

---

45 Middleton, *Donald Mcgavran, His Early Life and Ministry*, 11.
46 정용암, "도널드 앤더슨 맥가브란의 삶과 교회성장 원리에 관한 연구"(a Study of Donald A. McGavran's Life and Church Growth Principles) (Fuller Tehological Seminary, 2014), 53-55.
47 Harold Fickett, *The Ralph D. Winter Story : How One Man Dared to Shake up World Missions* (Pasadena, CA: William Carey Library, 2013), 79-80.
48 Ralph D. Winter, *Theological Education by Extension* (South Pasadena, Calif.,: William Carey Library, 1969), XIV."Theological Education by Extension is a promising proposal for solution. It is a complex scheme because it faces a complex situation. It comes on the mission scene like a

50세의 랄프 윈터(로잔, 1974년)⁴⁹

1967년부터 1976년까지 풀러에서 가르치는 동안 TEE는 마치 선교계의 관문처럼 풀러를 통해 전 세계로 퍼져나갔다.⁵⁰ TEE가 세계로 확대되면서 랄프 윈터는 거시적 안목으로 선교를 보아야 할 필요를 느끼게 되었다. 그때 라투렛의 기독교 확장사는 윈터에게 큰 인사이트를 주었다.⁵¹

윈터는 선교를 독려하는 『선교에 "예스"로 답하라』(Say yes to mission)라는 소책자에서 비기독교인들에게 라투렛이 일반 역사는 기독교가 확장되는 역사라는 것을 객관적으로 연구한 훌륭한 학자라고 소개하고 있다.

---

breath of fresh air. –Donald A. McGavran"

49 Greg Howard Parsons, "Celebrating the Work of God through the Life of an Innovator Ralph D. Winter(1924-2009)," *Mission Frontiers* May-August (2009): 9.

50 Greg Howard Parsons, *Ralph D. Winter : Early Life and Core Missiology* (Pasadena, CA: William Carey International University Press, 2012), 211."Winter was ready with a one-word response: "platform," This meant that the SWM was a larger "soapbox" or pulpit from which the TEE ideas could expand and grow around the world. The rate at which the TEE was spreading continued to increase."

51 Ralph D. Winter, *Say Yes to Mission* (Downers Grove, Illinois: InterVarsity Press, 1970), 11. "Wouldn't it be great if some student went home from a mission convention and became a professional historian and then spent, say, fifteen years writing an objective re-examination of the whole story of the growth and expansion of the Christian movement down though the centuries and across the globe? Guess what? Some body did. His name is Latourette."

라투렛은 세계 역사를 기독교 확장의 관점에서 기록했다. 랄프 윈터는 이런 라투렛의 역사관을 그대로 수용해[52] 더욱 발전시켜 나갔다.[53] 그는 라투렛의 기독교 확장사의 인사이트를 얻어서 풀러에서 동일한 이름의 강좌를 개설해 강의했다.

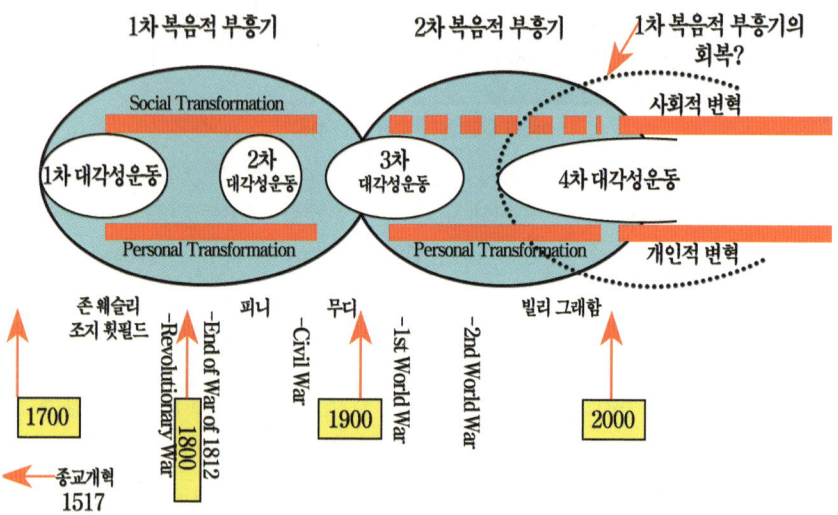

랄프 윈터의 두 종류의 미국의 복음적 부흥기[54]

---

[52] David Marshall, Paul W. Brand, and Ralph D. Winter, *Faith Seeking Understanding : Essays in Memory of Paul Brand and Ralph D. Winter* (Pasadena, CA: William Carey Library, 2012), 41-42. 랄프 윈터는 라투렛의 기독교 확장사의 인사이트를 얻어서 풀러에서 동일한 이름의 강좌를 개설해 강의했다. "While at Princeton, Winter discovered the work of Kenneth Scott Latourette, the respected mission historian at Yale. When he later returned in more depth to Latourette's works, he was enthralled. Latourette captured an amazing amount of information in what was eventually eighty books. Winter loved the fact that as he chronicled the expansion of Christianity, he described the impact of Christianity on cultures and how those cultures impacted Christian thought. Winter began to teach church history at Fuller, though he preferred to call it "the expansion of Christianity."

[53] Ralph D. Winter and Kenneth Scott Latourette, *The Twenty-Five Unbelievable Years, 1945 to 1969* (South Pasadena,: William Carey Library, 1970), 9.

[54] Ralph D. Winter, *Frontiers in Mission: Discovering and Surmounting Barriers to the Missio Dei*, Fourth Edition ed. (Pasadena, CA: William Carey International University Press, 2008), 328.

특히 윈터는 하나님 나라(Kingdom of God)의 관점에서 역사 속에 나타난 영적 부흥에 관심을 가졌다. 그것을 소위 "부흥기"(Evangelical)라고 명명하고 미국에서의 두 종류의 복음적 부흥기를 도표를 통해 설명했다. 그리고 사회적, 개인적 변혁을 위한 미래적인 영적 부흥의 회복을 강조했다.[55] 도표는 미국의 영적 부흥에 대한 역사적 분석을 보여 주고 있다.

제1, 2차 대각성 운동을 통해 사회적, 개인적 변혁을 이루었지만 3차 대각성 운동을 통해서는 사회적 변혁에 까지는 이루지 못했다(가운데 타원형의 윗 굵은 점선의 의미). 그 이유는 제1.2차 세계대전으로 인한 사회적 염세주의, 유럽에서의 가톨릭 배경의 인구 유입, D.L. 무디와 다른 종교지도자들이 대학교육이나 시의 리더십으로부터 고립되어 있는 (대학을 경험하지 않은) 미국인들에게 영향을 주었기 때문으로 분석했다.

그리고 미래적인 복음주의 운동의 방향을 제시하기 위해 첫 번째 부흥기의 회복을 주장했다. 제4차 영적 대각성 운동을 통해 다시 한 번 사회적, 개인적 변혁의 필요성을 주장했다.

랄프 윈터는 이와 같이 라투렛의 기독교 확장사에서 인사이트를 받아 역사를 복음 확장의 관점에서 새롭게 해석했다. 그는 기독교의 역사를 구약까지 포함해 구분했다. 아브라함의 족장 시대부터 현재에 이르는 인류 역사를 400년 단위로 10개의 시대(4,000년간 진행되는 하나의 이야기)로 나누었다. 그리고 그 10시대를 관통하는 주제를 "'악한 자 안에 처한 세상'(요일 5:19)에 간섭하시는 하나님의 은혜"라고 했다.[56]

아브라함 시대에 세계 인구를 2,700만으로 추정했다. 오늘날과는 다르게 완만한 인구성장을 이룬 것의 원인으로 전쟁과 질병을 들었다.[57] 전쟁과 질병도 악한 영들에 의한 공격으로 간주했다.

세계적 팬데믹 시대에 질병에 대한 적극적 대응은 교회의 선교적 자세이다. 인간 역사 속에 전쟁과 질병으로 악한 영들이 강하게 지배하는 것처럼 보이지만 윈터는 그런 역사 속에서 하나님의 선교적 복은 오히려 확대되어 갔

---

55 Ibid., 327-28.
56 Ralph D. Winter et al., 『미션 퍼스펙티브』 (서울: 예수전도단, 2001), 185.
57 Ibid., 209.

다고 설명했다.

확대되는 하나님의 선교적 복은 다음과 같은 네 가지 선교적 메커니즘을 가지고 있다고 설명했다.[58]

1. 자발적으로 가는 원심적 선교(Voluntary Going)
   - 구약 시대 아브라함의 가나안으로의 이주
   - 신약 시대 예수님의 사마리아 방문
2. 선교적 의도 없이 강제적으로 가는 원심적 선교(Involuntary Going)
   - 나오미가 기근 때문에 모압땅으로 이주해 룻에게 증거
3. 자발적으로 오는 구심적 선교(Voluntary Coming)
   - 고넬료가 베드로를 부르러 온 일
4. 강제적으로 오는 구심적 선교(Involuntary Coming)
   - 이방인들이 고레스 왕에 의해 강제적으로 이스라엘에 정착[59]

랄프 윈터는 하나님의 선교적 복의 네 가지 메커니즘을 통해 역사를 평가하고 구속사를 10개의 시대로 구분했다. 그중 구약 시대를 전반 5시대로 구분했다.

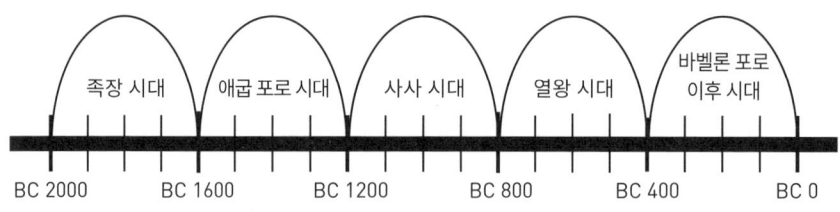

랄프 윈터의 구속사의 10시대 전반부 BC 2000-0년[60]

---

58 Ralph D. Winter, Steven C. Hawthorne, and Stephen E. Burris, *Perspectives on the World Christian Movement : A Study Guide*, [Rev. ed., 1 vols. (Pasadena, Calif.: William Carey Library, 2009), 60.
59 Winter et al., 『미션 퍼스펙티브』, 187. 참조할 것. 이 책에서는 이 네 가지 메커니즘을 구약과 신약, 초대 교회에서 1800년까지, 그리고 현대 선교 시대에 나타난 구체적인 네 가지 사례들을 표로 구분해서 자세히 설명했다.
60 Ibid., 186.; Winter, *Foundations of the World Christian Movement: A Larger Perspective*, 9.

아브라함에서 시작된 족장 시대(Patriarchs 2,000 BC-1600 BC), 애굽 포로 시대(Captivity 1,600 BC-1,200 BC), 사사 시대(Judges 1,200 BC-800 BC), 열왕 시대(Kings 800 BC-400 BC), 그리고 바벨론 포로 이후 시대(Post-Exile 400 BC-0 BC)로 연대별로 400년을 단위로 구분했다.[61]

그리고 구속사의 10시대 중 나머지 5시대를 구분한다.

로마 시대(Roman AD. 0-AD. 400), 야만인 시대(Barbarians AD. 400-AD. 800), 바이킹 시대(Vikings AD. 800-AD. 1,200), 사라센 시대(Saracens AD. 1,200-AD. 1,600), 마지막 때(Ends of the Earth AD 1,600-AD. 2,000). 이런 시대 구분도 역시 400년 단위로 나누었다.[62]

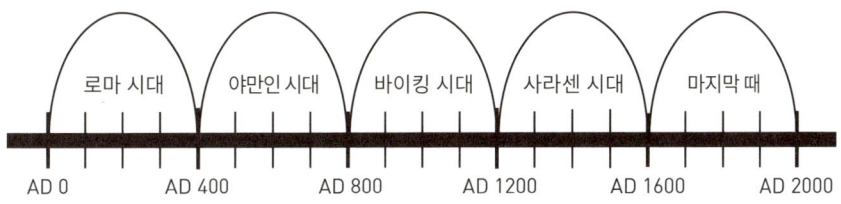

랄프 윈터의 구속사의 10시대: 후반부 AD 0년-2000년[63]

윈터가 400년 단위로 역사를 구분한 근거는 라투렛의 기독교 확장사를 분석하면서 비롯된 것이다.[64] 라투렛의 기독교 확장사에 나타난 기독교 부흥기를 흰색 타원으로 표현했고 기독교 침체기를 어두운 색 타원으로 표현했다.

랄프 윈터는 역사를 구속사의 10시대로 구분하면서 후반부(AD 0-AD 2000)에서의 기독교의 부흥기를 "르네상스"(Renaissance)라는 용어로 표현했다.[65]

---

61 Winter, *Foundations of the World Christian Movement: A Larger Perspective*, 8.
62 Ibid., 9.
63 Winter et al., 『미션 퍼스펙티브』, 189. Winter, Foundations of the World Christian Movement: A Larger Perspective, 9. 영어 버전을 참조할 것.
64 Winter et al., 『미션 퍼스펙티브』, 225. "The dark-lined upper grid of 400-year "epochs" is designed to be easy to remember, not to determine the reality of history. However, the most significant expansions of the Christian faith are reflected at least roughly in this way.
65 Paul Everett Pierson, *The Dynamics of Christian Mission : History through a Missiological Perspective* (Pasadena, Calif.: William Carey International University Press, 2009), 97, 229. 참조할 것,. Latourette, *A History of Christianity*, 379. 참조할 것.

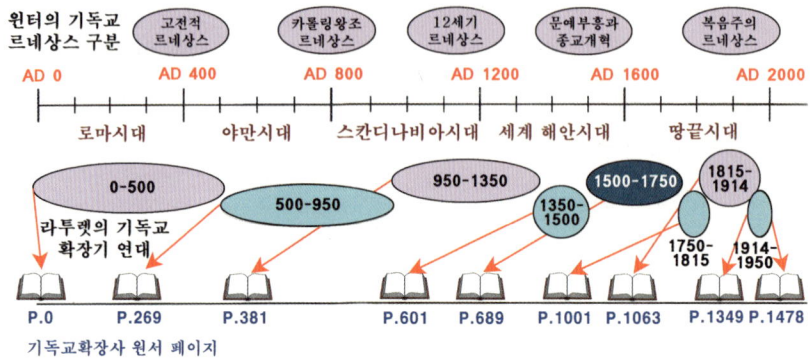

랄프 윈터의 다섯 시대의 기독교 르네상스[66]

랄프 윈터가 말했던 르네상스라는 개념은 일반 역사 속에서의 고전적인 문예부흥의 의미를 말하는 것이 아니고 기독교 전래 후 기독교 문명이 꽃을 핀 기독교의 부흥기를 의미한다. 프린스턴 출신의 폴 피어슨 교수는 그의 저서에서 이 개념을 "회복"(Renewal)으로 표현했다. 그리고 예일 출신인 라투렛은 『기독교 확장사』(1937)에서 "확장"(Expansion)이란 용어를 사용했고 『기독교사』(1953)에서는 "진보"(Re·súr·gence)라는 용어를 사용했다.

랄프 윈터는 기독교 문명사에 다섯 번의 르네상스가 있었다고 보았다. 시기적으로 랄프 윈터의 다섯 시대 중 마지막 부분에 언제나 르네상스가 있었던 것을 발견했다.

고전적 르네상스(The Classical Renaissance; 300-400년), 카롤링 왕조 시대의 르네상스(Carolingian Renaissance; 700-800년), 12세기 르네상스(12th Renaissance 1100-1200년), 문예부흥과 종교개혁(Renaissance and Reformation; 1,500-1,600년), 복음주의 르네상스(Evangelical Renaissance; 1,800-2,000년)이다.[67]

랄프 윈터는 라투렛의 『기독교 확장사』에 나타난 기독교의 확장을 표현

---

66 Winter et al., 『미션 퍼스펙티브』, 202, 225. 1.The Classical Renaissance, 2. Carolingian Renaissance, 3. 12th Century Renaissance, 4. Renaissance & Reformation, 5. Evangelical Renaissance.; Winter, *Foundations of the World Christian Movement: A Larger Perspective*, 11.

67 Winter et al., 『미션 퍼스펙티브』, 225.; 임윤택, 『(랄프 윈터의) 기독교 문명 운동사』, 160-61.

한 흰색 타원 시대와 기독교 르네상스의 시대와 비교해 대부분 일치하지만 카를링 왕조 시대의 르네상스와는 일치하지 않는 점에 대해 다음과 같이 설명했다.[68]

> 짙은 타원형들이 "퇴보"(Recessions)의 시기들을 나타내는 반면 밝은 타원형들은 라투렛이 기독교의 "진보"(Resurgences)라고 부르는 것을 나타낸다. 이 비교를 통해 나타난 가장 중요한 것은 라투렛의 "진보"가 위 시대 구분선의 "르네상스"기와 상응한다는 사실이다. 단 하나의 주요한 차이점은 그가 카를링 왕조 시대의 르네상스(Carolingian Renaissance)를 다른 학자들과 달리 확장으로 보지 않았다는 것이다. 라투렛이 이것을 다르게 보았던 한 가지 이유는 그가 "기독교"(기독교의 역사로 표제된 책에서는 비논리적이지 않은)라고 불려지는 것에만 긴밀히 관여했기 때문이다. 그래서 그는 이슬람의 운동을 "유대식"(Judaic) 전통과 동일한 넓은 의미에서 긍정적인 표현으로 간주하지 않았다.[69]

랄프 윈터가 역사를 기독교 문명사로 분석하고 다섯 번의 기독교 르네상스를 발견할 수 있었던 것, 그리고 미래를 예측하고 혁신적인 선교적 안목을 가질 수 있었던 것은 그의 학문적 배경에서 찾을 수 있다.

그레그 하워드 파슨스(Greg Howard Parsons)는 그의 저서에서 "랄프 윈터는 어떻게 세계 선교를 엔지어링(설계)했는가"(How Ralph Winter engineered World missions)라는 글을 썼다. 파슨스는 랄프 윈터의 기독교 사상의 총체적 관점(holistic view)은 다양한 학문의 발로라고 평가했다.[70]

신학을 하기 전에 랄프 윈터는 엔지니어였고 언어학자이며 수학통계학자였고 인류학자였다. 이런 학문적 통섭을 통해 그는 역사를 분석하고 선교계에 혁신적인 이론을 제시할 수 있는 통찰력을 갖게 된 것이다. 기독교 문

---

68 Winter et al., 『미션 퍼스펙티브』, 202.
69 Ibid.
70 Marshall, Brand, and Winter, 41."He attended seven different schools(including Cal Tech, Columbia, Cornell, and Princeton Seminary), and earned degrees in civil engineering, teaching English as a second language, linguistics, anthropology, mathematical statistics and finally theology."

명운동사에 대해 랄프 윈터는 다음과 같은 36가지의 기본 전제들을 밝히고 있다.[71]

1. 하나님은 역사의 주인이시지만 우리는 광대무변한 전쟁터에 남겨졌다.
   (God is the Lord of History but we are locked in a cosmic struggle.)
2. 하나님은 역사 안에서 그분의 목적을 성취하시려고, 새로운 일을 시작하고 발전시켜 나가신다.
   (God initiates and advances work in history to accomplish His purpose.)
3. 하나님은 인간에게 일반 계시와 특별 계시를 주심으로써 인간과의 교제를 먼저 시작하신다.
   (God initiates a relationship with humankind through general and special revelation.)
4. 하나님은 그분 자신에 대해 계시하시나, 악의 권세가 일반 계시와 특별 계시를 왜곡하고 있다. (God reveals himself, but an evil power appears to be distorting both general and special revelation.)
5. 영악한 사탄은 하나님의 창조물을 모두 전적으로 타락시켰다. 그러므로 역사의 기본적인 줄거리는 타락하고 왜곡된 세상을 점진적으로 정복해 나가는 것이다. (Creation at all levels was corrupted by intelligent evil. The basic plot of history is thus the progressive conquest of a distorted and darkened world.)
6. 하나님은 모든 시대의 모든 사람에게 계속해서 자신을 계시하신다.
   (God continues to reveal Himself to all peoples at all times.)
7. 하나님은 인류를 구원하고 복 주시려고, 그리고 온 땅의 모든 창조물 안에 자신의 온전한 영광을 회복하려고 사탄의 세력을 이김으로써 그분의 목적을 성취하신다. (God accomplishes His purpose by triumphing over evil in order to rescue and bless people and to restore the full glory of His creation throughout the earth.)
8. 하나님은 그분의 목적을 성취하시기 위해, 자신의 백성을 불러 함께 일하신다. (God calls His people to join Him in fulfilling His purpose.)
9. 하나님 나라의 확장은, 인류를 구원하는 것뿐만 아니라 타락한 창조물을 회

---

[71] 임윤택, 『(랄프 윈터의) 기독교 문명 운동사』, 343-49.

복하고 악한 사탄을 물리치는 것도 포함한다.

(The advance of the Kingdom consists not merely of the rescue of humans but includes the restoration of a corrupted creation and the defeat of the Evil One.)

10. 역사에 나타난 하나님의 사역은 일관성을 가지고 진행되고 있으며 궁극적으로 완성될 것이다.

(God's work in history has continuity and will come to an ultimate culmination.)

11. 하나님은 인간집단이 그분의 목적을 위해 역사 속에서 그분과 함께 일하는 대리인이 되기를 원하신다.

(God desires humans to work with Him as agents in history for His purposes.)

12. 성경은 하나님의 목적에 대한 하나로 통일된 이야기다.

(The Bible is a unified story of God's purpose.)

13. 선교는 성경의 기초가 되는 진리다. 지상명령은 성경 전체를 지탱하는 척추다. (Missions are the basis for the Bible. The Great Commission is the backbone of the whole Bible.)

14. 성경은 하나님이 구원 계획을 이루시는 모습을, 그분과 백성 사이의 언약 관계를 통해, 또 만백성의 메시아 예수를 통한 모든 인류의 구속을 통해 보여 주신다. (The Bible shows God carrying out His redemptive purpose through a covenant relationship with His people and redeeming all of humankind through Jesus, the Messiah for all peoples.)

15. 예수님의 삶과 죽음을 통해, 하나님은 사탄을 물리치고 인류와 창조물을 구속하며 회복하신다. (On the basis of Jesus' life and death, God defeats evil and redeems and restores humanity and creation.)

16. 교회의 본질은 선교다. (The essence of the church is to be missionary.)

17. 성경적 신앙의 특징은 모든 문화 전통에 맞는 문화적 옷을 입히는 것이다. 참된 신앙은 참된 순종이라는 증거로 나타나기 마련인데, 참된 신앙적 순종은 언제나 문화적 형식이라는 옷을 입고 나타난다.

(A characteristic of biblical faith is the willingness to take upon itself the cultural clothes of every tradition. True faith always is evidenced in true obedience, but the form of that obedience is always cultural.)

18. 아우구스티누스와 신플라톤주의적 신학의 영향을 받은 복음주의 사상에는 논리적 연결성이 결여되어 있다. 죄와 악은 사탄에서 기원한 것이지, 하나님으로 말미암은 것이 아니다. (As a result of the influence of Augustine's Neoplatonic theology, there is a disconnect in evangelical minds: we need to attribute evil to Satan, not to God.)

19. 하나님 나라를 확장하고 그분께 영광 돌리는 우리의 사명은 모든 곳에 존재하는 악한 사탄을 물리치는 일을 수반한다. (Our task of glorifying God and advancing the Kingdom involves defeating evil wherever it is found.)

20. 예수 그리스도의 삶과 죽음, 그리고 부활은 유일무이하고 확실한 역사적 사건으로써, 역사의 중심이다. (The life, death, and resurrection of Jesus Christ are authentic, unique, and central to history.)

21. 선교 사역은 성경적인 믿음을 전하고, 서구 기독교가 아닌 그리스도를 선포하며, 우리의 삐뚤어지고 터무니없이 복잡한 역사적 전통이 아닌 성경을 선포하는 것이다.

(The mission task is to extend biblical faith, preaching Christ, not Christianity, preaching the Bible, not all the twists and turns of our enormously complex historical tradition.)

22. 하나님은 역사와 문화 전반에 걸쳐 자신의 교회를 세우신다. (God builds His church throughout culture and history.)

23. 기독교 운동은 긍정적인 사회 변혁을 가져왔다. (The Christian movement has brought about positive social transformation.)

24. 하나님은 모든 문화 속에서 일하시며, 하나님의 영광을 위해 그들을 구속하기 원하신다. (God is at work in all cultures and wants to redeem them for His glory.)

25. 거의 대부분 복음은 작고 집중되어 있고 헌신된 공동체들인 선교 단체들을 통해 엄청난 문화적 장벽과 지리적 장벽을 넘어 전파되었다. (The gospel has almost always been carried across significant cultural and geographic barriers by small, focused, committed communities—mission structures.)

26. 하나님을 더욱 간절히 구하고 그분의 음성을 더 깊이 들은 핵심 지도자들은, 하나님이 새로운 돌파를 이루실 때 쓰임 받을 수 있었다.

(Key leaders who have sought God more deeply and have listened to Him more profoundly have been used by God to make new breakthroughs.)

27. 미전도 종족은 자신들의 문화와 사회 내에 토착교회 운동이 없는 인간집단이다. 그들은 문화적 장벽과 편견이라는 장벽 때문에 복음과 격리되어 있다. (Unreached peoples are those cultures or societies in which there is no indigenous church movement. They are held at a distance from the gospel by boundaries of prejudice and culture.)

28. 전혀 새로운 전방개척지를 위해 더 철저한 상황화가 시급하게 필요하다. 하나님은 예수님의 제자가 되려면 자신의 문화적 정체성을 포기해야 한다고 말씀하신 적이 없다.
(The urgent need for radical contextualization is an incredibly new frontier. God does not require people to give up their cultural identity to be followers of Jesus.)

29. 하나님을 대항하는 인간의 첫 번째 반역의 결과, 인간은 사회적, 영적, 심리적, 육체적, 그리고 문화적으로 사탄의 영향을 받게 되었다.
(Since humankind's first rebellion against God, humanity (socially, spiritually, psychologically, physically, culturally) has been affected by evils.)

30. 선교 사역을 완수할 수 있으려면 타문화 상황에 적합한 커뮤니케이션 방식을 따르는 효과적인 타문화 복음전도가 필요하다.
(Completing the task requires effective cross-cultural evangelism that follows communication patterns within cultures.)

31. 인간집단(민족집단)들 내에서 이루어지는 교회 개척 운동을 통해 세계 복음화가 얼마나 진척되었는지 부분적으로 측정할 수 있다. 선교 사역 완수를 위해 사회 전반의 흐름을 따르는 교회 개척 운동과 성장이 필요하다.
(The progress of world evangelization can be measured in part in terms of church-planting movements within people groups. Completing the mission task requires the initiation and growth of church-planting movements that follow social avenues of influence.)

32. 선교 사역은 완성될 수 있고, 완성될 것이다. 선교 사역의 완수를 위해 다양한 문화와 전통을 가진 교회와 선교 단체들이 공동으로 협력해야만 한다. (Mission task can and will be completed. Completing the task requires collaborate efforts of churches and mission agencies from diverse cultures and traditions.)

33. 사명을 완수하기 위해서는, 공동체의 발전과 교회 개척을 긴밀히 연관시키는 총체적 전략이 필요하다. (Completing the task requires strategic wholism in which community development is integrated with church planting (We must be allied against all evil if we do not want to misrepresent God.)

34. 하나님 나라의 확장에는 인간을 구원하는 것뿐만 아니라, 악한 사탄을 물리치고 타락한 창조물을 회복하는 것도 포함시켜야만 한다.

    (The advance of the Kingdom consists not merely of the rescue of humans but must include the restoration of a corrupted creation and the defeat of the Evil One.)

35. 하나님은 모든 민족, 족속, 나라, 언어 집단에서 그분을 따르는 자를 부르신다. 죄를 회개하고, 예수님을 통해 하나님께 돌아오고, 사탄을 대적하는 광대무변한 전쟁에 참여할 전사를 부르신다.

    (God calls people from all tribes, nations, and linguistic groups to follow Him: to repent of sin, turn to Him through Jesus and be re-enlisted in the cosmic battle against evil.)

36. 역사의 종말 이후, 하나님은 모든 창조물을 완전히 회복시키실 것이다. 사자들이 어린 양과 함께 눕게 될 것이다. 모든 질병이 사라질 것이다. 하나님이 하늘과 땅을 다스리실 것이다.

    (After the end of history, all of creation will be completely restored by God. Lions will lie down with lambs. Disease will disappear. God will reign in heaven and on Earth.)

5. 아서 글라서의 개종 이론

아서 글라서(Arthur F. Glasser)의 개종은 하나님 나라의 관점에서 이해할 수 있다. 그는 개종을 세 가지 방향으로 설명했다. 그것은 그리스도께로의 개종, 교회를 향한 개종, 세상을 향한 개종이다. 그가 풀러에서 학문적 정립을 이루는 과정 속에 맥가브란은 큰 영향을 끼쳤다.

맥가브란은 1970년에 풀러선교대학원의 필요한 교수 요원을 확충하기 위해 선교 현지에서 열정적으로 사역하고 있던 훌륭한 인재들을 불러 모았다. 특히 맥가브란은 세계 선교를 염두하고 지역적인 필요에 따라 교수를 선발했

아서 글라서(1914-2009)[72]

아서 글라서(Arthur F. Glasser, 1914년 9월 10일-2009년 12월 8일)는 뉴저지 패터슨에서 태어나 코넬대학교, 페이스신학교, 유니언신학교를 졸업했다. 그는 제2차 세계대전 중 미 해병대에 소속된 미 해군 군목으로 복무했다. 1945년부터 1951년까지 중국내지선교회와 함께 중국에서 봉사했으며 중국 정부가 바뀌고 선교사들이 추방됨에 따라 조직이 큰 변화를 겪는 것을 보았다. 그는 15년 동안 북미 감독으로 재직했다. 1970년까지 해외선교 사펠로우십의 총 디렉터였으며 1971년 제2대 풀러선교대학원장이 되었다. 1980년에 은퇴했지만 1999년 시애틀로 이사할 때까지 계속해서 학생들을 가르치고 멘토링했다. 여러 해 동안 「미시오로지」(*Missiology*)의 편집자였고 당시 American Society of Missiology의 회장으로 사역했으며 유대인 전도 활동에 적극적으로 참여했다. 그는 선교학 분야의 선구자 중 한 사람이었다.

다. 남미 지역은 과테말라 선교사였던 랄프 윈터와 아프리카 나이지리아 선교사였던 찰스 크래프트를 청빙했다.[73]

1970년 아시아 지역을 위해 당시 중국내지선교회(China Inland Mission: CIM) 대표였던 아서 글라서 박사를 청빙했다. 글라서는 1946년부터 중국내지선교회 선교사로 중국에서 부인 앨리스와 함께 사역했다. 그 후 1949년 중국이 공산화 된 후 잠시 교수 생활을 하다가 1955년 중국내지선교회 부총재로 임명되어 선교 후원국 전체를 담당하게 되었다. 이때 중국내지선교회는 OMF(Overseas Missionary Fellowship)로 변경되었다. 선교 본부가 있는 싱가폴에서 여러 해 생활하면서 선교 잡지 「차이나스 밀리언즈」(*China's Millions*)의 편집장으로 봉사했다. 1969년 OMF를 사임했다.

1970년 풀러신학교의 알렌 하버드(Allan Hubbard) 총장은 맥가브란의 후임 선교대학원장으로 글라서를 초청했고, 초청을 수락한 그는 1971년부터 1980

---

[72] Schwartz Glenn, "When Charity Destroys Dignity," accessed 12/09, 2020. https://www.whencharitydestroysdignity.com/testimonials.

[73] C. Peter Wagner, *Wrestling with Alligators, Prophets, and Theologians : Lessons from a Lifetime in the Church : A Memoir* (Ventura, Calif.: Regal, 2010), 80.

폴 피어슨(3대 원장) 맥가브란(1대 원장) 아서 글라서(2대 원장) (1987년)

년까지 선교대학원장으로 사역했다. 그는 평생 유대인 선교에 대한 남다른 열정을 가지고 있었다. 그 결과 유대인 선교학부를 풀러선교대학원에 설립하고 지원했다.

1971년 7월 1일, 74세가 된 맥가브란은 아서 글라서 박사에게 대학원장 직을 물려주고 시니어 프로페서가 되었다.[74] 그 후 아서 글라서는 1980년까지 선교원장으로 역임했고 선교신학 과목인 "선교의 성서적 기초"를 강의했다.

그가 남긴 업적은 무엇보다도 선교에 대한 성경적 이해를 바로 세우고 성경을 하나님 나라와 하나님의 백성들, 그리고 그들을 불러모으시는 하나님의 선교적 관점으로 통찰한 것이다. 그는 또한 교회 개척을 강조했는데 교회가 기독교 운동의 확장을 위해서는 강하고 헌신된 개인들이 필요하다는 것을 주장했다. 교회는 예배를 드리는 회중이며, 교제가 있는 가족이고, 왕성한 복음의 아웃리치가 있는 유기체이며, 제자를 훈련시키는 학교로서 기독교 운동을 이끌어 갈 수 있어야 한다고 주장했다.[75]

건강한 제자를 양육하는 것이 얼마나 중요한 교회의 사명인지를 알 수 있다. 그 일은 제자화와 완전화와 과정을 통해 이룰 수 있는 것이다. 마태복음

---

74 Kraft, *Swm/Sis at Forty : A Participant/Observer's View of Our History*, 121.
75 Arthur F. Glasser, *Crucial Dimensions in World Evangelization* (South Pasadena, Calif.: William Carey Library, 1976), 6-7.

28장 20절 예수님의 지상명령 속에서 열방을 향한 하나님의 마음을 강조하면서 성경 속에서 모든 족속을 품으시는 하나님의 사랑을 다음과 같이 도표화했다. 도표 상단에 라틴어로 된 선교 전문용어의 의미는 다음과 같다.

① 미시오 데이(*Missio Dei*)

라틴어 신학 용어이며 영어로는 "하나님의 선교"(Mission of God)로서 번역될 수 있다. 하나님의 선교에 대한 체계적 정립은 1952년 '빌링겐(Willingen) 선교대회' 이후 게오르게 휘체돔(George Vicedom)에 의해 이루어지는데, 그는 그의 저서 『하나님의 선교(1965)』(*The Mission of God*)에서 하나님은 선교에 있어서 행동하는 주체라고 선언했다. 하나님의 선교란 선교가 하나님께 속한 활동임을 의미하며 하나님이 곧 선교의 주역(das handelnde subject)이라고 말했다.

성경적으로 볼 때도 선교는 하나님께 그 기원을 두고 있다고 했다. 하나님께서 인간을 구원하기 위해 변방을 가로질러 육체로 오신 최초의 선교사이며, 아들의 성육하심과 오순절 성령의 오심도 선교라는 것이다. 그러므로 선교의 주체는 삼위 하나님이라고 주장했다. 창세부터 재림까지 인류의 역사 속에 행해지는 선교는 모두가 하나님의 선교이다.

② 미시오 호미눔(*Missio Hominum*)

하나님의 선교에 인간이 도구(Human Instrumentality)로 쓰임받게 되었다. 아브라함을 통해 하나님은 언약을 맺으시고 구체적으로 인간을 통해 하나님의 선교를 이루어 가신다.

③ 미쇼네스 에클레시아룸(*Missiones Ecclesiarum*)

하나님의 백성 공동체를 통한 하나님의 선교 활동이다. 이것은 단수가 아닌 복수로써 여러 가지 활동을 의미한다.

④ 미시오 폴리티카 오쿠메니카(*Missio Politica Oecumenica*)

전 세계 문명 중에 행하시는 하나님의 선교적 행위를 의미한다. 성경의 역사를 통해 보면 열방을 위해 하나님의 백성을 도구로 삼는 관심사가 항상 있었다. 이것의 핵심은 하나님의 선교와 이 세상의 왕국들, 문명, 당시의 정치 경제적 실상 간의 관계이자 상호작용이다. 성경의 이야기는 세계 문명 및 세계 정부와 깊은 관련이 있다.

⑤ 미시오 크리스티(*Missio Christi*)

예수 그리스도를 통한 하나님의 메시아적 선교이다. 하나님의 선교는 예수 그리스도 안에서 발견된다. 예수 그리스도는 하나님께서 보내신 특별한 선교적 수행자이다(요 1장; 히 1장). 우리의 선교는 그리스도의 선교에 참여하는 것이다. 그리스도의 선교는 우리의 선교가 제자로서의 선교가 되어야 함을 분명히 한다. (Christ's mission determines our mission as his disciples).

⑥ 미쇼 스피리투스(*Missio Spiritus*)

성령을 통한 하나님의 선교이다. 하나님의 선교는 성령의 능력 속에서 일어난다. 선교에 있어서 성령의 주요 역할은 예수 그리스도를 가리키는 것이다. 선교에서 흔히 드러나지 않지만, 성령은 최고의 교회 선교 동원가이시자 능력 부여자이시다.

⑦ 미쇼 후투룸/아드벤투스(*Missio Futurum/Adventus*)

예상된/예상치 못한 미래에 나타나는 선교이다. 하나님은 시간의 제약을 받지 않으신다. 하나님의 비전과 선교 행위는 두 종류의 미래를 성취하는 것으로써 나타난다. 첫 번째 미래(후투룸, *Futurum*)는 현재의 상황에 비추어 추정할 수 있는 예측되는 미래이다. 두 번째 미래(어드벤투스, *Adventus*)는 우리의 예측을 초월해 하나님께서 인간의 역사 속으로 들어오시는 경우이다.

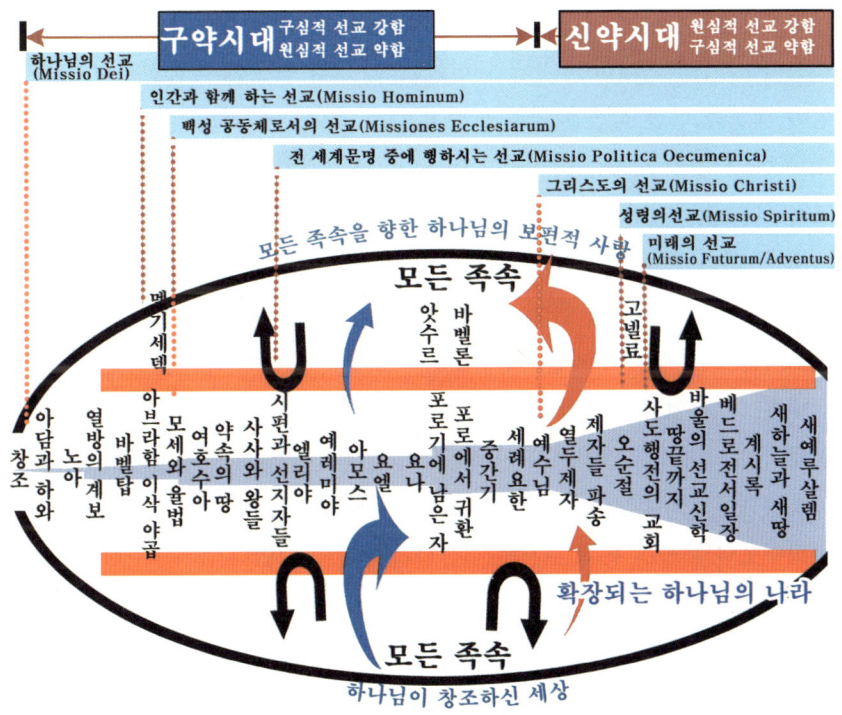

모든 족속을 사랑하시는 하나님의 사랑과 하나님 나라 선교학[76]

아서 글라서의 저서에 나타난 '하나님 나라'에 대한 개념은 1950년대 풀러 교수로 역임했던 조지 래드(George Ladd), 허만 리델보스(Herman Ridderbos), 오스카 쿨만(Oscar Cullmann)을 비롯한 여러 학자의 사상을 계승한 것이었다. 특히 하나님의 패러다임으로 결집해 선교학에 큰 공헌을 했다.

그 공헌을 네 가지로 정리하면 다음과 같다.[77]

첫째, 그의 하나님 나라에 대한 개념은 선교학적 관점의 지평을 넓혔다. 단순히 수직적인 구원관을 가진 선교계에 교회와 세상과의 총체적 상관관계를 볼 수 있는 거시적 안목을 제공했다.

---

76 Engen, "선교의 성경적 기초"(Biblical Foundations of Mission), Mk731 강의안, 47.
77 Glasser, 『성경에 나타난 하나님의 선교』, 14.

둘째, 그의 하나님 나라 선교학은 복음주의자들을 공격했던 복음전도와 사회봉사 사이에 존재하던 장벽을 허물었다. 그의 관점은 복음전도의 차원을 넘어 세상을 향한 시선을 돌리게 하고 세상 속에 들어가서 영향력을 발휘하도록 한 것이다. 개종을 이해하는 데 있어서도 이런 관점은 올바른 해석을 하도록 하는 것이었다.

셋째, 하나님 나라 선교학은 선교 지도자들 사이에 대화를 가능하게 하는 활력소가 되었다. 예를 들어, 복음주의자들, 정교회 지도자들, 오순절 교단 지도자들, 가톨릭 지도자들, 세계 교회 지도자들 사이에 대화를 촉진시켰다.

넷째, 그의 성경적 신학 순례 과정을 통해 하나님 나라가 갖는 사회적이며 정치적인 의미를 포괄적으로 인식하게 되었다. 하나님 나라는 스스로를 우상화하는 모든 정치조직이나 부조리한 정치 세력, 예를 들어, 인종차별, 폭력, 사회구조의 불합리 등에 도전하는 신학적 배경이 되었다.

아서 글라서는 선교적 큰 패러다임을 하나님 나라의 관점에서 볼 수 있게 했고 그런 큰 관점에서 개인을 향한 올바른 개종의 시각을 갖게 해 주었다. 그는 그런 개종의 관점을 신약성경에서 베드로의 회심을 통해 잘 설명하고 있다. 베드로의 회심에 대해 하나님 나라의 관점 속에서 세 가지 방향으로의 회심으로 설명한다.[78]

1. 그리스도께로의 회심(Conversion to Christ): 마 16:16
   베드로의 고백을 그리스도께로의 회심으로 파악했다. 예수 그리스도가 누구신지에 대한 바른 인식을 개종의 중요한 요소로 간주한 것이다.
2. 교회로의 회심(Conversion to the Church): 요 21:15-17
   예수께서 베드로에게 "내 양을 먹이라"는 사명을 주시는 대화 속에서 베드로는 교회 공동체를 책임져야 할 목자로서의 회심을 말했다.
3. 세상으로의 회심(Conversion to the World): 행 10:15
   베드로의 환상을 통해 이방인들에 대한 편견을 버리고 세상을 새롭게 본 사건을 세상으로의 회심으로 보았다.

---

78 Engen, "선교의 성경적 기초"(Biblical Foundations of Mission), Mk731 강의안, 96..

베드로의 회심을 해석하는 세 가지 방향을 통해 아서 글라서는 개인뿐만 아니라 공동체와 세상을 향한 그리스도인의 책임의식을 확대해 강조하고 있다. 그의 관점은 맥가브란의 제자화와 완전화를 더 풍성하게 설명할 수 있도록 한다. 완전화의 과정을 통해 성숙한 그리스도인은 개인과 교회공동체와 사회에 대한 책임이 있으며 그것은 하나님 나라라는 거시적 관점에서 이해할 수 있게 한다.

6. 폴 피어슨의 개종 이론

폴 피어슨(1927-)[79]

폴 피어슨(Paul Everett Pierson, 1927년 2월 13일-) 미국 LA 출생이며 1945년 미 해군에서 전기기술병으로 2년간 복무했다. 1949년 버클리에서 화학공학으로 학위를 받고(B.X.) 1954년 프린스턴에서 신학 석사(Th.M.)를, 1971년에 교회사로 박사(Ph.D) 학위를 받았다. 1956-70년 14년간 선교사로 브라질에서 선교 사역을 했다. 그 후 1971-73년에 포르투갈 리스본 신학교에서 교수로 역임했다. 1973-1980년 7년간 미국 프레즈노제일장로교회에서 목회자로 사역을 하다가 1980년 제3대 풀러선교대학원장에 취임해 93년까지 역임했다. 그는 기독교 역사를 선교적 관점에서 분석해 9가지 선교 원리를 정립했다.

폴 피어슨(Paul Everett Pierson)의 개종 이론은 선교 역사를 연구하면서 정립되었다. 그는 기독교 역사를 선교의 확장이라는 관점에서 연구했는데 그 과정에서 독특한 선교학적 원리를 발견하게 되었다. 그가 풀러에 와서 선교 역사를 강의하게 된 배경은 다음과 같다.

그는 1956년부터 1970년까지 14년간 장로교 선교사로 브라질에서 사역했다. 1971년부터 1973년까지 포르투갈에서 교수 사역을 했고 1980년에 아서

---

[79] "Collection 0903: Papers of Paul E. Pierson," Fuller Theological Seminary accessed 12/09, 2020. https://digitalcommons.fuller.edu/findingaids/96/.

글라서 박사의 뒤를 이어 풀러선교대학원의 원장으로 1992년까지 역임했다. 그가 남긴 선교 역사의 통찰은 교회 역사의 거시적 안목을 갖도록 하는 데 기여했다. 그는 특히 교회 역사를 선교학적으로 재해석하고 교회 확장의 역동성이 무엇인지를 알도록 하는 데 깊은 통찰을 주었다.[80]

그는 선교 운동사를 연구하면서 아홉 가지의 선교학적 원리를 정립했다. 이것은 역사를 보는 탁월한 통찰력과 역사를 분석하고 해석하는 하나의 틀을 제공한다. 그 핵심적 요소들을 정리하면 다음과 같다.[81]

① 변두리 이론(Periphery Theory)
부흥과 확장은 대부분 그 시대 교회 정치조직의 변두리에서부터 시작된다. 성령께서 전혀 예상치 못했던 방식과 사람을 통해 하나님의 역사를 이루어 가신다. 이것은 한 개인의 개종과 매우 밀접한 요소이다.

② 두 조직체 이론(Two Structures Theory)
하나님의 구속적 선교 사역은 역사 전반을 통해 두 조직체의 규범적인 사용으로 시행되었다. 이것은 랄프 윈터(Ralph Winter)가 말한 모달리티(Modality)와 소달리티(Sodality)의 개념과 일맥상통하는 말로 모달리티는 교회조직을 의미하고 소달리티는 선교 단체를 의미한다.

③ 핵심인물 이론(Key Person Theory)
부흥과 확장은 대부분 핵심 인물이 주도해서 시작되었다. 한 사람의 개종이 한 공동체 그리고 더 나아가서 한 국가를 어떻게 변혁시키는지를 피어슨 박사는 역사를 통해 핵심 요소를 발견한 것이다.

---

80 Paul Everett Pierson, *A History of Christian Mission Mk723* 강의안 (Pasadena, CA: Fuller Theological Seminary, 2012), 3.
81 Paul Everett Pierson, 『(선교학적 관점에서 본) 기독교 선교 운동사』, 임윤택 역 (서울: CLC, 2009), 17-19.

④ 새로운 리더십 개발 양식 이론(New Leadership Patterns Theory)
부흥과 확장은 종종 새로운 지도자 개발 양식을 적용함을 통해 일어난다. 특히 엘리트나 명문학교 중심에서 은사를 가진 평범한 사람 중심으로 바뀌는 경우가 많다. 이런 새로운 리더십 개발 양식은 선교 운동이 활발하게 일어나고 교회가 성장하는 곳에 필요한 지도자들을 충분히 공급하게 한다.

⑤ 새로운 신앙생활 양식 이론(Spiritual dynamics Theory)
부흥과 확장은 대부분 새로운 영적 생활 양식 또는 영적 생활을 당시 생활에 적합하도록 재상황화한 새로운 생활 양식들을 생성한다. 피어슨은 실례로 한국 교회의 구역예배, 평신도 운동, 성경 공부, 복음송가, 영적 은사의 활용 등을 들었다.[82]

⑥ 새로운 신학적 돌파이론(Theological Breakthrough Theory)
부흥과 확장은 대부분 신학적 돌파와 함께 일어난다. 성경에서의 예로 사도행전 15장에 나타난 할례의 문제를 들고 있다.

⑦ 부흥과 확장 이론(Renewal and Expansion Theory)
교회의 부흥과 확장은 상호 연결되어 있다. 라투렛은 가독교 운동에 나타난 부흥의 활력을 "재연"(recrudescence)이라는 단어를 표현했다. 부흥 운동은 자연스럽게 선교 운동을 일으키는 원동력이 된다는 것이다.

⑧ 역사적/상황적 조건 이론(Historical/contextual conditions theory)
부흥과 확장은 역사적/상황적 조건이 맞을 때에 일어난다.

⑨ 선교 정보 확산 이론(Information distribution Theory)
부흥과 확장은 선교 정보가 쉽게 확산되는 상황에서 일어난다. 영국에서 일어난 부흥 운동과 18세기 초 미국에서 일어난 대부흥 운동은 좋은 실례가

---

[82] Ibid., 18.

된다. 건초더미 기도 모임에 참석한 대학생들에게 윌리엄 캐리에 대한 정보는 매우 지대한 영향을 끼쳤다.

오늘날 인터넷의 발달은 전 세계를 시공간의 장벽을 넘어서 정보를 공유할 수 있는 환경으로 만들었다. 인터넷을 통한 선교 정보를 공유함은 선교 정보 확산 이론이 현 시대에 적합한 이론임을 증명해 준다.

폴 피어슨이 선교 역사 속에서 찾아낸 아홉 가지의 통찰은 기독교의 확장이라는 관점에서 역사를 연구해 얻어진 결과이다. 결국 기독교의 확장은 한 개인의 개종으로부터 시작한다. 유럽에 복음이 들어가게 된 것도 결국 바울이라는 한 개인의 개종을 통해서다. 하나님이 그를 통해 복음이 확장되게 하셨다. 피어슨의 거시적 안목과 역사적 통찰은 개인의 개종이 전체에 끼치는 과정을 알 수 있도록 한다.

그리고 그 개종은 신념이나 세계관의 변화를 통해 자신이 변화되고 주위에 영향력을 끼쳐서 다른 사람들을 변화시키는 과정이라는 것을 설명한다. 진정한 개종의 증거는 세상을 어떻게 변화시키는가에 따라 증명된다. 개인의 개종이 역사 속에서 어떻게 복음의 확장을 가져왔는지에 대한 과정 속에서 다양한 통찰들을 발견하게 된다.

7. 찰스 밴 엥겐의 개종 이론

밴 엥겐은 아서 글라서의 '하나님 나라' 선교신학을 더욱 발전시켰다. 선교를 해석할 때 하나님 나라와 연관해 해석했다. 성경의 중심 주제를 현재적이며 도래하는(already and not yet) 하나님 나라와 관련된 하나님의 선교로 보았다. 하나님의 선교는 살아계신 하나님께서 역사 속에 들어오셔서 절대적인 왕권을 행사하시는 것이다. 하나님의 절대적인 주관 가운데 하나님의 백성들을 구속하신다. 그리고 그들과 언약의 관계를 맺으신다. 하나님의 선교를 위해 그 백성들을 하나님의 선교적 도구로 부르시고 열방 가운데에서 열방을 구속하기 위한 도구로 살아가게 하신다. 이런 하나님의 선교는 구약의 기대와 신

찰스 밴 엥겐(Charles Edward van Engen, 1948년 9월 25일-)은 선교사인 아버지로 인해 멕시코에서 출생하고 자랐다. 1970년에 화란의 호프대학에서 철학 학사(B.A.)를 1973년 풀러에서 신학 석사(Th.M.)를 1981년 화란 자유대학에서 박사(Ph.D.)를 받았다. 이후 1973-1985년까지 멕시코 치아파스에서 선교사로 사역했다. 1988년부터 풀러에서 아서 글라서의 선교신학을 이어 강의했다. 현재는 풀러선교대학원의 성경신학 명예교수이다. 미시간 소재 Western Theological Seminary에서 선교학을 가르쳤으며 1998년부터 1999년까지 미국 개혁교회(RCA) 총회장을 역임했다. 그는 Latin American Christian Ministries, Inc.의 창립 회장 겸 CEO를 역임했다. 지난 30년 동안 멕시코와 라틴아메리카, 아시아, 아프리카, 미국, 캐나다, 서유럽 등 여러 국가에서 선교에 대해 광범위한 설교, 교육에 참여했다.

약의 성취 간의 연속성을 가지고 있다. 그 연속성의 중심에 예수 그리스도가 존재한다.

   예수님의 선교적 대위임령은 하나님 나라에 대한 예수님의 가르치심의 절정이다. 오순절 성령의 강림은 교회를 탄생시키고 그리스도의 사건을 완성한 사건이다. 밴 엥겐은 오순절 사건 이후 교회의 선교적 사명은 종말론적인 관점으로 이해했다. 그 이유는 주님의 재림과 함께 영광스러운 하나님 나라가 임하는 때가 곧 교회 선교의 끝이 되기 때문이다. 그는 바울의 선교신학을 통해 선교는 성령신학 그리고 교회론과 결코 분리될 수 없다고 보았다.

   밴 엥겐은 선교를 다음과 같이 정의했다.

> 선교란 하나님의 백성들이 의도적으로 교회로부터 교회가 없는 곳으로, 신앙이 있는 곳에서 신앙이 없는 곳으로 장벽을 넘어가, 사람들로 하여금 하나님과 자기 자신, 사람들 서로간에, 그리고 세상과 화해하도록 하는 하나님의 선

---

83 "Chuck & Jean Van Engen," Reformed Church in America, accessed 12/09, 2020. https://www.rca.org/global-mission/missionaries/chuck-jean-van-engen/.

교에 교회가 참여함으로써, 예수 그리스도 안에서 하나님 나라의 도래를 말과 행동으로 선포하는 것이며, 성령의 역사를 통해 사람들이 회개하고 예수 그리스도를 믿음으로 말미암아 교회에 모이도록 하며, 예수 그리스도 안에서 하나님 나라가 도래하는 표식으로 세상의 변화를 도모하는 것이다.[84]

밴 엥겐의 선교학은 맥가브란의 하나님의 가교에서 설명된 다양한 인간집단의 모자이크를 선교적 가교를 통해 복음을 전달하는 것으로 이해하고 있다. 그리고 개인적 개종을 하나님 나라의 확장과 그 구체적인 증거로서 세상을 변화시키는 책임 있는 그리스도인으로 설명하고 있다. 그는 맥가브란의 교회성장을 더욱 구체적으로 기술하고 하나님 나라 개념으로 확장시켰다. 선교학의 중심에 예수 그리스도를 위치했고 학제적 학문으로 학문적 통섭을 주장했다.

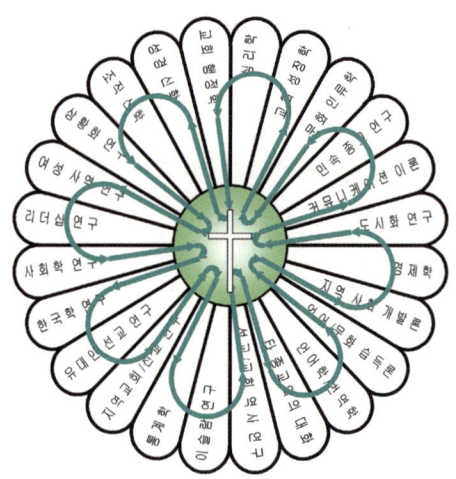

그리스도 중심의 선교학의 통섭적 과정[85]

다양한 학문 분야의 이론과 기술을 사용하는 것은 반드시 예수 그리스도께 영광과 존귀를 드리는 것이어야 한다고 했다. 관련 연구 분야들의 한 가운데

84　Charles Edward van Engen, "선교의 성경적 기초"(Biblical Foundations of Mission), Mk731 강의안 (Pasadena, CA: Fuller Theological Seminary, 2011) 29.
85　Ibid ,34

에서, 지속적인 학문의 통합과 상호 강화 작용을 추구하면서 하나의 학문, 선교학(missiology)을 형성한다. 선교신학은 계속적으로 중심과 주변 사이를 왕래하도록 돕는다. 이런 학제적 상호작용을 통해 선교학은 건강하게 형성된다고 보았다.

그리고 밴 엥겐은 선교학의 신학화의 중요성을 언급했다. 신학화라는 것은 개인이 처한 현재의 상황에서 성경 중심, 그리스도 중심, 믿음 중심, 은혜 중심으로 그들의 선교적 과업에 대해 신학적으로 사고하는 것이다. 이 신학화의 작업은 과거에 비슷한 상황 속에서 그 신학에 대해 누가 무엇을 언제 말했는가를 아는 것 이상의 의미를 지닌다. 자기가 현재 처한 상황에 대한 신학화가 이루어지기 때문이다. 밴 엥겐은 이 신학화 작업의 과정을 다음의 네 가지 요소로 설명했다.

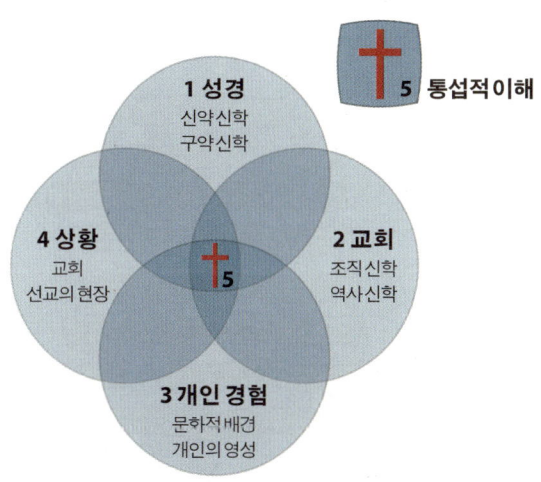

선교의 신학화 과정의 네 가지 요소[86]

첫째, 성경을 그 기초로 해 신학화 작업을 한다.
신구약 성경 말씀 속에서 의미하는 선교적 의미를 이해한다. 하나님께서 성경 속에서 선교를 어떻게 이루어가시는지를 이해한다.

---

[86] Ibid 40.

둘째, 교회의 반추로 역사적, 교의적 신학화 작업을 한다.

조직신학을 통해 신학화의 작업이 교리에 벗어나지 않고 잘 이루어지는지를 확인한다. 또한 교회 역사를 통해서 세계 복음이 어떻게 확장되어 나갔는지를 이해하고 그 원리를 발견한다.

셋째, 개인적 경험 속에서 개인의 문화적, 신앙적 배경을 이해한다.

개인의 영적 순례의 과정과 단계를 이해하고 그 영성을 이해한다.

넷째, 컨텍스트로서 세상에 있는 교회, 선교의 상황을 이해한다.

이런 신학화의 통섭적 과정을 통해 연구 대상의 선교적 문맥을 정확히 이해하게 된다고 보았다.[87]

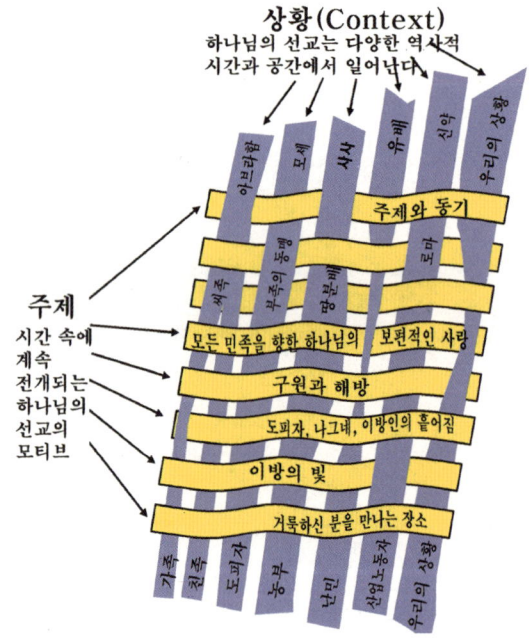

밴 엥겐의 하나님의 선교의 테피스트리[88]

---

[87] Charles Edward van Engen, "선교에서의 신학화"(Theologizing in Mission) Mt537 강의안 (Pasadena, CA: SIS Fuller Theological Seminary, 2013), 21.
[88] Ibid 39.

밴 엥겐은 선교신학의 해석학적 접근 방법으로 테피스트리(tapestry, 직물장식) 모델을 제시하고 있다. 하나님의 선교는 다양한 역사적 시간과 공간의 상황에서 일어난다. 하나님의 선교의 구성은 그런 상황의 날실로 촘촘하게 연결되어 있다. 그리고 그 시간과 상황 속에서 다양한 하나님의 선교적 모티브와 주제들이 씨실로 촘촘히 이어져 있다. 그 상황의 실과 주제의 실이 교차하면서 테피스트리가 짜여 가듯이 하나님의 선교는 이루어진다.

그러므로 하나님의 선교를 해석할 때 이런 구조적 특징을 이해해야 한다. 이런 이해 없이 잘못 해석할 때 자의적 해석이나 자신의 관점을 증명하기 위한 해석의 오류를 범할 수 있다고 보았다.

이런 선교신학의 해석을 통해 밴 엥겐은 교회의 바람직한 선교적 모델을 제시했다. 그 모델의 근거는 사도행전 1장 8절이며 그 말씀을 중심으로 선교적 교회의 모델을 다음과 같이 제시하고 있다.[89]

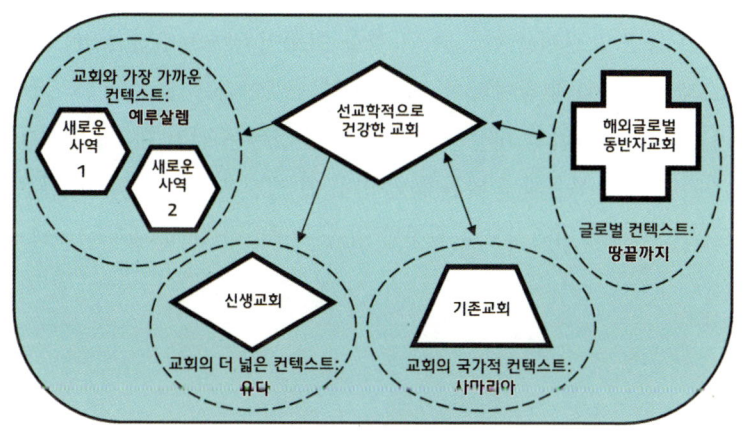

건강한 선교적 교회 모델

사도행전 1장 8절에 근거해 건강한 교회는 동시적으로 예루살렘, 유대, 사마리아와 땅끝까지 선교한다. 밴 엥겐은 누가가 서술한 사도행전 1장 8절은 당시의 컨텍스트에서 하나님의 백성이 어떤 선교의 비전을 가져야 하는지를 정교하게 표현한 것으로 이해했다. 교회의 존재 목적은 지역 복음화를 거쳐

89　Ibid., 115.

서 결국 세계를 복음화하는 것이다. 이것을 근거로 그는 오늘날 세계 선교를 위해 선교하는 교회는 다음과 같은 사역이 존재해야 함을 설명한다.

예루살렘에 해당되는 지역 선교 사역으로 각 교회가 다음 해에 교회와 가장 가까운 컨텍스트에서 적어도 새로운 사역 2가지를 시작하는 것이다. 아무리 보잘 것 없는 것처럼 보이는 것이라도 지역을 위해 2가지 사역을 구상하고 실천할 수 있도록 한다.

유다에 해당하는 선교 사역으로 각 교회가 교단과 지역 스텝의 도움을 받으며 감독회와의 협력 속에 앞으로 3년 동안 적어도 1개의 새로운 교회를 개척시켜 돌보는 것이다.

사마리아에 해당하는 선교 사역으로 각 교회가 동남아나 중국이나 일본에서 특수 사역을 하고 있는 교회와 동반자 관계를 이루어 사역하는 것으로, 좀 더 바람직한 것은 기존 교회가 있는 곳이면서 지역적으로 변화가 일어나고 있는 도시에서 약 3년 정도 동역하는 것이다. 땅끝의 선교 사역으로 각 교회가 글로벌 동반자 관계를 한 교회와 짝을 이루어 앞으로 3년 동안 교회 성도와 지도자들이 사역에 참여할 수 있도록 하는 것이다.

지역교회가 한 사람의 개종을 위해 힘쓰는 것은 주님의 대위임명령을 준행하는 것이며 세계 복음화를 위한 출발이다. 밴 엥겐은 모든 지역교회들은 글로벌적으로 생각하고 지역적으로 활동할 것을 촉구한다(Think Globally, Act Locally!).

제6장

성경에 나타난 개종 이야기

개종(conversion)을 묘사하는 말에 대해 구약에서는 두 가지의 단어가 사용된다.

하나는 나함(נחם)이란 말로 의미상으로는 '후회하다'라는 뜻이다. 이는 행동의 변화를 일으키는 회개를 가리키는 말이다.

다른 하나는 슈브(שוב)라는 단어로 '떠나갔다가 돌아오다'는 의미를 가지고 있다. 이스라엘 백성들이 하나님을 떠났다가 다시 돌아올 때 이 표현을 사용했다.[1]

신약에서는 개종을 표현할 때 세 가지 말을 썼다.

첫째, 에피스트레포 (ἐπιστρέφω)이다.

이 단어는 '방향을 돌리다.' 또는 '되돌아가다'는 의미를 가진다.[2] 능동적 생명이 다른 방향으로 움직인다는 사실을 강조하는 것이다. 사도행전 15장 3절에 이방인들의 개종에 대해 언급할 때 사용된 단어이다. 한글개역성경으로 번역된 "이방인들의 주께 돌아온 일을 말하여"(ἐκδιηγούμενοι τὴν ἐπιστροφὴν τῶν ἐθνῶν)를 직역하면 "이방인들의 회심을 자세히 이야기하면서"이다. "주께 돌아온 일"로 번역된 "에피스트로팬"(ἐπιστροφήν)은 '개종'(conversion)이라는 의미이다.

이것은 헬라인들이 그들이 이전에 섬겼던 우상을 버리고 하나님을 섬기게 되었다는 종교적인 의미를 나타낸다. 이 일은 바울과 바나바 일행이 제1차

---

1 Louis Berkhof, 『기독교 신학개론』, 신복윤 역 (서울: 성광문화사, 1996), 253.
2 Wayne A. Grudem, Systematic Theology : An Introduction to Biblical Doctrine (Grand Rapids, Mich.: Zondervan Pub. House, 1994), 709.

선교 여행을 통해 갈라디아 지역에서 복음을 전할 때 복음의 능력으로 변화된 제자들의 사건을 의미한다.

이 용어의 특이한 용법은 특히 사람이 하나님께로 돌이킬 때 사용된다. 이 말은 종종 회개(행 3:19; 26:20)나 돌이키는 성격을 나타내는 표현, 예를 들어 "어두움에서 빛으로"(행 26:18), "헛된 일로부터 살아계신 하나님께로"(행 14:15), "우상에게서 하나님께로"(살전 1:9)와 같은 곳에 나타난다.

특히 데살로니가 전서 1장 9절은 주목할 만하다. "우상"과 "하나님" 앞에 각각 붙어 있는 전치사 "아포"(ἀπό)는 '~로부터'란 뜻으로 분리, 이탈의 의미를 나타내는 반면 "프로스"(πρός)는 '~를 향하여'란 뜻으로 누군가에게로 향해 달려가는 뉘앙스를 나타낸다. 문장 속에서 이 전치사의 사용은 데살로니가 성도들이 우상으로부터 이탈되고 하나님께로 향하는 것을 대조적으로 나타냄으로 강조하고 있다.

이런 전치사는 "너희가 돌아와서"로 번역된 본문의 동사 "에페스트렙사테"(ἐπεστρέψατε)와 잘 조화된다. 이 동사의 원형 "에피스트레포"(ἐπιστρέφω)는 그 자체로 이미 "돌이키다"라는 의미가 있는 동사 "스트레포"(στρέφω)에 강조의 의미로 쓰인 접두어 "에피"(ἐπί)가 결합된 동사로서 이전의 자리에서 새로운 자리로 의지적인 결단에 의해 완전히 위치를 바꾸는 것을 의미한다. 이는 곧 개종을 통해 이방인의 삶의 자리에서 하나님 백성의 삶의 자리로 옮기는 것을 나타낸다.

이렇게 볼 때 개종은 그 자신이 과거에 머물러 있던 죄악으로부터 뛰쳐나오는 것일 뿐만 아니라 유일하신 하나님께로 돌아와 그분만을 섬기는 것이다.

E. 스탠리 존스(E. Stanley Jones)는 개종이 개인의 성격과 삶의 변화라고 말한다. 내적 변화에 의해 외적 충성의 변화가 따르는 것이라고 설명한다. 성경에 기록된 개종은 주관적, 심리적 경험이 아니라 인간 내면 속에서 일어나는 객관적 변화를 지칭한다.[3]

헤르만 바빙크(Herman Barvinck)도 역시 개종이란 새로운 신앙적 삶을 위한

---

3 E. Stanley Jones, 『회심』, 강병훈 역 (인천: 성서연구소, 1988), 14.

내면적인 동시에 외면적인 변화라고 했다.[4]

레슬리 뉴비긴(Lessle Newbigin)은 그리스도를 전파할 때 회심에는 윤리적 의미가 내포되어 있다는 것을 인정해야 한다고 했다.[5]

둘째, 회개에 해당되는 메타노이아 (μετανοια)이다.

이 단어는 "마음의 변화"를 의미한다.[6] '개종'(ἐπιστρεφω)과 '회개'(μετανοια)는 엄밀히 구분하면 중요한 차이가 있다.

'개종'은 더 넓은 의미로 사용하는 단어로서 '돌아서는 행위 자체'를 강조한다. 회개와 믿음(πιστις, 피스티스)을 동시에 가지고 있다.[7]

반면, '회개'는 좁은 의미의 단어로 돌아서는 결단, 과거의 잘못을 시정하겠다고 하는 '내면의 의지적인 결단'을 강조한다.[8]

회개가 개종으로 이어지려면 반드시 믿음이 있어야 한다. 누가는 종종 회개와 개종을 구별했고(행3:19; 26:20), 회개와 믿음을 구별했다(행20:21). 회개는 적어도 변화의 전 과정을 의미하는 말로 사용되었기 때문이다.

사도행전 26장 20절에서 "회개하고…돌아가서…행하라"는 단순히 감정으로 후회하는 데서 머무르는 것이 아니라 반드시 "하나님께 돌아가는 것"(ἐπὶ τὸν θεόν)을 포함한다. 그리고 회개함으로 사탄의 지배에서 벗어나서 하나님께로 옮겨간 자는 그에 "합당한"(ἄξια, 악시아) 일을 행하기 마련이다. 결과적으로 참된 개종은 회개와 믿음이 포함되어 있으며, 하나님께로 돌아서서 변화된 삶을 사는 것을 말한다.

---

4 Herman Bavinck, *Reformed Dogmatics*, ed. John Bolt, trans. John Vriend, vol. 4, 4 vols. (Grand Rapids, MI: Baker Academic, 2008), 139. Conversion always consists in an internal change of mind that prompts persons to look at their sinful past in the light of God's face; leads to sorrow, regret, humiliation, and confession of sin; and is, both inwardly and outwardly, the beginning of a new religious-moral life.
5 Lesslie Newbigin, 『오픈 시크릿』, 홍병룡 역 (서울: 복 있는 사람, 2012), 240.
6 Louis Berkhof, *Systematic Theology*, New ed. (Grand Rapids, Mich.: W.B. Eerdmans Pub. Co., 1996), 461.
7 Millard J. Erickson, *Christian Theology*, 2nd ed. (Grand Rapids, Mich.: Baker Academic, 2004), 946. Conversion is a single entity that has two distinguishable but inseparable aspects: repentance and faith.
8 Treadwell Walden, *The Great Meaning of Metanoia* (New-York,: T. Whittaker, 1896), 33.

이 변화는 지적인 변화뿐만 아니라 삶의 변화도 포함한다. 마음이 변화된다는 것은 세계관의 변화를 의미한다. 세계관이 변화되면 자연스럽게 삶의 변화가 생긴다. 이전에 즐기던 것들이 싫어지거나 우상을 섬겼던 습관들을 버리게 되고 성경적 가치관에 위반되는 행동들을 피하게 된다. 강한 결단을 통해 이전의 생활을 청산하고 새로운 삶을 살게 되는 것이다.[9]

사도행전 26장 20절에 보면 이방인들이 회개해서 회개에 합당한 일을 한 것을 말한다. 여기서 회개에 해당되는 '메타노니아'는 마음의 변화가 삶의 변화로 이어지는 것을 의미한다.

셋째, 메타멜로마이(μεταμελομαι)이다.

이 단어는 신약에서 다섯 번 언급되었는데 이것은 '후회하다'라는 의미이다. 이 단어는 마태복음 27장 3절에 가룟 유다의 후회에 대해 사용되었다. 이는 주로 감정적 변화일 뿐 진정한 회개라고는 볼 수 없는 단어이다.

1. 개혁주의의 구원 과정과 개종

개혁주의에서 구원의 서정을 성령의 일하심 속에서 기본적으로 이해한다. 구원은 성부 하나님의 구속사의 계획 속에서 성자 예수님을 통해 십자가상에서의 실행을 통해 완성되었다. 그리고 예정 가운데 선택한 백성의 구원의 과정은 성령의 일하심을 통해 진행되는 것임을 서술한다. 구원의 내용은 예수 그리스도 자신과 그분의 은혜(은총)이며, 신앙을 통해 성령과 성령의 은사가 적용된다.

개혁주의에서 구원의 서정은 시간적, 단계적으로 이해되는 것이 아니다. 성령을 통한 순서로 신학적, 논리적으로 설명되었다. 이것은 그리스도 안에 있는 구원의 다양한 항목들이 죄인의 신분에 있던 성도에게 적용되는 순서로 배열을 제시한다. 이것은 구속 사역에서 성령의 다양한 동작을 논리적 순서로, 또는 상호 관계에 의해 설명한 것이다. 이 순서는 구원의 항목들이 명확

---

9 Richard Peace, 『신약이 말하는 회심』, 김태곤 역 (서울: 좋은씨앗, 2001), 430.

한 시간의 선후에 따라 죄인에게 주어지는 시간적 의미가 아니다. 칼빈은 인간의 영적 상태는 율법과의 관계에 의존하며 죄인은 오직 예수 그리스도의 전가된 의를 근거로 해서 인간을 타락시키고 파괴적인 죄의 영향력에서 구원받을 수 있다는 가정으로 구원 서정을 출발한다.[10]

개혁주의의 구원의 서정은 크게는 세 부분(칭의, 성화, 영화)으로 구분되며 좀 더 세분화하면 다음 도표화 같이 9가지의 구원의 서정을 말한다.

구원의 순서	칭의 (Justification)	성화 (Sanctification)	영화 (Glorification)
구분	① 소명(롬4:17) ② 중생(요3:3,5) ③ 회심(신인협동) ④ 신앙(주께 의탁) ⑤ 칭의(법적 행위) ⑥ 양자(자녀의 권세)	⑦ 성화 (주를 닮아 감) ⑧ 견인	⑨ 영화(죽는 순간)
의미	의롭다 하심을 받음	계속 거룩해짐	영화로운 모습으로 완성될 것임
시제	과거	현재	미래

구원의 9가지 서정[11]

예정 가운데 택한 자를 부르시는 소명의 단계 후에 중생, 회심, 신앙, 칭의, 양자 됨이 성령에 의해 거의 동시적으로 이루어진다. 칭의는 예수 그리스도의 피값의 공로로 의롭다 함을 받는 것이다. 사람의 능력으로가 아니라 하나님의 계시된 전적인 은혜로 의롭다 함을 받는 것이다.[12]

칼빈에게 있어서 회심은 믿음과 밀접한 관계로 연결되어 있다. 하나님께서 주신 믿음으로 개종됨이 이어진다고 보았다. 그리고 개종 이후 구원의 여정은 성화의 과정을 거치게 된다.

성화의 과정에 대해 사도 바울은 빌립보서 2장 12절에서 구원의 진행형을 언급했다. 성경은 많은 부분에서 구원을 이루어 나갈 것을 말하고 있다. 성화

---

10 김재성, 『성령의 신학자 존 칼빈』 (서울: 생명의말씀사, 2004), 337-38.
11 최준혁, 『기초신앙 클리닉』 (서울: 토기장이, 2004), 29.
12 Rudolf Karl Bultmann, 『學問과 實存』, 허혁 역 (서울: 聖光文化社, 1980), 14.

의 과정으로서 구원에 이르는 믿음은 현재적으로 계속되어야 함을 말한다. 성경은 많은 부분에서 우리에게 구원을 이루어 나갈 것을 종용한다. 이것은 구원의 현재성을 이야기하는 셈이다. 다시 말해, 구원이 아직 진행 중인 것을 이야기한다는 것이다.

한국의 개혁신학에서의 한 줄기를 차지하고 있는 고(故) 박형룡은 "자라남이 없는 사람은 그리스도인이 아니다"라고 말했다.[13] 이 말은 그리스도인들은 마지막까지 성화의 과정을 갖는다는 의미이다. 영적으로 다시 태어난 성도는 그리스도의 장성한 분량으로 자라남이 있어야 한다. 신분상 거룩함을 소유한 그리스도인이 성품에서 거룩함으로 자라지 않는다면 그 신자는 그리스도인으로 문제가 있는 것이다.

에베소서 4장 15절은 신자들에게 그리스도의 장성한 신앙의 분량까지 자라날 것을 요구한다. 그리스도인의 성화의 목표는 예수님의 장성한 신앙의 분량에까지이다. 그 목표는 예수님이 몸소 행하셨던 것처럼 형제를 위해 목숨을 버리는 수준까지 이른다. 일반적으로 그리스도인의 일차적 사명이 전도와 선교이다. 복음인 참된 진리를 전함으로 죽어 가는 영혼을 구원한다면 그것만큼 중요하고 복된 일은 없다. 그러나 전도에 버금가게 신자가 놓쳐서는 안 되는 것이 성화이다.

맥가브란이 언급했던 제자화의 단계도 이와 동일하다. 먼저 제자화의 우선 단계 이후 완전화를 통해 성화의 과정을 지나게 된다. 맥가브란은 완전화는 중단 없이 계속되는 과정이라고 했다.[14] 회심을 통해 제자화된 그리스도인은 거기서 멈춰서는 것이 아니라 성장해야 한다. 성경은 계속해서 그것을 요구하고 있다. 하나님께서 성경을 통해 성도들의 성장을 요구하시는 것은 구원의 목적을 이루기 위해서이다.

디도서 2장 14절은 구원의 목적을 선한 일을 행하기 위함이라고 한다. 그리스도인은 선한 일을 위해 지으심을 받은 자 곧 하나님의 일꾼이다. "지으심을 받은 자"를 헬라어로 "포이에마"(ποίημα)라고 하는데 이는 곧 '하나님의 걸

---

13 정훈택, "행위의 구원론적 의미 i ," 「신학지남」 58, no. 2 (1991): 57.
14 Donald A. McGavran, *The Bridges of God* (Friendship Press, 1955), 15.

작품'이라는 의미이다. 다시 말해 그리스도인은 하나님의 선한 일을 위해 창조된 걸작품이라는 것이다.

성경 원어적인 의미 속에서도 성도가 구원에 이르는 여정에 있어서 성화는 하나님의 뜻을 이 땅에 이루는 데 매우 중요한 과정임을 알 수 있다. 그러므로 구원은 한 번 칭의의 단계만으로 충족되는 것이 아니라 계속해서 이루어가는 과정임을 알 수 있다. 세상을 변화시키는 그리스도인은 맥가브란이 말한 완전화의 깊은 단계에 다다른 성도들이다. 믿음의 길로의 결단을 통해 세상을 변화시킬 수 있는 힘을 하나님으로부터 공급받게 된다. 성화의 단계를 지나면 성도의 견인과 영화의 단계를 거쳐 영원한 구원에 이르게 된다.

성도의 견인은 베드로전서 1장 4-5절을 근거로 구원받은 성도를 하나님의 능력으로 끝까지 보호하심을 의미한다. 성화와 견인은 구원의 현재적 과정이라고 볼 수 있으며 마지막 영화의 과정을 통해 영혼과 육체가 아울러 죄와 사망의 세력으로부터 완전히 해방되는 구원의 최종 완성을 이르게 된다. 그러므로 영화의 단계는 구원의 미래적 여정이라고 볼 수 있다.

맥가브란의 제자화의 과정에서 완전화는 그리스도인의 삶에 나타나는 믿음의 열매라고 볼 수 있다. 이와 같은 개념 속에서 칼빈은 그의 구원의 서정 속에서 회심한 그리스도인이 믿음을 삶에 적용하는 것에 대한 원리를 다음 여섯 가지로 설명하고 있다.

첫째, 그리스도인 삶의 가장 큰 원리는 하나님의 영광을 위해 사는 것이다.
하나님의 그리스도를 통한 구속의 사랑 속에 하나님의 가장 큰 영광이 나타난다.[15] 그리스도인은 그 하나님의 사랑을 받는 삶이야 말로 가장 행복한 삶이라고 보았다. 그리스도인이 그 사랑을 누리려면 하나님의 거룩을 닮아가야 하는데 그리스도인이 거룩하게 되는 것도 그리스도와의 연합을 통해 가능한 것이다. 그리스도와 연합을 통해 삶의 성결을 유지하고 하나님의 영광을 위해 살아야 한다.[16] 그리스도인의 삶의 목적은 "먹든지 마시든지 무엇을

---

15 John H. Leith, 『칼빈의 삶의 신학』, 이용원 역 (서울: 한국장로교출판사, 1996), 43.
16 G. I. Williamson, 『웨스트민스터 소요리문답강해』, 문성호 역 (서울: 양문출판사, 1989), 11.

하든지 다 하나님의 영광을 위하여 하라"(고전 10:31)라고 하신 말씀이 삶의 대원칙이 된다.

둘째, 자기 부인이 순종의 삶이다.

자기 부인의 방법은 내적, 직접적 부인(골 3:3; 롬 3:3)과 외적, 간접적 부인(롬 8:29)으로 구분한다. 내적, 직접적 부인은 회심을 통해 영적으로 이루어지며, 외적, 간접적 부인은 징계와 고난을 통해 이루어진다. 순종의 삶은 성령께서 우리 안에 들어와 일하시고 다스리시는 역사를 통해 이루어진다. 그것을 통해 그리스도인의 삶의 변화가 이루어진다.

셋째, 그리스도인의 삶은 하나님의 형상이 회복되는 것이다.

하나님의 형상을 회복하는 삶은 곧 그리스도와 항상 함께 동행하는 삶을 사는 것이다. 하나님의 형상이 회복될 수 있는 것은 예수 그리스도의 십자가를 통해서 가능하다. 왜냐하면 그리스도인은 하나님의 구원의 은혜로 새롭게 되었기 때문이다. 그리스도인은 예수 그리스도와 교제하도록 창조되었다.

제자는 그리스도를 본받아 자기 십자가를 지는 사람이다(마 16:24). 십자가를 지는 삶은 그리스도인의 성숙함을 나타내는 지표이다. 성화의 과정은 곧 자기를 부인하고 자기 십자가를 지는 모습이다.[17] 그리스도인에게 있어서 세상에서의 영적 싸움은 필연적인 것이다. 왜냐하면 그리스도인의 시민권은 하늘에 속한 것이며 그리스도인은 하나님의 소유된 백성이기 때문이다.

넷째, 그리스도인이 믿음을 지키기 위해서는 기도가 필요하다.

믿음을 가진 그리스도인의 영혼에 생명력을 불어넣어 주는 것이 기도이다. 기도는 하나님과 대화하고 교제하는 일이며, 하나님께서는 믿음에 근거한 기도만 받으신다. 기도는 신앙으로 하나님의 은혜에 의해 그분께 영광을 돌리기 위한 기도여야 한다.

칼빈은 "진지한 기도가 언제든지 우리 안에서 활동하게 하기 위해서는 십자가 학교가 필요하다"라고 말했다. 그리스도인은 기도를 통해 하나님의 은혜를 삶의 현장에 적용한다. 이런 개혁주의 관점은 맥가브란이 교회 부흥의 필수 조건으로 기도를 통한 부흥에서 언급한 바 있다.

---

17 Alfred Göhler, 『칼빈의 성화론』, 유정우 역 (서울: 한국장로교출판사, 2001), 37.

다섯째, 인간이 지음 받은 목적은 하나님 나라에서의 영생을 소망하고 하나님을 경배하는 일과 내세의 삶을 깊이 묵상하는 일에 있다.

하늘나라가 본향이긴 하나 이 땅에서의 삶을 미워해서는 안되며 청지기적 삶의 태도를 가져야 한다고 설명한다. 현세의 삶은 하나님께서 청지기인 우리에게 배치하신 초소(哨所)이다. 그리스도인은 현세에 대한 고난으로 인해 하나님 나라에 들어가기를 소원하지만 아직 주의 부르심이 없기에 배치된 초소에서 경계의 사명을 잘 감당해야 한다.[18]

여섯째, 그리스도인들은 자신의 죽음을 늘 묵상해야 한다.

이 땅에서의 유한함을 인식하고 주님의 재림의 때에 부활할 것을 소망하면서 살아야 한다. 십자가를 바라보며 부활의 능력을 소망할 때 육체와 정욕과 사탄의 세력을 이 땅에서 이겨 낼 수 있다.

칼빈의 믿음을 삶에 적용하는 원리들은 맥가브란이 말한 제자화와 완전화와 밀접한 연관성을 가지고 있다. 그리스도의 장성한 분량으로 믿음이 성장해 나갈 때 삶의 큰 변화들이 일어나고 이 땅에서 믿음의 순종의 삶을 살 수 있고 하나님을 영화롭게 할 수 있게 된다. 개인의 변화는 주위의 환경을 변화시킬 뿐만 아니라 관계된 종족집단 전체를 변화시킬 수 있는 시발점이 된다. 칼빈의 구원의 과정은 맥가브란의 구원의 과정, 제자화의 과정과 많은 부분 부합된다는 것을 알 수 있다.

맥가브란은 선교에 있어서 가장 중요한 교리로 개종을 강조했다. 그는 좀 더 구체적으로 개종에 대해 표현한 성경 본문으로 데살로니가전서 1장 9-10절을 들었다.

> 저희(선교지민)가 우리(선교사)에 대하여 스스로 고하기를 우리가 어떻게 너희 가운데 들어간 것과 너희가 어떻게 우상을 버리고 하나님께로 돌아와서 사시고 참되신 하나님을 섬기며(개종) 또 죽은 자들 가운데서 다시 살리신 그의 아들이 하늘로부터 강림하심을 기다린다고 말하니 이는 장래 노하심에서 우리

---

18 Heinrich Quistorp, 『칼빈의 종말론』, 이희숙 역 (서울: 성광문화사, 1995), 47.

를 건지시는 예수시니라(살전 1:9-10).

이것은 선교와 개종의 불가분의 관계와 개종과 삶의 변화의 관계를 명료하게 표시한 가장 중요한 성경적 근거로 삼았다. 다른 바울 서신이 그렇듯이 데살로니가전서 역시 선교 상황 속에서 쓰여진 것으로 미루어 볼 때 이 본문은 선교와 개종의 밀접한 관계를 알게 한다.

선교와 개종의 관계에 대해 맥가브란은 다음과 같이 정리했다.[19]

> **첫째**, 사도들과 초대 교회 전도자들은 개종을 선교의 가장 중요한 목표로 삼았다.
> **둘째**, 개종을 통해 피선교인들의 삶이 변했다. 이들은 변화된 생애와 새로운 차원의 세계관을 갖게 되었다.
> **셋째**, 변화된 이들은 새로운 공동체를 형성해서 교회를 개척하고 새로운 관계를 맺고, 또 다른 사람의 개종을 위해서 자신을 바쳤다. 이런 선교 형태는 하나의 패러다임이 아니라 성경에 나타난 불변하는 선교 원리로 정의했다.

이런 관점 속에서 맥가브란은 선교에 있어서 가장 중요한 방향성과 목표점은 개종이 되어야 함을 강조했다. 1960년대까지 선교의 목표점에 있어서 개종이 차지하는 위치는 확고부동했다. 그러나 이와 같은 방향성은 1960년대 이후 급선회했다. 세계 선교의 방향성이 개종이 아니라 더 나은 세계, 인간답게 살 수 있는 세계를 만드는 것이 선교의 틀로 변화되었다.[20]

이런 변화는 우연이 아니라 조직적으로 변화시키려는 움직임이 있었다. 그런 운동과 선교의 궁극적인 목표를 재해석하려는 것은 1910년 이후에 일어난 에큐메니칼 운동으로서 특히 1960년대에 이르러서 선교의 방향을 전환시키는 데 중추적인 역할을 했다. 맥가브란은 이런 선교를 "새로운 선교"(New

---

19 Arthur F. Glasser and Donald A. McGavran, *Contemporary Theologies of Mission* (Grand Rapids, Mich.: Baker Book House, 1983), 47-48.

20 David Jacobus Bosch, *Witness to the World : The Christian Mission in Theological Perspective*, New Foundations Theological Library (Atlanta: John Knox Press, 1980), 178.

Mission)라고 명명했다.[21] 이 움직임의 주역들은 필립 포터(Philip Potter), 에밀 카스트로(Emil Castros) 등 WCC 운동을 이끄는 사람들이었다.

로마가톨릭교회 선교에 있어서는 '바티칸 제2차 공회'(Vatican II)로부터 시작되었고 복음주의 진영에 있어서는 대표적인 것이 '로잔 제1차 대회'였다. "하나님의 선교"(Missio Dei)의 개념이 초기의 긍정적인 내용에서 변질되어 사회적 운동과 복지 중심의 선교적 방향성으로 물꼬를 터 주는 역할을 했다. 오늘날 세계 선교의 방향성은 맥가브란이 주장했던 개종 중심의 선교로의 전환이 요구되는 시점에 다다랐다. 선교의 궁극적 목표는 개종을 통한 구원을 이루는 것이다. 무엇보다도 영혼 구원의 우위성을 최고의 목표로 삼아야 한다.[22]

2. 아브라함의 개종

아브라함의 개종은 하나님의 일방적인 만남을 통한 독특한 방식의 개종이었다. 창세기에서 아담과 하와의 사건, 가인과 아벨의 사건, 노아와 홍수 사건, 그리고 바벨탑 사건이 있은 후 하나님의 관심은 아브라함이라는 한 개인에게 향한다. 구속사 관점에서 볼 때 아브라함은 매우 중요한 인물이다. 아브라함을 통해 하나님께서는 언약을 세우시고 그를 통해 부족과 민족과 나라로 확장해 가시기 때문이다.

아브라함이 하나님을 만나게 되는 사건을 성경은 창세기 12장 1-9절에서 말하고 있다. 아브라함이 살고 있던 땅은 오늘날 이라크 지역인 갈대아 우르였다. 갈대아 우르 땅은 이방신들을 섬기는 지역이었고 아브라함도 역시 그 영향권 아래 있던 사람이었다.[23] 창세기 12장 1절에서 하나님께서 아브라함에게 현현하여 그를 부르시고 언약을 맺으신다. 하나님께서 아브라함을 선택

---

21 Glasser and McGavran, *Contemporary Theologies of Mission*, 69.
22 Ibid., 111.
23 Harvie M. Conn, *Theological Perspectives on Church Growth*, Studies in the World Church and Missions (Nutley, N.J.: Presbyterian and Reformed Pub. Co.), 5.

한 것은 어떤 특별한 조건이 있었기 때문이 아니다. 일방적으로 하나님께서 아브라함을 선택하셨다.

아서 글라서는 이에 대해 하나님의 선택과 언약이라는 두 가지 활동을 설명한다.[24] 이 두 가지 활동은 "아하바"(אַהֲבָה)와 "헤세드"(חֶסֶד) 개념을 통해 이해된다. 아하바는 이스라엘을 위한 하나님의 선택적인 사랑을 표현하는 말로 주권적 사랑이며 무조건적이다. 반면, 헤세드는 언약적 사랑으로 조건적이다. 그러므로 하나님의 사랑은 무조건적이며 그 사랑은 또한 언약 관계 안에서 확실하게 나타난다.

창세기 12장 2-3절에 보면 하나님께서는 아브라함에게 집을 떠나라는 명령만 하신 것이 아니라 아브라함에게 세 가지 축복을 약속하셨다.

첫째, 내가 너로 큰 민족을 이루게 하겠다는 약속이다.
둘째, 내가 네게 복을 줄 것이라는 약속이다.
셋째, 내가 네 이름을 창대케 하리라는 약속이다.[25]

하나님께서는 은혜로 부르시고 축복을 약속하셨다. 여기서 친척과 아비 집을 떠나라는 명령은 그들이 섬기던 신들을 떠나라는 의미를 담고 있다.[26] 이제부터는 하나님의 신실한 약속을 믿고 나아가라는 명령이다.

월터 카이저는 이 분문 속에 열방을 위한 선교적 부르심과 축복이 있다고 설명한다. 앞서 언급한 세 가지 축복과 함께 두 가지 약속이 더해졌다. 그것은 12장 3절에 표현된 아브라함과 아브라함을 축복하는 자에게 복을 주는 것이다. 그리고 땅의 모든 족속이 아브라함으로 인해 복을 얻게 된다.[27]

존 스토트(John R. W. Stott)는 심지어 이 본문을 강조하며 앞선 창세기 열한 장은 이 구절을 이끄는 서론 역할을 한다고 보았다.[28] 아브라함에게 약속된

24　Arthur F. Glasser, 『성경에 나타난 하나님의 선교』, 임윤택 역 (서울: 생명의말씀사, 2006), 87.
25　Walter C. Kaiser, 『구약성경과 선교』, 임윤택 역 (서울: CLC, 2013), 41.
26　Glasser, 『성경에 나타난 하나님의 선교』, 88.
27　Kaiser, 『구약성경과 선교』, 42.
28　Ralph D. Winter et al., *Perspectives on the World Christian Movement : A Reader*, 4th ed. (Pas-

하나님의 축복은 단순히 한 개인에게 약속된 복이 아니라 모든 족속 즉 모든 인간집단에게 약속된 축복이라는 것이다.

존 스토트는 아브라함에게 약속된 복을 과거와 현재와 미래의 삼중적 성취로 설명했다.[29]

> **과거**의 성취는 그의 육신적 자손인 이스라엘 백성을 통해 역사 속에서 이루어졌다.
> **현재**적 성취는 아브라함에게 행한 약속이 예수 그리스도와 그의 교회 안에서 복음적으로 이루어진다.
> **미래**적 성취는 아브라함에게 하신 하나님의 약속은 구속받은 모든 족속을 통해 종말적으로 성취될 것이다.[30]

아브라함의 소명은 모든 열방을 향한 선교적 의미를 담고 있다는 것을 설명했다. 구속사라는 큰 그림 속에서 아브라함의 소명과 개종은 모든 인간집단을 향한 선교적 의미를 담고 있다.

아브라함은 현현한 하나님을 믿었고 그 언약의 말씀을 또한 믿었다. 언약의 관계 속에서 아브라함은 하나님의 명령을 순종한다. 그 믿음과 순종이 그 언약을 유지하는 절대적 조건이었기 때문에 아브라함은 하나님의 말씀을 따랐다. 하나님께서는 아브라함에게 우르를 떠나라고 명령하셨다. 그리고 그 여정 가운데 함께하실 것을 약속하셨다.

성경에 하나님께서 직접 현현하여 말씀하시 경우는 아브라함에게 유독 빈번하게 나타난다. 이삭과 야곱에게는 아브라함의 경우처럼 직접적으로 나타나 말씀하시는 경우는 드물다. 그만큼 하나님께서는 아브라함에게 특별한 부르심과 언약을 통해 하나님의 존재를 그에게 각인시키셨다. 아브라함은 현현하신 하나님을 두려움 가운데 믿고 섬기기로 작정했다. 그리고 하나님의 약속을 믿고 갈대아 우르를 떠난다.

---

adena, Calif.: William Carey Library, 2009), 4.
29 Ralph D. Winter et al., 『퍼스펙티브스』(고양: 예수전도단, 2010), 26.
30 Winter et al., 『미션 퍼스펙티브』, 8.

도널드 맥가브란은 그의 저서 『교회성장이해』(1970)에서 기독교인이 된 동기에 대해 네 가지 부류로 설명했다.³¹ 이 분류는 그의 멘토였던 와스콤 피켓이 인도 현지에서 3,947명의 인도 기독교인들을 대상으로 조사한 내용을 근거로 하여 구분한 것이다.³²

> **제1부류**는 영적 동기로 기독교인이 된 사람들이다. 이 부류의 사람들은 구원을 얻으려고, 설교자의 말씀을 듣고 확신을 가진 이유로, 하나님을 알기 위해, 예수 그리스도에 대한 확신으로 기독교인이 된 경우이다.
> **제2부류**는 세속적 동기로 기독교인이 된 사람들이다. 이 부류의 사람들은 선교사들로부터 도움을 얻기 위해, 자녀들의 교육을 위해, 사회적 지위를 높이려고, 기독교인 처녀와 결혼하기 위해서와 같은 동기로 기독교인이 된 경우이다.
> **제3부류**는 사회적 이유로 기독교인이 된 사람들이다. 이 부류의 사람들은 가족이 세례를 받았거나 친척의 권유로 기독교인이 된 경우이다.
> **제4부류**는 태어날 때부터 기독교인이었던 사람들이다. 다시 말해 부모의 신앙을 따라 기독교인이 된 경우이다.

아브라함의 경우를 이 분류 방식으로 구분한다면 가장 적합한 경우는 제1부류의 영적 동기로 하나님을 믿게 된 것이다. 성경은 그 근거로써 다음과 같이 기록하고 있다.

창세기 12장 1절에 본토 아비 집을 떠나라는 명령에 그는 12장 3절 말씀처럼 75세의 나이에 즉각적으로 순종한다.

창세기 22장 12절에 아브라함의 믿음의 동기를 알 수 있는 또 하나의 사건이 기록되어 있다. 아브라함이 100세에 얻은 이삭을 제물로 바치라는 하나님의 명령에 순종한 사건이다. 성경에 단적으로 기록된 사건이지만 아브라함의

---

31 McGavran, 『교회성장이해』, 266-67.
32 J. Waskom Pickett and National Christian Council of India., *Christian Mass Movements in India : A Study with Recommendations*, 2d Indian ed. (Lucknow: Lucknow Pub. House, 1969), 160-65.

믿음이 시종일관 어떠했는가를 충분히 알 수 있는 사건이다.

히브리서 기자는 이에 대해 다음과 같이 기록하고 있다.

> 믿음으로 아브라함은 부르심을 받았을 때에 순종하여 장래의 유업으로 받을 땅에 나아갈새 갈 바를 알지 못하고 나아갔으며 믿음으로 그가 이방의 땅에 있는 것 같이 약속의 땅에 거류하여 동일한 약속을 유업으로 함께 받은 이삭과 야곱과 더불어 장막에 거했으니 이는 그가 하나님이 계획하시고 지으실 터가 있는 성을 바랐음이라. 믿음으로 사라 자신도 나이가 많아 단산했으나 잉태할 수 있는 힘을 얻었으니 이는 약속하신 이를 미쁘신 줄 알았음이라 이러므로 죽은 자와 같은 한 사람으로 말미암아 하늘의 허다한 별과 또 해변의 무수한 모래와 같이 많은 후손이 생육했느니라(히 11:8-12).

아브라함이 갈 바를 알지 못하는 땅으로 갈 수 있었던 것은 하나님과 언약을 믿었으며 하나님께서 계획하신 미래적인 언약의 성취를 바라보았다고 간주했다.

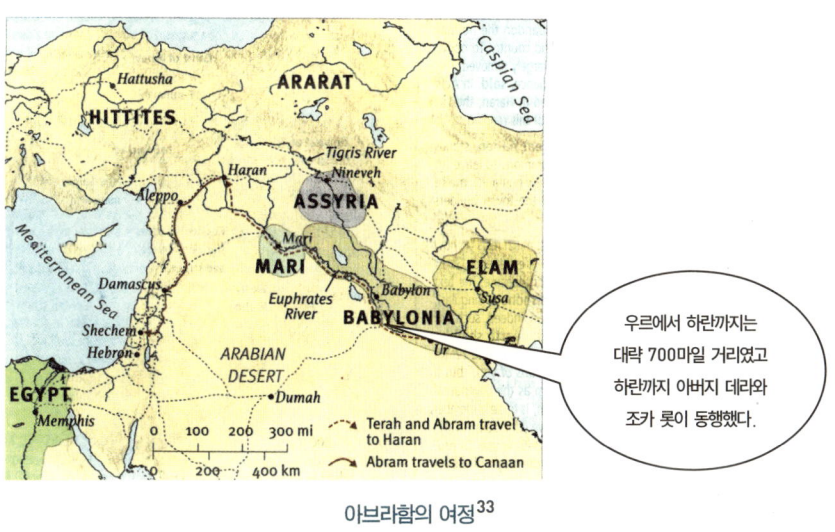

아브라함의 여정[33]

---

[33] *The Holy Bible : English Standard Version, Containing the Old and New Testaments (Esv)*, ESV

하나님을 향한 아브라함의 믿음이 그의 가치 체계 즉 사고의 패러다임을 전환시킨 것이며 결과적으로 그의 행동의 방향이나 패턴이 변화된 것이다. 맥가브란은 이런 변화를 "제자화"라는 용어로 사용했다. 맥가브란은 1955년 출판한 그의 저서 『하나님의 가교』(The Bridges of God)에서 "제자화"(Discipling)라는 용어를 처음 사용했다.34 맥가브란은 마태복음 28장 19-20절 본문을 해석할 때 개종의 단계를 제자화와 완전화로 구분해 설명했다. 개종의 단계에 있어서 우선적으로 제자화가 이루어지고 그 후에 완전화가 진행된다고 보았다. 제자화의 단계를 그는 다음과 같이 설명했다.

> 부정적인 측면에서 족속들을 제자화한다는 것은 다신교, 우상숭배, 물신숭배, 또는 집단적인 충성에 기초하는 인간이 만들어 낸 어떤 다른 종교들을 제거하는 것을 말한다. 긍정적으로 말하면 족속이 제자화된다는 것은 그 족속의 개개인이 예수 그리스도가 자신의 주와 구세주가 되심을 믿고, 그리스도에게 연합되어 있다고 느끼고, 그들 자신이 주님의 교회의 교인이라고 믿으며, "우리 식구들은 기독교인이며, 우리들의 책은 성경이고, 우리들이 예배 드리는 장소는 교회이다"라고 깨닫는 것이다.35

이런 제자화가 이루어진 후에 개종의 두 번째 단계로서 완전화가 요구된다고 보았다.36 이 완전화는 선교적 관점에서 그들을 가르쳐 지키게 하는 것이다. 맥가브란이 말했던 기독교인의 임무로서의 "기독교화"라는 용어는 제자화에 완전화를 더한 전체 임무를 나타낼 때 보편적이고 일반적인 의미로 사용했다.37

이런 관점 속에서 아브라함은 독특하게도 제자화와 완전화가 중복적으로 이루어지고 있다. 아브라함은 일차적으로 하나님과의 만남을 통해 이전에 가

---

    text edition. ed. (Wheaton, Illinois: Crossway, 2011), 72.
34 Donald A. McGavran, *The Bridges of God; a Study in the Strategy of Missions* (New York,: Distributed by Friendship Press, 1955), 13-14.
35 McGavran, 『하나님의 선교전략』, 34.
36 McGavran, *The Bridges of God; a Study in the Strategy of Missions*, 15-16.
37 McGavran, 『하나님의 선교전략』, 37.

지고 있던 다신교적 신앙과 우상 숭배를 타파하고 하나님만을 유일신으로 믿고 따르고 있다. 그리고 족장으로 그에게 속한 모든 남자를 할례를 통해 하나님의 소유된 백성이라는 것을 확증했다. 그리고 하나님 앞에서 제사를 통해 그의 믿음을 나타내고 하나님만을 섬길 것을 나타냈다. 심지어 하나님의 명령에 절대적 순종으로 자기의 아들 이삭을 제물로 드릴 정도의 믿음을 하나님께 보였다.

이런 아브라함의 행동은 믿음을 바탕으로 한 자기 내면의 신념의 발로라고 볼 수 있다. 또한 아브라함의 개종은 하나님의 언약 관계 속에서 그 언약을 성취하실 것이라는 확신 가운데 이루어진 세계관의 변화라고 볼 수 있다. 이것은 맥가브란이 개종의 두 단계를 설명한 제자화와 완전화의 개념과 일치함을 알 수 있다.

3. 라합의 개종

라합의 개종은 적국의 소문을 통해 하나님의 존재를 인식하고 직접적인 접촉이 없었는데도 제자화의 과정이 일어난 특별한 개종이었다. 라합의 개종과 그 증거는 여호수아의 정탐꾼을 보냄으로 나타났다. 모세의 후계자였던 여호수아는 아브라함에게 약속된 땅인 가나안을 정복하기 위한 준비를 했다.

여호수아서 2장 1절에 따르면 여호수아는 싯딤에서 두 사람을 가나안 땅의 첫 성이었던 여리고에 정탐을 보냈다. 이것은 38년 전에 자기 자신이 했던 정탐의 역할을 기억하고 두 사람의 정탐꾼을 보낸 것이었다.[38] 마침 두 정탐꾼이 여리고성에 들어가서 유숙하게 된 곳이 기생 라합의 집이었다. 정탐꾼이 기생 라합의 집에 들어왔다는 정보가 여리고 왕의 귀에 들어갔고 그들을 잡기 위해 사람들을 보냈다.

그런데 기생 라합은 여리고 입장에서 반역적인 행동을 취했다. 그것은 두 정탐꾼을 지붕에 벌여놓은 삼대에 숨기고 그들을 잡으러 온 사람들에게 정탐

---

38 Leon James Wood, 『이스라엘의 역사』, 김의원 역 (서울: CLC, 2012), 222.

꾼들이 어디로 갔는지 모른다고 거짓말을 한 것이다. 자기의 동족을 배반하는 일을 기생 라합이 할 수 있게 된 근거에 대해 성경은 여호수아 2장 9-11절에 다음과 같이 기록하고 있다.

> 여호와께서 이 땅을 너희에게 주신 줄을 내가 아노라 우리가 너희를 심히 두려워하고 이 땅 주민들이 다 너희 앞에서 간담이 녹나니 이는 너희가 애굽에서 나올 때에 여호와께서 너희 앞에서 홍해 물을 마르게 하신 일과 너희가 요단 저쪽에 있는 아모리 사람의 두 왕 시혼과 옥에게 행한 일 곧 그들을 전멸시킨 일을 우리가 들었음이니라 우리가 듣자 곧 마음이 녹았고 너희로 말미암아 사람이 정신을 잃었나니 너희의 하나님 여호와는 위로는 하늘에서도 아래로는 땅에서도 하나님이시니라(수 2:9-11).[39]

놀랍게도 기생 라합은 이스라엘의 하나님에 대해 들어서 알고 있었다. 심지어 아브라함에게 약속했던 가나안땅을 하나님께서 이스라엘에게 주셨다는 고백까지 했다. 당시 가나안 땅에는 바알과 아스다롯과 같은 풍요를 기원하는 신들이 존재하고 있었다. 그러나 사람들의 입술로 전달된 이스라엘의 하나님의 존재에 대해 들었을 때 여리고의 사람들은 간담이 서늘해졌다.[40]

홍해 물을 마르게 하시고 구름기둥과 불기둥으로 이스라엘을 지키시며 요단 동편 아모리의 두 왕 시혼과 옥을 죽이시고 그들을 전멸시키신 여호와 하나님의 소문을 들었을 때 기생 라합은 그 하나님만이 상천하지에 참 하나님이라는 사실을 확신하게 되었다. 소문을 통해 들은 하나님이 참 하나님으로 믿는 확신이 생긴 것이다. 기생 라합의 가치관 혹은 세계관이 변화된 것이다.

폴 히버트(Paul G. Hiebert)는 한 문화의 믿음과 행동 이면에 있는 실재에 관한 기본적인 가정을 종종 세계관이라고 했다.[41] 그는 세계관의 가정을 세 가지로 구분했다. 그것은 각각 평가적 가정(Evaluative assumptions), 감정적 가정(Affective assumtions), 인식적 가정(cognitive assumtions)이다. 특히 인식적 가정은

---

39 여호수아 2:9-11 한글성경 개역개정판
40 Glasser, 『성경에 나타난 하나님의 선교』, 155.
41 Paul G. Hiebert, *Anthropological Insights for Missionaries* (Grand Rapids, Mich.: Baker Book House, 1985), 45.

사고를 위한 정신적인 카테고리를 형성한다고 보았다. 이런 인식적 가정의 기능에 대해 폴 히버트는 다음과 같이 설명했다.

> 인식적 가정은 사람들이 의지하는 권위의 종류 그리고 그들이 사용하는 논리의 형태를 결정함에 중요한 역할을 한다. 이들 가정들은 함께 합쳐 삶과 실재에 대한 질서와 의미를 부여한다.[42]

이런 가치관의 특징과 더불어 가치관의 몇 가지 기능들에 대해 설명했다. 즉, 세계관은 우리에게 감정적인 안정(Emotional security)을 제공한다고 했다. 불가사의적이며 제어할 수 없는 힘과 질병 그리고 죽음으로 가득찬 위험스러운 세계에 직면해 사람들은 감정적 위로와 안정감을 위해 그들의 깊은 문화적 믿음으로 향한다고 보았다.[43]

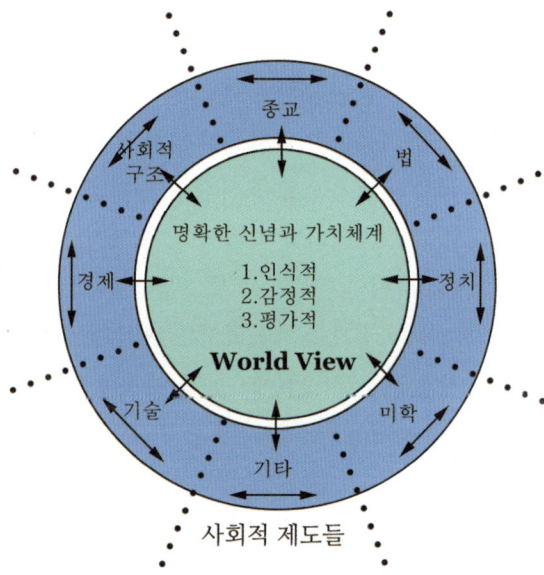

세계관의 한 모델[44]

---

42 Paul G. Hiebert, 『문화속의 선교』, 채은수 역 (서울: 총신대학출판부, 1987), 55.
43 Ibid., 58.
44 Hiebert, *Anthropological Insights for Missionaries*, 46.

라합의 하나님에 대한 인식은 자문화의 안정감보다도 이스라엘의 하나님이 주는 안정감이 더 큰 가치로 받아들이게 했다. 라합의 세계관의 변화는 곧 신념의 변화이고 하나님에 대한 믿음을 지탱해 주는 역할을 한 것이다.

그런 관점 속에서 라합의 행동을 이해할 수 있게 된다. 이스라엘의 하나님을 믿을 것인가 아니면 바알을 믿을 것인가에 대한 가치 판단에 있어서 라합은 주저함이 없이 하나님만이 자기와 자기의 친족들이 살 수 있는 길이라는 판단과 확신이 섰던 것이다.

라합에게 하나님에 대한 믿음이 있었다는 것을 히브리서 기자는 다음과 같이 기록했다.

> 믿음으로 기생 라합은 정탐꾼을 평안히 영접하였으므로 순종하지 아니한 자와 함께 멸망하지 아니하였도다(히11:31).

비록 자기 민족을 배반하는 일이 있을지라도 하나님의 편에 서서 하나님의 백성을 돕는 것이 옳다는 가치 판단을 했고 그렇게 두 정탐꾼을 돕는 일을 했다. 이런 라합의 행동을 맥가브란의 완전화의 과정으로 이해할 수 있다.

두 정탐꾼은 기생 라합의 도움으로 무사히 이스라엘 본진으로 귀대할 수 있었다. 원래 목적대로 충분한 여리고 땅의 정탐은 하지 못했다. 그러나 기생 라합을 통해 얻어진 여리고성의 분위기를 보고했다. 라합은 이스라엘이 여리고성을 탈취할 수 있는 실제 정보를 제공하지는 않았다.[45]

다만 두 정탐꾼은 여호수아 2장 9절에 기록되어 있는 대로 라합의 말을 보고했다. 그 내용은 여리고 백성들이 하나님을 두려워해 간담이 녹았다는 것이었다.[46] 두 정탐꾼을 통해 여호수아는 여리고 정복을 위한 용기와 자신감을 얻게 되었다. 하나님의 도우심으로 가나안 땅의 첫 성이었던 여리고성은 무너졌고 그 성에 있는 모든 사람과 짐승들은 죽임을 당했다.

45　두란노 목회와신학, 『여호수아 어떻게 설교할 것인가?』 (서울: 두란노, 2004), 175.
46　Glasser, 『성경에 나타난 하나님의 선교』, 155.

그러나 기생 라합과 그의 아버지의 가족과 형제들 그리고 그 집에 소유된 모든 것은 구원을 받게 되었다.

신약의 야고보는 기생 라합을 다음과 같이 평가했다.

> 또 이와 같이 기생 라합이 사자들을 접대하여 다른 길로 나가게 할 때에 행함으로 의롭다 하심을 받은 것이 아니냐 영혼 없는 몸이 죽은 것 같이 행함이 없는 믿음은 죽은 것이니라 (약 2:25-26).

라합의 신념, 즉 하나님을 향한 믿음과 그가 행한 행위가 일치한다는 것을 강조하고 있는 것이다.

라합의 개종은 아브라함의 개종과 몇 가지 공통 부분이 있다.

첫째, 기존의 신념과 가치관을 버리고 하나님을 믿는 믿음으로 세계관이 변화되었다.

둘째, 하나님을 믿는 내적 신념은 비록 위태로운 상황에 처해지더라도 그것을 신념으로 극복하고 실천적인 행동으로 나타냈다. 이런 행동은 완전화 과정의 한 단면이다.

셋째, 아브라함과 라합 자신만 개인적으로 하나님을 믿은 것이 아니라 그들의 가족, 친족, 부족 공동체 전체가 개종했다.

이런 공통점들은 맥가브란이 주장했던 교회성장과 개종의 관계 속에서 언급된 내용들과 일치한다.

특히 제자화와 완전화를 구분해 설명하면서 제자화의 다음 단계로서의 완전화는 인간집단 내에서 이루어지는 공동체에 나타나는 사회적 변화를 수반한다고 했다. 또한 완전화는 다음 세대(subsequent generations) 가운데 일어나는 개인 개종을 강조한다고 했다.[47]

---

47 Institute of Church Growth. [from old catalog], *Church Growth Bulletin* (South Pasadena, Calif.,: W. Carey Library, 1969), 167.

알랜 티펫은 그의 저서 『교회성장과 하나님의 말씀』(Church Growth and the Word of God)에서 교회성장은 개종의 과정과 함께 일어난다고 했다. 그리고 교회의 성장은 개종이 일어나는 수량에 따라 통계적으로 성장을 간주해야 함을 강조했다.[48] 이것은 교회성장학이 말하는 성장은 제자화와 함께 완전화를 이루는 성숙한 한 사람의 개종으로부터 시작된다는 것을 강조하는 것이다.[49]

라합의 개종은 자기 아버지의 친족과 형제들을 구원하는 하나님의 가교의 역할을 했다. 한 사람의 개종이 그룹 전체를 구원하는 역할을 한 것이다. 라합의 개종은 신념의 변화와 함께 구체적인 행동(두 정탐꾼을 숨겨준 일)으로 그 믿음을 나타냄으로 인해 여호수아의 신뢰를 받았고 유일하게 여리고성에서 구원받을 수 있었다. 더 나아가 이방인임에도 불구하고 이스라엘 공동체 안에 들어갈 수 있는 특권을 누리게 된 것이다.

라합의 개종의 계기는 불특정인에 의한 입소문을 통해 이스라엘의 하나님의 존재를 인식하게 됨으로 시작되었다. 일반적으로 선교사들같이 메시지를 전달하는 외부 주창자가 누구인지에 대해 성경은 언급하고 있지 않다. 소문에 의해 라합은 제자화되었는데 그 제자화와 함께 이스라엘의 정탐꾼을 숨기기까지의 믿음의 성숙도에서 완전화의 모습이 나타났다. 이것을 하나님의 선교 방식이라고 이해할 수 있다. 선민인 이스라엘 민족만 하나님의 백성이 되는 것이 아니라 하나님을 믿고 섬길 수 있는 모든 열방에게 하나님 백성의 길이 열려 있음을 보여 주는 사례라고 할 수 있다.

4. 룻의 개종

룻의 개종에는 시어머니 나오미가 복음의 다리 역할을 했다. 룻은 시어머니의 믿음을 배우고 따랐다. 특히 이방 여인으로서 시어머니의 신앙을 받아들이는 것은 쉽지 않은 결정이었다. 룻의 개종은 엘리멜렉과 나오미 가정의

---

48 Tippett, *Church Growth and the Word of God; the Biblical Basis of the Church Growth Viewpoint*, 19.
49 Tippett, *Introduction to Missiology*, 74.

만남을 통해 이루어졌다.

사사 시대 유다 베들레헴 땅에 흉년이 들어 엘리멜렉은 그의 아내(나오미)와 두 아들(말론, 기룐)을 데리고 모압으로 이주했다.[50] 하나님 백성의 흩어짐은 표면적으로는 고통스러운 상황이지만 때로 하나님께서는 그런 방법을 통해 자기의 백성들을 연단하시고 새로운 길을 여신다.[51]

이주민의 생활은 쉽지 않았다. 10여 년 동안 모압에서의 이민 생활은 비극으로 끝나 버렸다. 나오미의 남편 엘리멜렉은 죽었고 그 후 모압 여인을 며느리로 맞아 같이 살던 두 아들마저 죽음을 맞이했다. 결국 남아 있는 사람들은 나오미와 두 며느리 오르바와 룻, 세 여인뿐이었다. 여인들끼리 살기에는 사회적으로 힘든 시대였다.

나오미는 고향 베들레헴에 흉년이 끝났다는 소식을 접했다. 귀향하기로 마음먹고 두 며느리를 데려가기보다는 그들의 고향인 모압 곧 그들 부모의 집으로 돌려보내고자 했다. 첫째 자부 오르바는 나오미와 작별의 입맞춤을 하고 헤어졌지만 둘째 자부 룻은 나오미를 붙좇았다. 그때 나오미는 룻에게 다음과 같이 권면한다.

> 나오미가 또 이르되 보라 네 동서는 그의 백성과 그의 신들에게로 돌아가나니 너도 너의 동서를 따라 돌아가라(룻 1:15).

이 표현 속에서 오르바와 룻은 결혼 후 나오미와 함께 살면서 모압의 신들을 떠나 여호와 하나님을 알게 되었고 남편과 시부모가 섬기는 하나님을 믿고 섬기게 되었다는 것을 알 수 있다. 섬기는 신을 바꾼다는 것은 자기의 세계관이 바뀐다는 것이다. 룻은 모압 문화 속에 살면서 자연스럽게 그 문화에 속해 있는 신앙관을 소유하게 되었다.

50　Wood, 『이스라엘의 역사』, 288.
51　임윤택, 『디아스포라 설교신학』 (서울: CLC, 2009), 233.

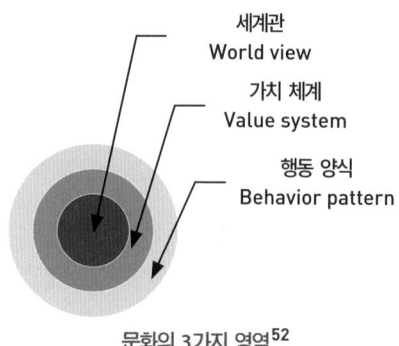

문화의 3가지 영역[52]

문화인류학자들은 보통 문화를 말할 때 크게 세 가지 영역으로 구분한다. 그것은 세계관(world view), 가치 체계(value system), 행동 양식(behavior pattern)이다.[53] 이 중에서 가장 심층부에 있는 것이 세계관이다. 세계관은 세상을 보는 안목이다.[54] 이 세계관을 중심으로 가치 체계가 형성되고 그 가치 판단에 따라 행동 양식이 결정된다.

폴 히버트로부터 학문적 가르침을 받은 안점식은 인간의 심층부에 있는 세계관을 다음 설명과 같이 폐쇄적 구조물로 설명한다.

> 세계관이란 단순하게 말해 '세상을 보는 창'이라고 할 수 있다. 세계관은 마치 안경처럼 우리의 몸에 밀착되어 있어서 안경을 끼는 사람이 렌즈에 색깔을 넣으면 온통 그 색깔대로 보이는 것처럼 그 사람의 세계관이 무엇이냐에 따라 세상이 다르게 보일 수 있다. 세계관은 공부를 통해 이론적으로 학습되기 보다는 어릴 때부터 경험한 것을 통해 자연스럽게 형성되는 것이라고 할 수 있다. 인간은 경험들을 낱개의 파편들로 남겨 두지 않고 그 경험들을 서로 연관시켜서 하나의 폐쇄적 구조물로 만들려고 하는 경향이 있다. 예를 들어, 벽돌로 건물을 짓는 것을 가정할 때 벽돌은 경험을 의미하고 벽돌과 벽돌을 연결시키는 것은 이성의 합리화 작용이라고 할 수 있다.[55]

---

52 안점식,『세계관을 분별하라』(서울: 죠이선교회출판부, 1998), 19.
53 Ibid., 18.
54 Paul G. Hiebert,『21세기 선교와 세계관의 변화』, 홍병룡 역 (서울: 복 있는 사람, 2010), 28.
55 안점식,『세계관을 분별하라』, 17.

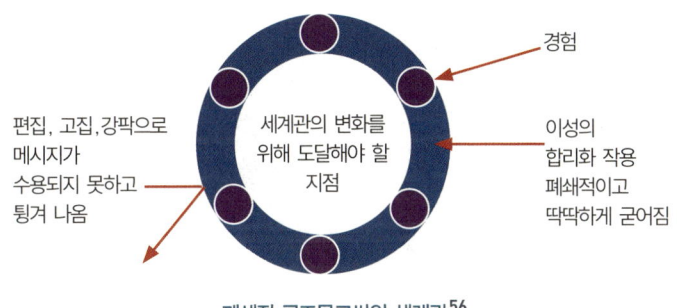

폐쇄적 구조물로써의 세계관[56]

룻도 역시 자기의 고향인 모압에서 태어나 자라면서 그 문화 속에서 세계관이 형성되었다. 특히 모압은 혈통적으로 아브라함의 조카 롯의 후손들이지만 세월이 흘러가면서 유일신이신 하나님을 버리고 다신교 신앙을 가지게 되었다. 모압 사회 속에서 자라오면서 그런 모압의 가치관과 문화는 그대로 룻에게 답습되었다. 폐쇄적 구조물로서의 세계관의 관점에서 룻의 세계관이 바뀌는 것은 쉬운 일이 아니었다.

룻의 세계관이 바뀔 수 있었던 결정적인 계기는 유다 베들레헴에서 이주한 나오미 가족을 만남으로 인해 가능했다. 나오미의 아들 기룐과 룻이 얼마 동안 결혼생활을 했는지 성경에 정확히 기록되어 있지 않지만 10년 이내 동안 나오미의 며느리로서의 삶을 살았고 남편이 죽은 이후에도 홀로 된 나오미와 한동안 같이 살았던 것으로 짐작할 수 있다. 룻의 세계관이 변화되는 데 있어서 가장 큰 영향을 준 사람은 시어머니 나오미였다. 그것은 룻기 1장 16-12절에 기록된 룻의 고백을 통해 알 수 있다.

안점식은 세계관을 변화시키는 주체는 하나님이라고 기록했다.[57] 한 문화 속에서 경험적으로 인간 내면에 배어 있는 세계관을 인간적인 설득으로 변화시킬 수 없다는 것이다. 하나님께서 환경의 변화, 새로운 사람 만남, 혹은 성령의 강권적 일하심을 통해 한 개인의 폐쇄적 세계관의 틈을 뚫으시고 메시지를 침투시킨다는 것이다.

---

56 Ibid., 22.
57 Ibid., 24.

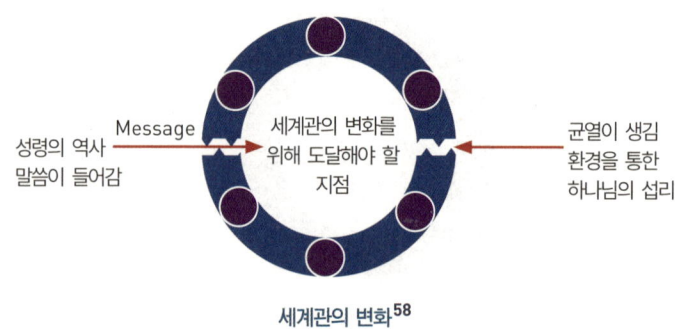

세계관의 변화[58]

룻이 나오미에게 고백하는 내용 속에 "어머니의 백성이 나의 백성이 되고 어머니의 하나님이 나의 하나님이 되시리니"라는 표현은 더 이상 모압에 속한 사람이 아니라 이스라엘 공동체 안에 속한 사람이라는 것을 나타낸다. 이것은 맥가브란의 제자화의 한 단면이다.

룻은 하나님을 주인으로 섬기는 완전히 새로운 세계관을 지닌 사람이 된 것이다. 룻의 내적 신념은 결국 자기의 고향을 떠나 시어머니의 땅인 유다 베들레헴으로 따라가는 행동으로 이어진다. 이것은 믿음의 발로로 완전화의 단계로 진행되고 있음을 나타낸다.

아서 글라서는 선교 방법론에 있어서 이스라엘의 역할을 두 가지 힘(two forces)으로 설명한다.[59]

첫째, 구심적 선교(centripetal)이다. 이것은 이스라엘이 밖에 있는 사람들을 안으로 끌어당겨서 구원하는 방법이다.

둘째, 원심적 선교(centrifugal)이다. 이것은 밖에 있는 사람들에게 나아가 말씀을 선포하고 설득해 구원하는 방법이다.[60]

이것에 대해 벵트 선드클러(Bengt G. M. Sundkler)는 다음과 같이 설명했다.

---

58 Ibid.
59 Winter et al., 『미션 퍼스펙티브』, 67.
60 Glasser, 『성경에 나타난 하나님의 선교』, 99.

원심적 선교는 전달자들이 경계선을 넘어 하나님의 소식을 멀리 있는 사람들에게 전해 줌으로써 이루어진다. 구심적 선교는 자석이 가진 자력과 같이 먼 곳에 있는 사람들을 중심에 서 있는 사람들에게 이끄는 것이다.[61]

두 가지의 선교 방법론은 이주의 방법이 자발적이냐 강제적이냐에 따라 자발적 원심 선교와 강제적 원심 선교로 구분이 된다. 구심 선교도 각각 자발적 구심 선교와 강제적 구심 선교로 구분된다.

나오미를 통한 룻의 구원은 강제적 원심 선교로 나오미의 이주는 자발적이라기 보다는 가뭄에 의한 불가피한 이주였고 유다에서 모압으로 이주했기 때문이다.

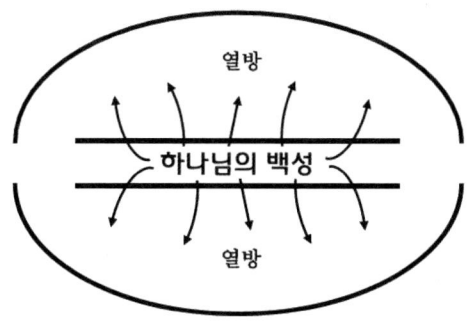

원심적 선교(Centrifugal)[62]

동시에 룻의 관점에서 보면 자발적 구심 선교로도 볼 수 있다. 이방인인 룻이 자발적으로 시어머니의 고향 유대로 이주했기 때문이다.

마태복음 1장에 나타난 예수님의 족보 중에 기생 라합과 모압 여인 룻의 이름이 기록되어 있다.[63] 모두 이방 여인이었지만 하나님을 믿음으로 변화되

---

61 Bengt Sundkler, *The World of Mission* (Grand Rapids, Michigan: Eerdmans, 1966), 14-15.
62 Charles Edward van Engen, "선교의 성경적 기초"(Biblical Foundations of Mission), Mk731 강의안 (Pasadena, CA: Fuller Theological Seminary, 2011) 41.
63 마태복음 1:5-6; "살몬은 라합에게서 보아스를 낳고 보아스는 룻에게서 오벳을 낳고 오벳은 이새를 낳고 이새는 다윗 왕을 낳으니라 다윗은 우리야의 아내에게서 솔로몬을 낳고"(Σαλμὼν δὲ ἐγέννησεν τὸν Βόες ἐκ τῆς Ῥαχάβ, Βόες δὲ ἐγέννησεν τὸν Ἰωβὴδ ἐκ τῆς Ῥούθ, Ἰωβὴδ δὲ ἐγέννησεν τὸν Ἰεσσαί, Ἰεσσαὶ δὲ ἐγέννησεν τὸν Δαυὶδ τὸν βασιλέα. Δαυὶδ δὲ ἐγέννησεν τὸν Σολομῶνα ἐκ τῆς τοῦ Οὐρίου,)

어 이스라엘 공동체 안에 들어온 사람들이었다. 더욱이 그들은 다윗왕과 예수 그리스도의 혈통적 조상으로 복음서에 이름이 올리게 되었다. 이것은 아서 글라서의 주장처럼 구약 시대에 열방을 향하신 하나님의 선교의 한 사건이라고 볼 수 있다.[64]

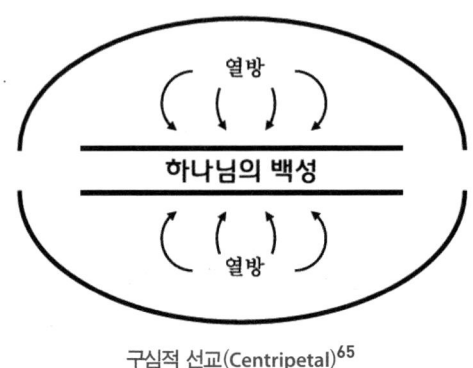

구심적 선교(Centripetal)[65]

5. 베드로의 개종

베드로의 개종은 예수님과의 직접적 만남을 통해 이루어졌다. 베드로는 갈릴리 바닷가에서 고기를 잡는 어부였다. 예수님과 베드로가 조우하는 장면에 대해 복음서에서는 비교적 중요하게 기록하고 있다. 그중에서 가장 상세하게 기록되어 있는 책은 누가복음이다. 게네사렛 호숫가에서 예수님께서는 무리에게 말씀을 전하고 계셨다. 때마침 밤 새워 고기를 잡았던 베드로와 다른 어부들이 근처에서 그물을 손질했다.

그리고 예수님께서는 베드로의 배에 오르시고 그 위에서 사람들을 향해 말씀을 가르치셨다. 예수님께서는 베드로를 제자로 삼기 위해 그의 배를 선택하셨을 것이다. 말씀을 마치시고 베드로에게 깊은 곳에 가서 그물을 내리라고 명령하셨다. 그때 베드로가 다음과 같이 대답했다.

---

64 Glasser, 『성경에 나타난 하나님의 선교』, 100.
65 Ibid.

> 선생님 우리들이 밤이 새도록 수고하였으되 잡은 것이 없지마는 말씀에 의지하여 내가 그물을 내리리이다(눅 5:5).

그 결과 만선이 되어 그물이 찢어질 정도로 물고기가 가득 잡히게 되었다. 그리고 베드로는 예수님 앞에 엎드려 다음과 같이 고백했다.

> 주여 나를 떠나소서 나는 죄인이로소이다(눅 5:8).

예수님을 부른 호칭이 이때는 랍비 즉 "선생님"이었지만 말씀과 함께 순종하고 그 결과가 나타난 이후에는 "주님"으로 바뀌었다. 예수님에 대한 가치관이 바뀐 것이다.

맥가브란은 그의 저서 『하나님의 가교』에서 제자화를 다음과 같이 정의했다.

> 인간집단의 공동생활로부터 사람들의 마음을 흩뜨리는 분열적이며 잘못된 신들과 영들을 제거하고 그리스도가 왕좌에 앉도록 하는 것, 이것을 우리는 '제자화'라고 부른다.

맥가브란이 사용했던 제자화의 정의에서 제자화의 세 가지 중요한 과정을 발견할 수 있다.[66]

첫째, 사람들은 과거의 잘못된 신들이나 잘못된 태도로부터 돌이킨다.[67]
둘째, 예수 그리스도를 구주로 섬긴다.
셋째, 그리스도의 공동체인 교회의 일원이 된다.[68]

66　McGavran, *The Bridges of God; a Study in the Strategy of Missions*, 14.
67　Tippett, *Church Growth and the Word of God; the Biblical Basis of the Church Growth Viewpoint*, 20.
68　Donald Spradlin Matthew, "The Role of "Perfecting" in Donald McGavran's Church Growth Thought" (The Southern Baptist Theological Seminary, 2012), 40.

맥가브란은 또한 개인의 개종이 완전하고 성화의 정도가 깊으면 제자화에 큰 도움이 된다고 했다.[69]

베드로의 개종 속에 이런 제자화의 양상이 드러난다. 예수님을 만나기 전까지 베드로는 단지 생존을 위해 밤 늦게까지 고기를 낚는 어부에 불과했다. 그러나 예수님을 만나고 예수님의 말씀을 순종한 후에 기적을 체험했다. 베드로는 즉각적으로 예수님의 무릎 아래 엎드려 자기가 죄인임을 고백하고 예수님을 구주로 고백하게 되었다. 예수님께서는 베드로를 사람을 낚는 어부가 되라고 부르셨다. 베드로는 그가 잡은 만선의 물고기와 배와 그물을 뒤로 하고 예수님을 즉각적으로 따르게 되었다.

어부에게 있어서 배와 그물 그리고 만선의 물고기는 생존을 위해 가장 중요한 도구이며 자산이다. 그럼에도 불구하고 베드로는 그 모든 것을 버렸다. 그리고 예수님의 제자가 되었다. 이것은 베드로의 세계관이 바뀐 것이다. 이제까지 자기 중심의 삶에서 예수님 중심의 삶으로 바뀐 것이다.

마태복음 16장 15절에 예수님께서 제자들에게 질문을 던지셨다.

> 너희는 나를 누구라 하느냐(마 16:15).

이에 베드로는 다음과 같이 대답했다.

> 주는 그리스도시요 살아 계신 하나님의 아들이시니이다(마 16:16).

이 대답에 대해 예수님께서는 베드로를 칭찬하시며 이것은 하나님으로부터 온 답이다고 말씀하셨다. 제자들에게 주님이 던진 질문에 가장 정확한 답을 말한 베드로를 칭찬하셨다. 이것은 베드로가 예수님을 즉각적으로 따를 수 있었던 그의 세계관의 변화를 단적으로 알 수 있는 구절이다.

맥가브란에 의하면, 교회성장의 임무는 제자화에서 머물러서는 안되며 반

---

69 McGavran, 『하나님의 선교전략』, 35.

드시 완전화에 이르러야 한다고 했다.[70] 완전화에 대해 그의 저서 『하나님의 가교』에서 다음과 같이 정의했다.

> 완전화는 제자화된 집단 안에 도덕적 변화가 일어나는 것이며, 공동체 전체에 철저한 기독교적 생활 방식이 점차 일어나며, 개인이 결심할 나이가 되면 각 세대를 구성하는 개인의 회심이 이루어지는 것이다. 오래 전에 '기독교' 문명에 있는 교회들의 엄청난 노력을 통해 성스러운 생활과 사회적, 인종적 그리고 정치적 정의가 이루어진 것은 완전화 과정의 일부이다. 또한 모든 세대를 통해 수백만의 개인들을 예수 그리스도와 생동적인 관계를 갖도록 인도하기 위해 바쳤던 모든 기도와 노고 역시 완전화에 이르게 하는 과정이다.[71]

그는 또한 그의 저서 『교회는 어떻게 성장하는가?』(*How to grow a church*)에서 완전화에 대해 다음과 같이 기록했다.

> 우리는 교회성장의 두 번째 파트인 완전화로 나아가야 한다. 완전화는 세례받은 신자들이 성경적 그리스도인으로 확고히 자라나게 하는 것이다. 그들의 삶은 성경의 지식으로 조명되며 예수 그리스도와의 개인적인 밀접한 관계를 갖게 되는 것이다.[72]

베드로가 예수님과 3년간의 공동체 생활을 했던 기간은 완전화 과정의 기간이라고 볼 수 있다. 3년간의 공생애 기간 동안 베드로는 예수님의 가르침을 직접 받았다. 또한 많은 기적과 이적 사건을 통해 예수님이 누구신가에 대한 경험적인 믿음으로 성숙해지는 시간을 가졌다. 맥가브란이 말하는 교회성

---

70 Donald A. McGavran and Win Arn, *How to Grow a Church* (Glendale, Calif.,: Regal Books, 1973), 80.
71 McGavran, 『하나님의 선교전략』, 36.; McGavran, *The Bridges of God; a Study in the Strategy of Missions*, 15.
72 McGavran and Arn, *How to Grow a Church*, 80. "We go on and say that the second part of church growth is "perfecting" or growing in grace. It's making sure that the baptized believers become biblical Christians, that their lives are irradiated by the knowledge of the Bible, and that they have a deep personal relationship with Jesus Christ."

장의 의미 속에는 이와 같이 완전화에 이르는 교회의 책임을 강조한다.[73]

그런데도 베드로는 예수님의 예언대로 닭이 울기 전 예수님을 세 번 부인했다. 그리고 사도행전 10장 14-15절에서 이방인에 대한 편견에 사로잡혀 있는 베드로의 모습을 볼 수 있다. 베드로의 완전화를 위해 하나님께서 성령님을 통해 일하심을 알 수 있다. 오순절 성령 강림을 통해 베드로는 새로운 사람으로 변화되었다.[74] "하나님의 선교"[75]라는 관점에서 초대 교회의 역할은 매우 중요한 의미를 담고 있었다. 복음이 전 세계로 확장해야 하는 모판과 같은 역할을 초대 교회가 해야 하기 때문이었다.

베드로는 초대 교회의 수장으로 하나님의 선교를 위해 그가 가지고 있었던 문화적, 율법적 장벽을 극복해야 할 필요성이 있었다. 하나님께서 당신의 선교를 위해 직접 베드로에게 환상을 통해 그 장벽들을 극복해야 할 것을 깨닫게 하셨다.

하늘로부터 내려온 각종 율법에 금한 음식들을 먹으라는 하늘의 음성을 듣고 베드로는 당황해하며 그럴 수 없다고 말했다. 세 번이나 동일하게 반복된 환상을 본 후에 베드로는 이방인 백부장 고넬료를 만나게 되었다. 하나님께서 친히 베드로와 고넬료에게 나타나셔서 하나님의 선교를 위한 놀라운 만남을 성사케 하셨다. 환상의 의미를 깨닫지 못한 베드로가 고넬료의 가정에 말씀을 선포할 때 성령의 임재를 체험하고 환상의 의미를 분명하게 깨닫게 되었다. 이방인에게도 복음이 선포되고 세례를 베풀라는 하나님의 마음을 알게 된 것이었다.

73　Institute of Church Growth., Northwest Christian College., and Fuller Theological Seminary., *Church Growth Bulletin*, vol. Third consolidated volume, 5 vols. (Santa Clara, etc., Calif.,: Global Church Growth, 1982), 155.
74　Glasser, 『성경에 나타난 하나님의 선교』, 425.
75　Georg F. Vicedom, 『하나님의 宣敎』, 박근원 역 (서울: 大韓基督敎出版社, 1979), 16-19. Georg F. Vicedom, *The Mission of God; an Introduction to a Theology of Mission*, The Witnessing Church Series (Saint Louis,: Concordia Pub. House, 1965), 5-6., David Jacobus Bosch, *Transforming Mission : Paradigm Shifts in Theology of Mission*, American Society of Missiology Series (Maryknoll, N.Y.: Orbis Books, 1991), 389-93. 참고할 것.

맥가브란은 그의 저서 『교회성장의 원리』(*Principles of Church Growth*)에서 선교 또는 교회의 목적이 무엇인가에 대해 다음과 같이 설명했다.

> 선교, 또는 교회의 목적은 무엇인가?
> 우리는 교회가 그리스도의 몸이라는 것을 먼저 인식해야 한다. 그러므로 교회의 선교는 하나님의 선교인 것이다. 그것은 주님의 계획이며 주님의 의지라는 것을 인정해야만 한다. 교회가 그리스도의 몸이라고 말하는 것이 성령님은 이 땅에 계속적인 그리스도의 현존하심임을 기억해야 한다. 하나님의 뜻을 이 땅에 실현하는 대리자로서의 교회는 성령을 통해 하나님의 뜻을 배워야 한다.[76]

베드로의 개종이 제자화와 완전화를 통해 하나님의 선교에 동참하기에 유익한 사람으로 성장할수록 하나님의 선교는 더욱 확대되어 가는 것을 볼 수 있다. 고넬료의 경우처럼 유대인이었던 베드로의 경험과 지식 속에 있는 가치관을 변화시키는 것은 쉬운 일이 아니었다. 그럼에도 불구하고 하나님께서는 열방을 위한 하나님의 선교를 위해 환상을 통해 베드로의 율법주의적 가치관을 변화시키셨다.

맥가브란은 완전화를 이루기 위한 교회의 책무는 사회적, 문화적, 윤리적 가치와 구체적 삶에 있어서 가르침을 통해 성경적 가치관으로 변화시키고 기독교적 삶의 질이 향상되며 예수 그리스도와 밀접한 관계가 유지될 수 있도록 하는 것임을 강조했다.[77]

---

[76] Wayne C. Weld and Donald A. McGavran, *Principles of Church Growth*, (Prelim. ed., 1 vols. (South Pasadena, Calif.,: William Carey Library, 1971), 3-1."
[77] Donald A. McGavran, *How Churches Grow; the New Frontiers of Mission* (New York: Friendship Press, 1957), 98-99.

6. 사마리아 여인의 개종

사마리아 여인의 개종에서 잃은 자를 찾아감의 중요성을 볼 수 있다. 예수님께서 친히 사마리아로 찾아가심을 통해 사마리아 여인의 개종이 이루어졌다. 예수님과 사마리아 여인의 만남이 기록된 책은 요한복음이다. 요한복음 4장 5-42절까지 비교적 긴 분량으로 기록되어 있다.

요하네스 니센(Johannes Nissen)은 이에 대해 요한복음의 저자인 요한이 사마리아 선교의 정당성을 강조하기 위해 자세히 기록했다고 평가했다.[78] 다시 말해 사마리아계 그리스도인 공동체와 유대계 그리스도인 공동체 사이에 완전한 동등성을 확립하기 위한 목적이라는 것이다. 이런 요한의 목적은 예수님의 선교적 의도를 반영한 것이다.

역사적으로 사마리아는 유대와 종교적 정치적 반목이 뿌리 깊은 지역이다. BC 722년경 사마리아는 앗수르에 의해 함락되었다. 앗수르는 정치적 목적에 따라 식민지 민족의 문화나 종교를 말살하고 제국의 통치에 합류시키기 위해 혈통을 섞어 버리는 정책을 이용했다.[79] 그런 일환으로 사마리아 지역에 타민족 사람들을 이주시켰고 반대로 이스라엘 사람들을 타국으로 이주시켜 억지로 이방인들과 결혼시켜 제국주의의 통치를 이루고자 했다(왕하 17:6).

그런 역사적이고 종교적인 이유로 신약 시대에는 유대인들이 사마리아를 지나갈 때는 일부러 그 땅을 밟지 않고 먼 길로 돌아서 갔다. 그런데 예수님께서는 고의적으로 사마리아로 찾아가신 것이었다. 제자들이 수가성으로 먹을 것을 구하러 간 사이에 예수님께서는 우물가에서 사마리아 여인을 만나셨다. 여행길에 피곤하셨던 예수님께서 먼저 여인에게 물을 달라 요청하셨다. 사마리아 여인은 유대인인 예수님께서 자기에게 물을 달라고 하신 행동에 의아하게 반응했다 (요 4:9).

사마리아 여인에게는 세 가지 사회적 장벽이 있었다.

---

78 Johannes Nissen, 『신약성경과 선교』, 최동규 역 (서울: CLC, 2005), 147.
79 조병호, 『성경과 5대제국』 (서울: 통독원, 2011), 91.

첫째, 그녀는 여자였다. 당시 사회적으로 여성의 신분은 매우 하찮은 신분이었다.

둘째, 그녀는 사마리아인이었다. 역사적으로 율법적으로 사마리아인들은 저주받은 사람들이었고 유대인들이 상종해서는 안 되는 존재였다.

셋째, 그녀는 남편을 여럿 두었던 죄인이었다.[80] 요한복음 4장 6절에 남편을 데려오라는 예수님의 요청에 여인은 남편이 없다고 답변했다. 예수님께서는 이미 다섯 명의 남편이 있었고 현재 있는 남자도 남편이 아님을 이미 알고 계셨다.

예수님은 수가성 여인과의 대화를 통해 여인의 세 가지 사회적 장벽을 허시고 영적 진리를 깨닫게 하셨다.

예수님과 사마리아 여인 사이에 대화의 화두는 두 가지였다.

첫째, 생수의 문제였다.

둘째, 참된 예배의 장소가 어디인가에 대한 문제였다.

예수님께서는 영원히 목마르지 않는 물을 줄 수 있다고 말씀하셨다. 예수님 자신이 영원히 목마르지 않는 생수라는 복음의 메시지를 선포한 것이었다. 사마리아 여인의 개종은 예수님의 복음 선포를 통해 이루어졌다.

이어서 두 번째 화두인 예배의 처소에 대한 여인의 질문이 이어졌다. 예배를 드려야 할 장소가 그리심산인지 예루살렘인지를 물었다. 예수님께서는 참된 예배의 장소는 특정한 공간에 제한되는 것이 아니라 예배드리는 자의 신령과 진정성에 있음을 알려 주셨다. 신령과 진정으로 예배한다는 것은 예수 그리스도 안에서 그 분을 예배하는 것이며 그분에게 사로잡히는 것이다.[81]

사마리아 여인은 메시아 곧 그리스도가 오시면 이 모든 것을 우리에게 말씀해 주실 것이라고 고백했다. 그때 예수님께서는 "네게 말하는 내가 그로라"

80　Nissen, 『신약성경과 선교』, 148.
81　Ibid., 149.

라고 자신의 메시아 되심을 선포하셨다. 여기서 사마리아 여인의 개종이 이루어졌다. 맥가브란이 말한 제자화가 이루어진 것이다.

알랜 티펫은 그의 저서 『교회성장과 하나님의 말씀』에서 개종의 두 가지 측면을 다음과 같이 설명했다.[82]

> 기본적으로 개종은 하나님의 사역이다. 하나님은 성령님을 통해 인간이 죄를 깨닫게 하고 구원에 확신 가운데 이끄신다(롬 8:14-16; 고전 2:9-14; 엡 2:4-5). 우리가 구원받은 존재로서의 인간을 생각할 때(엡 2:8), 그는 영원한 생명을 얻었고(요 3:15-17, 10:25), 새로운 피조물이 된 것이다(고후 5:17). 우리는 하나님만이 홀로 인간을 위해 그렇게 하실 수 있다고 생각한다. 이것이 개종을 신적 측면에서 바라보는 것이다. 그러나 기독교 선교에 있어서 우리가 크게 고려해야 할 인간적 측면이 있다. 인간은 하나님의 뜻에 우리의 의지를 복종해야만 한다. 인간은 성령의 움직임에 지지하고 반응해야 한다. 인간 측면에서 인간은 그리스도를 위해 결정해야 하고 한 인간집단이 그리스도를 수용하도록 해야 한다. 이것이 인간결단의 행동이고 선교신학의 매우 중요한 의의이다.[83]

티펫의 개종에 대한 설명처럼 사마리아 여인에게 있어서 개종은 예수님의 찾아오심에서 먼저 비롯되었다. 생수로서의 복음이 여인에게 선포되었을 때 여인은 가만히 있을 수 없었다. 자기와 같이 사회적으로 영적으로 고통받고 있었던 사마리아 사람들에게 예수님에 대해 전하고자 하는 열망이 생긴 것이었다. 이것이 인간 측면에서의 반응이며 완전화에 과정이다. 여인은 물동이를 버려두고 곧바로 동네에 들어가서 자기가 체험한 일과 만난 분이 메시아이심을 알리며 와서 보라고 권면했다.

성령의 움직임에 순종했고 인간집단이 그리스도를 수용하도록 반응한 것이었다. 사마리아 여인의 증거로 인해 성에 있는 많은 사마리아인이 예수님을 믿게 되었다. 여인이 복음을 전하고자 하는 열망을 가지고 실천한 것은 완

82　Tippett, *Church Growth and the Word of God; the Biblical Basis of the Church Growth Viewpoint*, 19-20.
83　Ibid.

전화의 과정이 시작되었다는 증거이다. 크래프트는 변화 과정의 절차를 다음과 같이 설명했다.

> 먼저 새로운 시각이 생기고 새로운 시각에 따라 재해석을 하게 되며 새로운 헌신 그리고 그다음에 비로소 새로운 삶으로의 습관이 생긴다.[84]

사마리아 여인은 이와 같은 과정을 통해 새로운 삶을 얻은 것이다.

또한, 이 본문의 내용은 맥가브란의 동질집단 이론(Homogeneous Unit Principle)의 성경적 근거가 된다. 맥가브란은 인도에서 31년간(1923-1954년) 사역하면서 교회성장 원리들을 습득했다. 거대한 인도는 하나가 아니라 적어도 3,000개 이상의 인간집단으로 형성된 거대한 모자이크였다. 맥가브란은 개종자를 내고 교회를 개척하기 위해 사회를 형성하는 다양한 인간집단에 대한 이해가 필요했다. 교회와 인종집단간의 관계를 연구했다.[85] 그 결과로 동질집단의 원리를 발견했다. 사람들은 인종, 언어, 계층의 장벽을 넘지 않고 크리스천이 되고 싶어 한다.[86]

사마리아인들의 경우 그들이 여인이 전해 준 복음을 듣는 것만으로 아직 만나지 않은 예수님을 믿을 수 있었던 것은 그들이 동질집단이었기 때문에 가능한 것이었다. 동일한 지역과 동일한 문화환경, 그리고 동일한 사회적 불평등을 공유하고 있는 동질집단이었기에 사마리아 여인의 증거만으로도 예수님을 수용할 수 있게 된 것이다.

앞서 언급한 사마리아 여인의 사회적 장벽을 허물고 영적 문제까지 해결할 수 있는 분이라면 분명 메시아라는 확신이 사마리아인들에게 공감되었던 것이었다.

---

84 Charles H. Kraft, 『기독교 커뮤니케이션론』, 박영호 역 (서울: CLC, 2001), 279-80.
85 Donald A. McGavran, *Ethnic Realities and the Church : Lessons from India* (South Pasadena, Calif.: William Carey Library, 1979), 38-44.
86 Donald A. McGavran, *Understanding Church Growth* (Grand Rapids,: Eerdmans, 1970), 198. "Men like to become Christians without crossing racial, linguistic, or class barriers"

또한, 이 사건은 맥가브란의 인간집단 운동(People Movement)과도 관계가 있다. 인간집단 운동에서 인간집단이란 개념은 부족, 씨족 혹은 혈통을 말한다.[87] 다시 말해 결혼이나 가까운 인간관계가 특정 사회집단 내에서만 일어나는 종족, 혈족 등을 말하는 것이며 인도 사회에 존재하는 카스트 등 특정 동질집단을 의미한다.[88] 맥가브란은 이와 같은 인간집단에서 발생하는 인간집단 운동에 대해 다음과 같이 설명했다.

> 인간집단 운동은 모두 동일 부족집단 출신인 다수의 개인들(5명이든 500명이든)의 공동 결단으로부터 초래된다. 이런 운동은 그들로 하여금 사회적 이동 없이 그리스도인들이 되게 하여 그들의 비기독교적인 친척들과 옛날과 다름없는 접촉을 유지하게 하며, 그 부족집단의 다른 그룹들이 여러 해가 지나 유사한 결단을 하게 하고 그리하여 오직 그 부족집단의 성원들로 이루어진 기독교 교회를 형성할 수 있게 하는 것이다.[89]

사마리아인들은 역사적, 종교적 배경으로 인해 유다 다른 지방의 이스라엘 사람들과의 접촉이 불가했다. 그런 특징으로 인해 그들은 일종의 동일 부족집단과 같은 형태로 살 수밖에 없는 환경이었다. 그러므로 메시아로서의 예수님이 완전화의 과정 속에서 사마리아 여인을 통해 전해졌을 때 더욱 효과적으로 복음이 전해질 수 있었다. 사마리아인들은 예수님을 직접 대면해 말씀을 들으므로 더욱 더 많은 수가 예수님을 믿게 되었다(요 4:41-42).
이런 반응은 그들이 동일 부족집단과 같은 형태의 사회구조였기 때문에 가능한 것이었다.

---

87 Donald A. McGavran, 『교회성장학』, 고원용 역 (서울: 보문출판사, 1979), 431.
88 McGavran, 『교회성장이해』, 486.
89 Ibid., 488.

7. 바울의 개종

바울의 개종은 매우 극적이었다. 바울의 경우와 같이 개종 이후 완전히 새로운 삶을 살게 되는 경우는 성경에서 매우 드물게 나타난다.

바울은 길리기아 다소 출생이었다.[90] 다소는 길리기아의 로마 영토 중에서 가장 중요한 도시였다. 다소는 문화, 경제, 교육의 중심지였다. 다소의 유대주의 안에는 그리스-로마 전통이 혼재하고 있었다.

도시의 철학 학교는 아테네와 혹은 알렉산드리아의 학교와 견줄 만했다. 그리고 그 당시 유명한 스토아 철학자들의 헤드쿼터가 다소에 있었다. 헬라어를 그 학교들에서 배웠음에 분명하다. 바울은 유창하게 헬라어를 구사할 줄 알았다. 그의 언어적 지식은 그의 가르침의 도구가 되었다. 그가 언제 출생했는지 성경에 기록은 없다.

바울이 성경에 처음 등장하는 것은 스데반이 순교 당하는 장면에서이다(행 7:58, AD 33년경). 당시 그는 젊은 나이였다. 그의 출신 성분에 대해 성경은 다음과 같이 기록하고 있다.

> 내가 팔일 만에 할례를 받고 이스라엘 족속이요 베냐민 지파요 히브리인 중의 히브리인이요 율법으로는 바리새인이요 열심으로는 교회를 박해하고 율법의 의로는 흠이 없는 자라 (빌 3:5-6).

바울은 기독교도들을 잡아오기 위해 다메섹으로 가는 도상에서 예수님을 만났다. 밝은 빛과 함께 예수님의 음성이 들렸고 이에 놀란 바울은 "주여 뉘시오니까"라고 정체를 물었다. 예수님께서는 "네가 핍박하는 예수라"고 응답하셨다.[91] 다메섹 도상에서의 개종은 사도행전(9:1-19; 22:4-21; 26:9-18)과 그의 서신들, 갈라디아서 1장 11-17절, 고린도 전서 9장 1-2절, 15장 8-10절에 기록되어 있다.

---

90 Maria Mavromataki, *Paul the Apostle of the Gentiles* (Athens, Greece: Haitalis Editions, 2003), 13.
91 사도행전 9:5. Nissen, 『신약성경과 선교』, 163.

특히 갈라디아서에 묘사되어 있는 개종은 선교적 소명과 밀접하게 연결되어 있다. 그 후 바울은 3일 동안 아무것도 보지 못하고 식음을 전폐하며 도상에서 만난 예수님을 다시 생각하며 기도하게 되었다. 하나님께서 아나니아를 통해 안수하게 하고 다시 보게 하셨다. 이때 아나니아에게 바울을 통한 주님의 계획을 알려 주신다.

> 주께서 이르시되 가라 이 사람은 내 이름을 이방인과 임금들과 이스라엘 자손들에게 전하기 위하여 택한 나의 그릇이라(행 9:15).

그가 아나니아의 기도를 통해 시력이 회복된 후에 그 자리에서 세례를 받았다. 그리고 다메섹에서 제자들과 함께 며칠을 보낸 후 즉시로 각 회당에서 예수의 하나님의 아들되심을 전파했다. 바울의 그런 갑작스러운 변화에 주위 사람들은 놀라워했다.

바울의 개종은 다메섹 도상에서 밝은 빛과 함께 예수님을 만난 후 불과 며칠만에 완전히 극적으로 일어난 그리스도인으로의 개종이었다. 아무것도 볼 수 없는 상태에서 3일 동안 식음을 전폐하며 그는 이전에 가지고 있었던 가치관이 완전히 새로운 가치관으로 변화하는 체험을 했다.

이것은 맥가브란이 말한 제자화가 일어난 것이다. 개종되기 전의 바울은 초대 교회 교인들을 박해한 우두머리들 중 한 사람이었다. 그는 율법에 흠 없는 준수자였고, 부활을 말하던 그리스도인들을 율법에 의해 정죄될 존재들로 여겼다.

그런데 다메섹 도상에서 그리스도를 만남으로 그 모든 것이 근본부터 변화되었다.[92] 그리스도와의 만남을 통해 예수님의 부활을 인정할 수밖에 없었고 그 부활하신 예수님을 믿는 그리스도인들은 더 이상 잘못된 사상을 가진 자들이 아니라는 것이었다. 오히려 그리스도의 부활이 사실이라는 것을 전해야 할 입장에 서게 된 것이었다.

---

92 Leander E. Keck, *Paul and His Letters*, *Proclamation Commentaries* (Philadelphia: Fortress Press, 1979), 117.

이런 관점에서 크리스터 스텐달(Krister Stendahl)은 다메섹도상에서의 바울의 개종은 이방인에게 메시지를 전하기 위한 특수한 소명을 받은 사건이라고 평가했다.[93] 데이비드 보쉬(David J. Bosch)는 그런 면에서 바울의 다메섹 도상에서의 사건에 대해 개종과 소명을 함께 사용해야 한다고 주장했다.[94]

다메섹 도상의 체험을 통해 바울은 예수님의 부활하심과 하나님은 천지만물을 다스리시는 분이시라는 것을 깨달았다. 갈라디아서 1장 13-17절의 본문을 근거로 그의 개종은 이방인 선교를 위한 일종의 소명 같은 사건이었다.

바울의 개종 즉 세계관의 변화의 주체는 하나님이시다. 하나님께서 이방인 선교를 위한 목적으로 하나님께서 원하시는 사람을 선택하시고 그를 사용하시기 위해 주권적으로 그를 변화시키신 것이다.

이것을 안점식이 말한 세계관의 도식으로 표현한다면 다음과 같다.

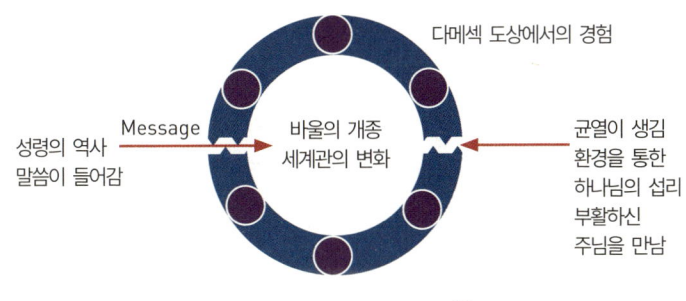

바울의 개종-세계관의 변화[95]

세계관의 변화에 있어서 하나님께서는 환경의 변화를 통해 완만하게 변화시키는 사람이 있는 반면 바울과 같이 직접 간섭하심으로 급격하게 변화시키시기도 하신다. 개종을 통한 세계관의 변화는 자연히 변화된 삶으로 나타나게 되는데 밴 엥겐은 개종을 통한 변화에 대해 다음과 같이 설명했다.

---

93 Krister Stendahl, *Paul among Jews and Gentiles, and Other Essays* (Philadelphia: Fortress Press, 1976), 7.
94 Bosch, *Transforming Mission : Paradigm Shifts in Theology of Mission*, 125-29.
95 안점식, 『세계관을 분별하라』, 24. 안점식의 도식을 중심으로 필자가 바울의 개종에 맞춰서 도식화했다.

개종은 '백성이 아니던' 사람이 선교하는 하나님의 백성이 되고, 섬기고, 참여하고, 활동하는 그리스도의 몸(벧전 2:10)의 일부가 되는 것이다. 이것은 이기적이고 자기 중심적이며 어두움의 주관자를 섬기던 생활을 돌이켜 하나님의 사랑과 예수님을 섬기는, 제자된 삶으로 들어오게 됨을 의미한다. 개종은 믿기로 결정하고 그리스도를 따르는 자로, 그리스도의 이름을 전하는 제자들과 함께 제자도의 과정으로 들어가게 한다.[96]

바울의 개종은 하나님의 계시를 통한 새로운 삶의 시작이었다.[97] 바울의 완전화의 과정이 시작된 것이다. 바울은 제자들과 만남을 갖게 되었다. 그리고 즉시로 각 회당에서 예수님이 하나님의 아들이심을 전파했다. 그의 내적 세계관의 변화와 그것에 대한 확신은 그를 완전히 새로운 사람으로 변화시켰다.

뉴비긴은 성경에 나타난 온전한 그리스도인으로의 개종에 대해 세 가지 과정이 일어난다고 보았다.[98]

첫째, 예수 그리스도 안에서 하나님께 대한 개종이다.

바울은 구약 율법 속에 있는 하나님을 믿었다. 그래서 어떤 학자들은 바울의 개종이 유대교의 한 분파(바리새파)에서 다른 분파(기독교 분파)로 옮겨 간 것이라고 해석한다.[99] 바울이 믿었던 하나님은 예수님과의 관계를 통해 부활의 주시요 자기 삶의 주관자로 인식하게 되었다.

둘째, 예수님의 몸된 교회로의 개종이다.

바울은 교회를 통해 복음을 전했고 또한 교회를 세우기 위해 복음을 전했다. 그의 사역의 핵심에는 항상 교회공동체가 있었다.

---

96 Charles Edward van Engen, 『하나님의 선교적 교회』, 임윤택 역 (서울: CLC :, 2014), 185.
97 Bultmann, 『學問과 實存』, 20.
98 Lesslie Newbigin, *The Open Secret : Sketches for a Missionary Theology* (Grand Rapids: Eerdmans, 1978).
99 Christopher Rowland, *Christian Origins : An Account of the Setting and Character of the Most Important Messianic Sect of Judaism* (London: SPCK, 1985), 195.

셋째, 예수님께서 위해 죽으신 세상을 향한 선교 사역에로의 개종이다.

바울은 이방인 선교에 대한 주님의 부르심에 확고한 소명감을 가지고 있었다. 그가 추구했던 선교 사역은 세상의 땅끝까지 이르고자 하는 것이었다. 이런 면에서 바울의 개종은 철저히 성경적 개종의 모본이었다.

바울의 완전화의 과정은 단시간적으로 이루어지지 않았다. 신약성경에 기록된 13편의 바울 서신서들을 비교해 보면 기록된 시간 순서적으로 바울의 완전화를 알 수 있는 증거들을 볼 수 있다.

먼저 AD 55년경 기록된[100] 고린도전서 15장 9절에서는 스스로 "나는 사도 중에 지극히 작은 자라"고 표현했다.

그리고 AD 62년에 기록한[101] 에베소서 3장 8절에서는 "모든 성도 중에 지극히 작은 자보다 더 작은 나"라고 스스로를 호칭했다.

그리고 AD 65년경 기록된[102] 디모데전서 1장 15절에는 스스로를 "죄인 중에 내가 괴수"라고 표현했다.

단적인 표현이지만 시간이 지남에 따라 스스로를 "사도"에서 "성도"로, "죄인 중에 괴수"로 표현한 것은 교회를 통해 그의 완전화가 이루어졌던 증거로 볼 수 있다.

---

100 *The Holy Bible : English Standard Version, Containing the Old and New Testaments (Esv)*, 2187.
101 Ibid., 2257.
102 Ibid., 2321.

제7장

개종이 바꾼 세상 이야기

맥가브란은 교회성장이란 예수 그리스도와 아직 아무런 개인적 관계를 가지고 있지 않은 이들로 주님과 더불어 교제를 갖게 해 주며, 교회의 책임 있는 신자가 되도록 만들어 주는 데 관련된 제반 사항이라고 정의했다. 제자화와 완전화의 과정을 통한 개종의 궁극적 목적은 사회를 변혁시키는 책임 있는 신자가 되는 것임을 강조했다. 진정한 개종의 결과는 하나님 나라의 확장과 그 과정 속에서의 사회적 변혁을 이루는 것이다.

맥가브란이 주장했던 개종의 의미는 개인적 가치관의 변화를 통해 부족 전체를 변화시킬 수 있는 신앙의 교량 역할을 하는 신자가 되는 것을 의미한다. 맥가브란의 개종의 개념을 이해하기 위해 개종이 기독교 역사를 통해 세상을 어떻게 바꾸어 놓았는지를 살펴보고자 한다.

케넷 라투렛의 기독교 확장사를 통해 맥가브란은 거시적 안목을 갖게 되었고 맥가브란의 역사 이해를 랄프 윈터는 기독교 문명 운동사로 발전시켰다. 랄프 윈터는 기독교 역사 속에 400년 주기로 기독교 문명을 꽃피웠던 시기를 기독교 르네상스라고 명명했다.

랄프 윈터는 AD 0년에서 400년에 이르는 시대를 고전적 르네상스 시대로 보았다.[1] 앞서 살펴본 바와 같이 각 구속사의 지속 기간을 400년으로 보았다. 랄프 윈터는 이 기간 동안 일정한 패턴으로 기독교 르네상스가 진행된다고 보았다. 그 패턴은 다음과 같다.

먼저 각 시대는 공통적으로 혼돈과 핍박으로 시작된다. 그리고 주변부에서부터 복음이 전파되어 그 세력이 시대를 주도하는 핵심 그룹이 되고 그 후 300년이 지난 후에 기독교의 꽃을 피우는 기독교 르네상스가 도래한다. 100년간 지속된 후 한 시대가 저물고 새로운 르네상스 시대가 시작된다.

---

1 Ibid., 159.

이런 패턴으로 400년의 주기가 지속되는데 랄프 윈터는 구속사 다섯 시대마다 꽃핀 기독교 르네상스는 시간이 흐를수록 매번 조금씩 빨라졌고 더욱 강력해졌다고 보았다. 그러므로 다섯 번의 르네상스 중에 마지막 다섯 번째, 즉 1,800년에 있었던 "복음주의 르네상스"가 가장 강력한 르네상스라고 평가했다.[2]

1. 콘스탄틴의 개종

고전적 르네상스 시대(0-400년)에 먼저 살펴볼 인물은 콘스탄틴(Constantine)이다. 콘스탄틴은 288년 2월 27일 로마제국의 주변 지역이었던 북쪽 모에시아(Upper Moesia)의 나잇수스(Naissus, 오늘날 세르비아)에서 로마 군대의 장교인 콘스탄티우스 클로루스(Constantius Chlorus)와 헬레나(Helena)의 아들로 태어났다. 어머니 헬레나는 해방된 동방의 여노예로서 그리스도인이었다.[3]

콘스탄틴은 기독교인 어머니와 태양신을 섬기는 아버지 밑에서 어린 시절 자라났다. 콘스탄틴의 이복 여동생 아나타시아(Anathasia)는 유대교 신자이거나 그리스도인이었고, 또 다른 이복 여동생 콘스탄시아도 그리스도인으로 간주되었다. 그가 훗날 기독교에 관용 정책을 폈던 것은 그의 가족의 신앙 배경과 무관하지 않다. 콘스탄틴은 292년에 니코메디아에 있는 디오클레시안의 황궁에 들어가서 지도자로서의 교육을 받았다. 그 후 그는 디오클레티안과 이집트 전쟁에 출전하러 가던 도중에 팔레스타인에서 유세비우스를 만나 친교를 맺게 되었다.[4]

유세비우스(263-339년)는 대규모로 교회사의 저술을 시도한 최초의 인물이었다. 그는 313-314년에 팔레스타인 가이사랴의 감독이 되었다. 콘스탄틴과 친분을 갖게 된 유세비우스는 훗날 콘스탄틴을 가리켜 구약의 메시아 예언들

2　Winter, *Foundations of the World Christian Movement: A Larger Perspective*, 10-1.
3　Earle Edwin Cairns, *Christianity through the Centuries : A History of the Christian Church*, Rev. and enl. ed. (Grand Rapids, Mich: Zondervan Pub. House, 1981), 124.
4　Publishing, 『교회사 핸드북』, 17.

태양신의 동료로 묘사된
콘스탄틴 금화(313년)[6]

을 성취(the fulfilment of the messianic prophecies)한 최초의 기독교 황제로 평가했다.[5]

한편, 당시 로마제국의 정치적 상황은 디오클레티안 황제(Diocletian; 284-305) 통치 말기 새로운 황제 계승 문제로 정치적 혼란 가운데 있었다. 콘스탄틴은 그의 아버지가 제1 정제(正帝)가 되고, 자신은 부친의 뒤를 이어 제2 부제로 임명되리라고 믿었다. 그러나 그 뜻대로 이루어지지 않았다. 디오클레티안 황제가 죽자 로마제국은 4명의 군왕에 의해 통치되었다.

아버지를 뒤이어 콘스탄틴은 오늘날 프랑스 지역인 골(Gaul) 지방과 브리탄니아 속주를 다스리는 군왕이 되었다.[7] 이렇게 서쪽은 콘스탄틴과 막센티우스(Maxentius)가, 동쪽은 리키니우스(Licinius)와 막시미누스 다이아(Maximinus Daia)가 다스리게 되었다. 기독교에 대한 핍박은 동방 지역 통치자인 막시미누스 다이아 아래 더욱 심했다. 기독교 박해는 로마 전역에서 있었던 것이 아니라 국지적이었고 지속적이라기보다 간헐적이었다.[8] 이때 콘스탄틴과 동방의 리키니우스는 기독교에 관용 정책을 펼쳤다. 그런 정치적 배경으로 콘스탄틴은 리키니우스와 동맹 관계를 맺었다.

콘스탄틴은 서방의 영토를 정복, 확대해 나갔다. 308년 골 지방과 영국, 309년 스페인, 312년 북이탈리아와 북아프리카를 점령해 실질적 서방 통치자가 되었다. 이런 세력을 가지고 있던 콘스탄틴은 막센티우스를 서부 지역의 폭군으로 규정하고, 주민에게 자유를 부여한다는 명목 아래 이탈리아로 출정했다.

312년에 알프스 산맥을 넘어 로마를 지배하고 있었던 군왕 막센티우스를

5　R. A. Markus, *Christianity in the Roman World, Currents in the History of Culture and Ideas* (London: Thames and Hudson, 1974), 91.
6　Jastrow, "Gold Multiple Medallion Minted in Ticinum, 313 Ad. Wt. 39.79 G. Busts of Constantine with Sol Invictus," last modified 26 February 2006, accessed 27 May 2016. Public Domain, https://commons.wikimedia.org/w/index.php?curid=1602842.
7　Williston Walker, 『기독교회사』, 송인설 역 (서울: 크리스챤 다이제스트, 1993), 143.
8　Pierson, 『선교학적 관점에서 본 기독교 선교 운동사』, 131.

공격했다.⁹ 312년 10월 28일 콘스탄틴은 로마의 티베르강에 놓여 있는 밀비안 다리(Milvian Bridge)에서 막센티우스가 선두 지휘하는 막강한 군대와 마주쳤다. 미래를 결정하는 결정적인 전투였다.[10] 로마에 대한 집중 공격이 시작되기 직전에 콘스탄틴 아들의 교사이면서 당시 기독교 역사가인 락탄티우스(Lactantius, 240-320년)는 콘스탄틴이 공격하기 전날 꿈속에서 다음과 같은 계시를 받았다고 전했다.

> 콘스탄틴은 꿈속에서 전쟁에 참전하는 군사들의 방패에 하나님께서 하늘로부터 보여 주신 사인을 새기도록 지시했다. 그는 십자가 모양인 알파벳 X를 군인들의 방패에 새기게 했다 그 문양은 그리스도를 상징하는 것이었다.[11]

콘스탄틴은 환상대로 그리스도의 상징인 십자가 군호를 자신의 투구뿐만 아니라 전군의 투구와 방패에 달도록 했다.[12] 그리고 십자가의 군호를 단 콘스탄틴의 군대는 막센티우스의 막강한 군대를 쳐서 무찔렀다. 이 전투로 인해 막센티우스는 강물에 빠져 죽음을 맞이하고 콘스탄틴은 서방의 황제에 등극하게 되었다.[13]

---

9 Latourette, *A History of Christianity*, 91.
10 Pierson,『선교학적 관점에서 본 기독교 선교 운동사』, 132.
11 Eusebius, James Stevenson, and W. H. C. Frend, *A New Eusebius : Documents Illustrating the History of the Church to Ad 337*, Revised with additional documents / by W.H.C. Frend. ed. (London,: SPCK, 1987), 283. Constantine was directed in a dream to mark the heavenly sign of God on the shields of his soldiers and thus to join battle. He did as he was ordered and with the cross-shaped letter X, with its top bent over, he marked Christ on the shields. [This was the labarum or Constantinian monogram, the combination of the first two letters of Christos--the Chi and the Rho.]" 이 내용은 훗날 콘스탄틴의 친구였던 역사가 유세비우스에 의해 기록되어 전해졌다.
12 Robert M. Grant, *Augustus to Constantine : The Rise and Triumph of Christianity in the Roman World*, 1st ed. (Louisville, Ky.: Westminster John Knox Press, 2004), 235.
13 Pierson,『선교학적 관점에서 본 기독교 선교 운동사』, 132.

밀비안 다리 전투[14]

밀비안 다리 전투에서 승리한 후에 콘스탄틴은 로마에서 두 달을 지낸 다음 313년 봄에 밀란(밀라노)으로 갔다. 거기서 그는 그의 누이동생인 콘스탄티아와 리키니우스(Licinius) 황제의 결혼식에 참석했다. 여기서 두 황제는 소위 '밀란 칙령'(the Edict of Milan)이라는 포고령을 선포해 기독교에 대한 탄압을 중지하고 재산, 묘지 등을 교회에 환원하는 관용 정책을 베풀었다.[15] 그리하여 동부 로마제국의 집정관들에게 제국 내의 여러 종교에 부여된 권리들을 그리스도인들에게도 승인하도록 지시했다.

밀란의 칙령은 기독교가 다른 종교들이 받는 동등한 법적 보호를 받도록 했다.[16] 콘스탄틴은 그 후 구체적인 칙령을 내려, 몰수되었던 교회 재산을 반환하고 국가가 교회를 보조하도록 하며, 성직자에게는 공적 의무를 면제하고 '태양의 날'(Day of the Sun)을 안식과 예배의 날로 정했다.[17]

콘스탄틴의 개종의 시점을 가늠하기는 쉽지 않다. 그러나 역사가들의 기록을 통해 공통적으로 개종의 시점을 언급하고 있는 중요한 사건은 밀비안 전투에서의 환상과 승리이다. 어린 시절 어머니에게서 신앙의 영향을 받아 그

---

14 Giulio Romano, "The Battle of the Milvian Bridge(1519)," Apostolic Palace, last modified 28 December 2010, accessed 27 May 2016. https://commons.wikimedia.org/w/index.php?curid=12369258.

15 김기홍, 『크리스천이라면 꼭 알아야 할 이야기 교회사』 (서울: 두란노서원, 2010), 103.

16 B. K. Kuiper, 『세계기독교회사』*(the Church in History)*, 김해연 역 (서울: 성광문화사, 1980), 37.

17 Cairns, *Christianity through the Centuries : A History of the Christian Church*, 124.

는 기독교에 항상 호의적인 태도를 가지고 통치했다.

기독교에 호의적인 태도에서 개종에 이루는 결정적인 계기가 된 사건이 바로 밀비안 전투에서의 환상과 승리 체험이었다. 콘스탄틴은 환상 속에서 본 하나님을 기독교의 하나님으로 인식했고 동시에 태양신과 동일시했다. 당시 유행하던 태양신은 우주 배후의 원리인 보이지 않는 최고의 신의 현현으로 여겨졌다. 콘스탄틴은 기독교의 하나님과 태양신을 동일한 신으로 인식했다.

이로 인해 이방 사상과 상징이 기독교 안에 유입되는 결과를 초래했다. 그런 부정적인 평가가 있음에도 불구하고 콘스탄틴의 개종은 기독교가 성장 발전하는 데 큰 영향을 끼쳤다. 콘스탄틴의 개종은 핍박받던 기독교가 로마의 공식 종교로 인정받을 수 있는 기회를 제공했다. 밀란 칙령으로 인해 기독교는 로마제국에 자연스럽게 자리를 잡아 갔고 그런 과정 속에서 기독교 교리의 체계가 잡혔다. 특히 325년 니케아 종교회의를 통해 성삼위일체 교리가 확립되었다.

콘스탄틴의 개종에 결정적인 영향을 끼친 사람은 그의 어머니 헬레나였다. 헬레나는 콘스탄틴의 아버지 콘스탄티우스가 젊은 장교 시절에 만난 하녀였다. 그 후 콘스탄티우스가 사두정치 중 골 지방의 황제로 등극하면서 황녀를 아내로 맞이해야 했기 때문에 헬레나를 버릴 수밖에 없었다. 그런 아픈 상황 속에서 헬레나는 아들을 위해 기도했고 기도의 바람대로 아들은 로마의 황제 자리에 등극하게 되었다.

황제가 된 콘스탄틴은 제일 먼저 어머니를 왕궁으로 모시고 아우구스타라는 칭호를 내렸다. 더욱이 헬레나에게 로마제국의 화폐를 제조하는 권리를 주었다. 헬레나는 권력을 남용하지 않았다. 오히려 그리스도의 사랑을 실천하여 수많은 가난한 사람을 도와주었다. 또한 예루살렘 성지 순례를 하면서 기독교의 중요한 도시마다 기념 교회를 세우고 원래 있었던 로마 우상의 신전들을 무너트렸다.

헬레나의 선행은 자연스럽게 로마제국 내에 기독교의 확산에 큰 영향을 끼쳤다. 그런 어머니의 행보를 콘스탄틴은 적극적으로 지원해 주었다. 헬레나의 영향을 받은 콘스탄틴의 개종은 고전적 기독교 르네상스를 꽃피울 수 있는 중요한 기틀을 마련해 주었다.

2. 고전적 기독교 르네상스

랄프 윈터는 역사를 구속사의 10시대로 구분하면서 후반부(AD 0-AD. 2000)에서의 기독교의 부흥기를 르네상스(Renaissance)라는 용어로 표현했다. 기독교 문명사에 다섯 번의 르네상스가 있었다고 보았다. 그 중 첫 번째 르네상스가 고전적 르네상스이다.

1세기에서 3세기 동안 유럽 지역에 교회가 세워지는 분포도를 통해 고전적 르네상스의 모습을 단적으로 확인할 수 있다. 1세기에는 예루살렘을 중심으로 교회가 자리를 잡았다. 로마의 핍박으로 제자들은 흩어져서 아시아와 오늘날 터어키 지역인 마게도냐 지방에서 복음을 전하며 교회가 세워졌다. 로마서를 통해 알 수 있는 것처럼 자생적 그리스도인들이 로마 지역에도 세워진 것을 볼 수 있다.

1세기 교회 분포도[18]

---

18 Publishing, 『교회사 핸드북』, 66.

특히 사도 바울은 예수님의 재림의 때를 임박한 시간으로 인식하고 그 당시 세계관에서 땅끝이라고 볼 수 있는 스페인을 향해 복음을 전하고자 했다.[19] 그의 뜻은 로마에서 순교당함으로 이루어지지는 못했다. 그러나 로마에 뿌려진 복음의 씨앗은 점점 확대되어 갔다. 2세기의 지도를 보면 아프리카 북부에 교회가 세워진 것을 볼 수 있다. 그리고 오늘날 프랑스와 독일 지역에 몇몇 교회들이 세워진 것을 확인할 수 있다. 그리고 3세기가 도래한 후 기독교는 폭발적으로 성장하게 된 것을 확인할 수 있다.

2세기 교회 분포도[20]

이런 교회의 성장에 콘스탄틴은 대단히 중요한 역할을 했다. 핍박받던 기독교가 종교로 인정받고 신앙의 자유를 얻는 데 결정적인 역할을 한 것이다. 콘스탄틴의 어머니 헬레나의 신앙적 영향과 개인적, 종교적 체험을 통한 콘스탄틴의 기독교 개종은 기독교 문명사에 있어서 고전적 르네상스를 이끄는 데 중요한 역할을 했음을 알 수 있다. 이것은 맥가브란이 말한 개종의 과정

---

19 로마서 15:28 "그러므로 내가 이 일을 마치고 이 열매를 그들에게 확증한 후에 너희에게 들렀다가 서바나로 가리라"
20 Publishing, 『교회사 핸드북』, 67.

중 제자화와 함께 완전화에 이른 변화로 평가할 수 있다.

맥가브란이 말한 완전화란 제자화된 집단 안에 도덕적 변화가 일어나는 것이며, 공동체 전체에 생활 방식이 점차적으로 철저한 기독교적 생활 방식으로 변화되는 것으로 보았다.[21]

3세기 교회 분포도[22]

콘스탄틴에 의한 기독교의 확장은 4세기에 이르러 고전적 르네상스로 꽃을 피우게 되었다.[23] 4세기에 이르러 로마의 기독교는 두 가지 유형의 기독교로 구분되었다. 그것은 권력형 교회와 경건형 교회이다.[24]

권력형 교회는 로마 정부가 지원하는 공식적 종교 활동을 의미한다.

경건형 교회는 신실한 신앙인을 배출하는 수도원 공동체를 지칭한다.

정치적 영향력은 권력형 교회가 컸을지 모르지만 선교적 영향력은 수도원

---

21 McGavran, 『하나님의 선교전략』, 36.
22 Publishing, 『교회사 핸드북』, 67
23 임윤택, 『랄프 윈터의 기독교 문명 운동사』, 163.
24 Winter, *Foundations of the World Christian Movement: A Larger Perspective*, 10-3. The fourth century was when, in Rodney Stark's words, two different forms of Christianity emerged and diverged, the CHurch of Power and the Church of Piety.

운동의 결과가 컸다.

4세기에 로마교회는 강력한 힘을 가지게 되었지만 로마제국 경계선을 넘는 선교사의 파송은 없었다. 오히려 아리우스파와 같은 이단들의 추방으로 인해 야만족이었던 고트족에 기독교가 전래되었다. 특히 유럽 북쪽에 살던 켈트족에 지대한 영향을 끼쳤다. 고전적 르네상스는 야만족이었던 켈트족을 통해 새롭게 발전하게 되는 계기가 되었다.

3. 샤를마뉴의 개종

서유럽 역사상 가장 강력한 리더십을 발휘했던 왕이 게르만 야만족의 후예인 샤를마뉴 대제였다. 그가 재임하는 동안 이탈리아를 정복하고 프랑크 왕국을 제국으로 확장시켰다. 800년 성탄절에 교황(레오3세)은 그에게 신성로마제국의 황제직을 수여했다.[25]

신성로마제국이란 샤를마뉴 대제 대관식(800) 때부터 1806년에 이르는 동안 처음에는 프랑크족 황제가 통치하다가 나중에는 독일인 황제가 통치했던 영토의 제국을 말한다. 1034년부터 콘라트 2세가 통치하는 영토를 가리켜 "로마제국"이라는 이름이 쓰였고, 1157년부터는 "신성제국"이라는 이름이 쓰였다. "신성로마제국"이라는 이름은 1254년 이후부터 쓰이기 시작했다.

샤를마뉴는 로마가 몰락하고 약 1,000년 후 르네상스가 도래하기까지 긴 유럽 역사 중에서 가장 걸출한 인물로 평가되고 있다. 샤를마뉴의 개종이 로마가 멸망한 이후에 서유럽에 어떤 영향을 끼쳤는지를 살펴보고 그가 꽃피운 카롤링거 르네상스에 대해 살펴보고자 한다.

프랑크 왕국에서 교회는 매우 중요한 역할을 했다. 왕과 영주, 그리고 농민의 사회적 관계 속에서 질서와 공의를 수립하는 기준을 교회가 제시해 주었다. 하나님의 공의와 자비가 그 기준이 되었고 교회의 주교는 교육을 통해 그

---

25 Pierson, 『선교학적 관점에서 본 기독교 선교 운동사』, 205.

런 역할을 잘 감당했다.²⁶ 샤를마뉴의 할아버지였던 피핀 2세는 732년 포아티에서 사르센 군대와의 전쟁에서 승리를 거두어 프랑크 왕국을 보존하는 것을 넘어 샤를마뉴가 서유럽을 점령할 수 있는 기틀을 마련했다.

또한, 그는 충성스러운 기독교인으로서 교회들과 수도원들에 재정 지원을 했다. 그리고 피핀 2세는 접경 지대에 평화를 정착시키기 위해 북동부 지역들을 대상으로 영국 선교사들의 활동을 장려하고 후원했다. 이 사업으로 교황청과도 긴밀한 관계를 맺게 되었다.²⁷ 이런 할아버지의 영향은 샤를의 아버지인 피핀 3세에게도 이어졌다.

피핀 3세는 서방 기독교 세계의 안녕을 수호해야 하는 책임을 맡았다는 것을 늘 확신했다. 그리고 그런 의지는 그의 아들 샤를에게 계승되었다. 샤를마뉴는 814년 임종 때까지 하나님의 은혜와 소명이 자신을 기독교 프랑크 왕국 위에 세웠다는 생각을 가지고 프랑크 왕국을 통치하고 확장시켜 나갔다. 군사적 원정은 항상 선교적 동기가 함께 따랐다. 그의 생애에 군사원정은 53회에 이르렀다.²⁸

샤를마뉴 흉상과 그림²⁹

---

26 Walker, 『기독교회사』, 261.
27 Ibid., 262.
28 김의환, 『基督敎會史』(서울: 총신대학교출판사, 2002), 172.
29 Lokilech, ""Karlsbüste" Karls Des Großen Aus Dem Domschatz Des Aachener Doms. Vermutlich "Nach 1349". Die Büste Soll Die Schädeldecke Karls Des Großen Enthalten ", last modified 18. May 2007, accessed 27. June, 2017. https://commons.wikimedia.org/wiki/File:Karl_der_gro퍼센트C3퍼센트9Fe.jpg.

말년에 그가 통치했던 지역은 오늘날로 치면 프랑스, 벨기에, 네덜란드, 오스트리아, 독일, 이탈리아의 상당 부분, 그리고 스페인 북동쪽 일부에까지 이르렀다. 그는 나라를 확장시켜 나갈 때마다 기름부음 받은 기독교 백성의 왕이며 교회의 수호자로 자임하고 교회의 물질적이고 정신적인 안녕을 증진시키기 위해 힘썼다.[30]

그는 게르만족의 복음화를 위해 학문적인 노력을 기울였다. 공교육을 강화하고 수천 개의 학교를 세웠다. 또한 켈트족 학자 3천 명을 초청하여 켈트족 기독교 문명을 확장시켜 나갔다.[31] 또한 왕국 전역에 교육의 혜택이 두루 미칠 수 있도록 많은 노력을 기울였다.[32]

맥가브란이 인도 지역에 학교를 세워서 문맹을 퇴치하고 복음을 가르쳤던 것과 같이 샤를마뉴는 문예적인 노력을 통해 기독교의 가르침을 확장시켜 나갔다. 이것은 맥가브란이 말한 개종의 제자화와 완전화의 과정으로 평가할 수 있다. 한 가지 아쉬운 점은 복음의 확장에 있어서 타민족에게 소극적이었던 점이다. 자기 민족인 게르만족의 복음화를 위해 노력을 기울이다 보니 스칸디나비아 반도의 새로운 해양 세력들에게 복음을 전하지 못했고 결국 그 결과로 제국이 멸망을 당하게 되는 결과를 초래하게 되었다.[33]

4. 카롤링거 기독교 르네상스

카롤링거 르네상스의 핵심에는 수도원이 자리잡고 있다. 당시 수도원은 가장 강력한 기독교 공동체였다. 철저한 수련과 헌신의 선교적 공동체로 당대 최고의 하이 테크놀로지를 활용한 공동체였다. 수도원에서는 학문과 영성 교육뿐만 아니라 당시 산업의 핵심 원천 기술들 즉, 직조, 염색, 금속세공, 석공 기술, 가죽가공, 교량건설 등 최고의 전문 기술자들을 보유하고 있었다. 특히

---

30 Walker, 『기독교회사』, 272.
31 임윤택, 『랄프 윈터의 기독교 문명 운동사』, 188.
32 Ibid., 173.
33 김기홍, 『크리스천이라면 꼭 알아야 할 이야기 교회사』, 179.

베네딕트 수도원들은 로마의 과학, 기술을 계승하면서 문화와 예술의 원천이 되었다.[34]

카롤링거 르네상스가 꽃피운 데에는 샤를마뉴의 절대적인 영향이 있었다. 그는 의도적으로 당대 최고의 지식인들을 기용하여 프랑크 왕국 전체에 기독교적 문화와 질서를 전달하는데 힘을 쏟았다. 그 지식인들 중에 가장 뛰어난 인물은 영국의 수사 겸 부제인 앨퀸(Alquin)이었다. 그는 고향 요크에서 주교좌성당 학교 교장으로 일하다가 781년에 샤를마뉴의 궁정에 들어갔다.[35] 샤를의 궁정에서 그는 몬테 카시노의 수사이자 롬바르드 민족사(A history of the Nation of the Lombards)의 저자인 파울루스(Paul the Deacon)와 고전학자 페트루스(Pater of Pisa), 훗날 이킬라의 대주교 겸 샤를의 북부 이탈리아 최고 행정관이 된 파울리누스(Paulinus)를 만났다.

이 성직자들은 고전에 능통할 뿐만 아니라 다양한 재능을 가지고 있었던 최고의 집단지성체였다. 그들은 성경과 함께 어거스틴(Augustine), 교황 그레고리 1세(Gregory the Great), 카시오도루스(Cassiodorus), 이시도루스(Isidore of Pisa)의 저서들과 로마 전승, 교회법들을 연구해 샤를을 섬겼다.

앨퀸은 투르의 성 마르틴 수도원의 대수도원장이 된 뒤 샤를의 왕국 전역에 수도원 학교들과 도서관들을 세워 나갔다. 그들은 단지 문학과 교육을 널리 보급할 뿐만 아니라 과거의 유산들을 담고 있는 고문서들을 수집하고 필

카롤링 서체(왼쪽)와 고딕 서체(오른쪽)[36]

34　Winter, *Foundations of the World Christian Movement: A Larger Perspective*, 11-1.
35　Walker, 『기독교회사』, 273.
36　이일영, "카롤링거르네상스-문맹자가 일깨운 역사," last modified 03/01/2017, accessed 02/06/2018. http://www.breaknews.com/sub_read.html?uid=495459.

사하는 일도 담당했다.[37] 그들은 현존하는 수많은 고전들과 교부의 저서들을 모두 카롤링 서체라 불리우는 우아한 글씨로 작성했다.

카롤링 서체의 개발은 유럽 역사에 많은 변화를 가져왔다. 표준화된 문자를 바탕으로 누구나 쉽게 보고 읽을 수 있는 성경에서부터 수많은 고전문학이 복원된 것이다. 카롤링 서체의 가장 큰 특징은 로마 문자(라틴)가 쓰여진 지 1600여 년 만에 처음으로 소문자가 개발된 것이다.

이를 다시 헤아려 보면 기원전 900년에 모음이 없던 페니키아 문자를 바탕으로 24자의 그리스 문자가 탄생한 후 기원전 700년경 오늘날 26자의 알파벳 원형인 로마 문자(라틴)로 발전해 7세기 후반에 대소문자의 구분이 카롤링거 르네상스 시대에 정립된 것이다. 아직까지 인쇄술은 발달되지 않았지만 샤를마뉴는 수도원마다 필사실을 만들고 책을 필사하도록 했다.

중세 필경사 작업 장면[38]

당시 필사본으로 서적을 만드는 일은 큰 비용과 전문 인력이 필요했다. 종이가 발명되기 전이어서 보존력이 떨어지는 파피루스에서 발전한 다양한 가축의 모조 피지(Vellum)와 어린양이나 송아지 가죽을 가공한 양피지(Parchment)는 가공 시간이 오래 소요되는 고급 종이로 귀한 서적과 문서에 사용되었다

샤를마뉴는 스승 앨퀸의 조언에 따라 세력권의 주요 지역에 많은 수도원과 교회를 건립해 도서관을 만들고 각 수도원에 전문 필사실을 설립했다.

당시 성경을 한 권 제작하는 데 전문 필경사 한 사람이 일 년이 걸리는 시

---

37 Walker, 『기독교회사』, 274.
38 이일영, "중세 필경사," last modified 03/01/2017, accessed 02/06/2018. http://www.breaknews.com/sub_read.html?uid=495459.

간이 필요할 만큼 어려운 작업이었다. 오늘날 유럽의 주요 도서관과 박물관에 현존하는 고대의 각종 전문서적은 이 시기에 제작된 것들이다. 이렇게 카롤링거 왕조 시대에 제작된 서적 문헌은 약 1만여 점으로 추정되고 있다. 이런 샤를마뉴의 노력으로 수도원에는 각종 진귀한 서적들이 보관되게 되었다.[39]

샤를마뉴 한 사람의 개종이 카롤링거 르네상스를 꽃피우는 데 지대한 영향을 끼친 것을 볼 수 있다. 맥가브란의 주장했던 완전화의 과정과 결과는 문화와 문명을 변혁시키는 원동력이 된 것을 보게 된다.

5. 바이킹의 개종

기독교가 유럽 역사에서 이룩한 최대 업적 중의 하나가 토속 신앙을 가진 바이킹을 그리스도인으로 개종시킨 일이라고 평가한다.[40] 바이킹은 8세기부터 11세기까지 약 3백년간 유럽을 공포에 떨게 한 스칸디나비아 해적이다. 유럽에서 8세기부터 11세기는 바이킹으로 인해 '공포의 시대'를 이루었으며 당시 기독교인들의 기도에는 "주여, 북방 야만인의 노여움으로부터 우리를 구해 주소서"라는 말이 꼭 포함되어 있었다. 인간이 어디까지 변할 수 있는가의 한계를 증명해 보인 것이 바이킹이다.

지금 세계에서 가장 정직하고 부지런한 민족으로 인정받고 있는 덴마크, 스웨덴, 노르웨이 국민들이 바로 이 잔인한 바이킹의 후예이다. 바이킹의 후손은 여기서 그치지 않는다. 아일랜드, 아이슬랜드, 그린랜드, 프랑스 노르망디 지방의 선조가 모두 바이킹이다. 그린랜드가 현재 덴마크에 속해 있는 것도 이 때문이다. 885년 11월 덴마크의 바이킹 우두머리 '롤로'(Rollo)가 거느리는 3만 명은 배를 이용해 세느강으로 거슬러 올라가 파리를 몇 달 동안이나 공격했다.

---

39 이일영, "카롤링거르네상스-문맹자가 일깨운 역사."
40 Latourette, *A History of Christianity*, 386..

프랑스의 샤르르왕은 견디다 못해 조약을 맺었다. 이들이 노략질을 안 한다는 조건으로 노르망디 지방을 떼어 주고 두목인 '롤로'를 대공으로 삼았다. 프랑스인들은 이 지방을 "노르망디"라고 불렀는데 '노르망디'란 '노스만(북쪽의 사람들)이 사는 곳'이라는 뜻이다. 스칸디나비아에 살고 있던 바이킹이 약탈을 하게 된 배경은 인구 증가에 비해 농지가 지나치게 부족한 상황에서 그들의 생존을 위해 약탈에 나선 것이다. 날렵하게 생긴 긴 배(Long ship)를 몰고 유럽을 공격, 정복, 정착해 갔다. 프랑스의 노르망디, 이탈리아 남부와 시실리, 시리아 해안 지대, 러시아의 모태(母胎)가 되는 키예프, 그리고 영국, 아일랜드, 아이슬란드, 그린란드를 점령했다.

오늘날의 덴마크, 노르웨이, 스웨덴, 아이슬란드는 바이킹족이 건설한 나라이다.[41] 이런 바이킹이 어떻게 해서 몰락했는지 그리고 그들의 기독교 개종이 어떤 결과를 초래하게 되었는지를 통해 맥가브란의 집단 개종과 랄프 윈터의 기독교 문명의 관계를 이해하고자 한다.

바이킹(Viking)의 'vik'는 바다의 협만(fiord; 피오르드)에 사는 사람들이라는 뜻이다. 바이킹이 처음 출현한 것은 AD 793년 영국의 캠브리아주에 있는 린디스판(Lindisfarne)이라는 마을이었다. 바이킹은 교회의 수도사들을 죽이고 금은 집기를 약탈한 후 사라졌다.[42]

그다음부터는 해마다 영국 해안에 나타나 양민들을 살해하고 재물을 빼앗아 가는 등 잔인하게 약탈했다. 항해에 뛰어난 바이킹은 '드라카스'라는 50여명이 타는 배를 이용해 바다에서 강으로 침입했는데 속력이 빠르고 주로 안개가 낀 새벽을 공격 시간으로 잡았으며 신출귀몰했다.

바이킹 선박의 가장 중요한 특징은 속도였다. 유연하고 가벼운 선체는 보통 물 위로 떠올라 움직인다. 즉, 선수파 때문에 배 앞머리가 살짝 들려 엄청난 속력을 낼 수 있다. 실제로 곡스타드호의 복제선은 시속 30킬로미터 이상을 달릴 수 있었다. 범선 치고는 굉장히 빠른 속도이다. 이들은 상비군이 아니라 보통 때는 상인, 농부, 장인으로 있다가 약탈하러 갈 때만 무기를 잡는

---

41 조갑제, "超一流 국가를 만든 海賊들의 비밀", last modified 12/01/2010, accessed 02/06/2018. http://monthly.chosun.com/client/news/viw.asp?nNewsNumb=201012100047.
42 임윤택, 『랄프 윈터의 기독교 문명 운동사』, 193.

부락 단위의 조직이었다.

이들의 특징은 '무자비'였다. 약탈에 그치는 것이 아니라 남자는 죽이고 여자는 납치해 노예로 팔았으며 마을 전체를 불사르는 초토화를 서슴치 않았다. 유럽에서 8세기부터 11세기는 바이킹으로 인해 '공포의 시대'를 이루었다. 바이킹의 침략으로 비교적 평화로웠던 아일랜드, 스코틀랜드, 영국, 그리고 중부 유럽 지역이 참혹한 전쟁터로 변했다. 북쪽에서 침공한 이 해적들은 장장 250년 동안 파괴와 약탈을 자행했다. 특히 거점 지역에 있었던 수도원은 이들의 주요 공격 대상이었다.

바이킹의 범선 오세베르그호[43]

교회만은 남겨 놓았던 비시고트족이나 반달족과 달리 그들은 수도원을 불태우고 수도원 안에서 사람을 칼로 죽이며 수도사들을 노예로 파는 일을 특별히 즐겨 했다.[44] 그리스도인들이 이교도들에게 선교하지 않았을 때 이교도들은 그리스도인들이 가지고 있는 것을 노리고 쳐들어왔다. 수도원에는 진귀한 것들이 많았기 때문이다. 무자비한 침략 앞에 수도원들은 속수무책이었다.

이런 바이킹들에게 근본적인 변화가 일어났다. 그들에게 기독교가 전파된 것이다. 복음이 전해진 것은 노예로 팔려 간 수도사나 강제로 납치되어 그들

---

43 Eirik Irgens Johnsen, "Oseberg Prow. © Museum of Cultural History, University of Oslo/ ", last modified Jan. 31, 2017, accessed Feb. 6, 2018. http://www.khm.uio.no/english/visit-us/viking-ship-museum/exhibitions/oseberg/2-osebergship.html.

44 Winter et al., 『미션 퍼스펙티브』, 196.

의 부인이나 첩이 된 그리스도인 여성들 때문이었다. 그들을 통해 북방의 야만인들이 개종되기 시작했다. 사탄이 악을 위해 도모한 일을 하나님은 다시 선으로 바꾸신 것이다.[45] 알랜 티펫의 문화변혁 이론에 따라 생각할 때 노예로 팔려간 수도사들이 자연스럽게 외부 주창자가 되었다. 심지어 강제로 납치되어 잡혀간 그리스도인 여성들은 정복자들의 아내가 되면서 그들의 문화권 안에서 내부 주창자의 역할을 하게 된 것이다.

바이킹의 개종은 맥가브란의 동질집단 원리(同質集團 原理: Homogeneous Unit Principle)에 의해 집단 개종으로 이어졌다. 동질집단 원리란 동일한 인종, 언어, 계급 속에서 사람들은 기독교인이 되기를 원한다는 것이다.[46] 동질집단이란 모든 구성원이 공통적인 특성을 가진 사회의 한 구분이다. 동질집단과 관련해 맥가브란은 모자이크 이론을 언급했다.

인류는 여러 가지 다양한 조각들이 모여 이루어진 모자이크와 같으며, 각각의 조각은 나름대로의 삶의 방식을 가지고 있는데 그 각각의 조각을 동질집단이라고 보았다. 바이킹은 하나의 모자이크와 같은 동질집단이기에 소수의 개종만으로도 쉽게 집단 개종이 이루어지게 된 것이다.

처음에는 소수였지만 기독교의 영향은 급속하게 전파되었고 그 영향은 곧 그들의 삶의 형태를 변화시켰다. 이들은 기독교 신앙을 받아들임으로써 약탈과 살인을 죄악시하게 되었다. 그리고 서서히 기독교 문화에 동화되었다. 특히 유럽에서 가장 늦게까지 바이킹에게 남아 있었던 순장의 풍습이 사라진 것도 기독교의 영향 때문이었다.[47]

이들의 순장 풍습에 대한 기록을 남긴 이는 이븐 파들란이라는 아랍인이다. 그는 992년 볼가강변에서 목격한 러시아 부족장의 장례식을 생생하게 기록했다. 당시의 러시아는 스웨덴 바이킹이 슬라브족을 정복해 그 기초를 놓은 나라이다. "러시아"란 국명도 "루스"라는 스웨덴 말에서 나왔다.

바이킹은 이런 식으로 순장했다.

45　Ibid.
46　McGavran, 『교회성장이해』, 337.
47　조갑제, "超一流 국가를 만든 海賊들의 비밀".

한 바이킹 부족장이 죽자 가족이 남녀 노예들(슬라브족 노예들)을 모아 놓고 이렇게 묻는다.

"누가 따라 죽을래?"

한 여자 노예가 순장을 자원한다. 그때부터 다른 노예들은 이 여자를 감시한다. 생각이 바뀌어도 봐주지 않는다. 장례식까지 여인은 매일 술을 마시면서 노래를 부른다. 좋은 일을 기다리는 듯하다. 장례식 날, 사람들은 배를 강변에 끌어 올려 놓는다. "죽음의 천사"란 별명을 가진 비대한 여자가 장례식을 주재한다. 땅에 묻어 두었던 부족장의 시신을 다시 꺼내와 옷을 입힌다. 배에 천막을 치고 그 안으로 시신을 가져가 안치한다. 마치 산 사람을 대하듯 먹을 것과 입을 것을 시신 옆에 쌓아 둔다. 사람들은 개와 닭을 잡아 고기를 배로 던진다. 따라 죽게 되어 있는 여인은 여기저기 세워진 천막을 돌아다니면서 부족장의 부하들과 성관계를 가진다.

사람들은 여인을 배로 데리고 간다. 여인은 목걸이를 벗어 죽음의 천사에게 준다. 많은 사람이 나무로 만든 방패를 들고 와서 여인을 에워싼다. 여인에게 술을 먹인다. 여인은 노래를 부른다. 이것은 작별을 고하는 노래이다. 사람들이 방패를 두드리기 시작한다. 여인의 비명을 구경꾼들이 듣지 못하게 하려는 것이다.

여섯 명의 남자가 배에 올라탄다. 여인을 부족장 시신 옆에 눕힌다. 남자들이 여인의 두 팔과 다리를 붙든다. 죽음의 천사가 여인의 목을 끈으로 맨다. 두 남자가 끈을 당겨 질식시키는 순간 죽음의 천사는 굵은 칼로 여인의 갈비뼈 사이를 여러 번 찌른다. 부족장과 가장 가까운 친척이 와서 배에 불을 지른다. 사람들이 차례로 불쏘시개를 배에 던진다. 배가 불길에 휩싸인다.

기독교가 바이킹들 사이에 확산 되면서 11세기 초 이런 식의 순장은 완전히 사라지게 되었다. 노예제도도 사라졌다. 기독교에 의한 문명화가 시작된 것이다. 파리를 공격한 롤로, 덴마크의 카누트왕, 스웨덴의 에릭왕 등 바이킹 지도층이 세례를 받으면서 바이킹 공포 시대는 막을 내렸다.[48]

---

48 Latourette, *A History of Christianity*, 389.

기독교가 유럽에서 이룩한 최대 업적 중의 하나가 토속 신앙의 바이킹을 기독교인으로 개종시킨 일이다.[49]

6. 12세기 기독교 르네상스

바이킹으로 인한 영국과 유럽의 황폐화는 비극으로만 끝나지 않았다. 바이킹 롤로의 지도하에 유럽 대륙에 상륙한 북방 민족들은 기독교화된 노르만족이 되었고 중부 영국의 거대한 부분을 차지했던 덴마크인들(영국과 아일랜드 여러 곳에 동족들을 심어 놓았던 노르웨이 출신 침략자들)도 기독교인들이 되었다.

오늘날 덴마크는 농업 국가, 평화로운 나라, 그러나 약한 나라로 알려졌지만, 유럽에서는 덴마크라고 하면 '무서운 바이킹의 나라'란 인상이 강하다.

8세기 말에서 11세기 말까지 약 300년간 유럽 기독교 문명권을 강타한 해양 민족 바이킹족의 중심은 덴마크에 살던 바이킹이었다. 노르웨이 바이킹은 탐험과 개척, 덴마크 바이킹은 전쟁, 스웨덴 바이킹은 장사를 주특기로 했다. 이런 바이킹들은 그들이 노예로 잡아왔던 여인들에 의해 곧 기독교인들이 되었다. 그들의 진취적인 민족적 성품과 발달된 해양 기술로 인해 바이킹족을 통한 새로운 기독교 문화가 스칸디나비아로 거슬러 퍼져 나갔다. 심지어 캐나다와 북미 대륙까지 퍼져나갔다.

노르웨이 바이킹은 아일랜드, 영국을 침공하더니 아이슬란드, 그린란드를 개척하고 지금의 캐나다 동해안에까지 건너갔다. 아메리카 대륙을 처음 발견한 이는 콜럼버스가 아니라 바이킹이란 주장은 이제 정설이다. 그러나 바이킹은 아메리카 대륙에서 정착하지 않고 철수했다.

---

49 이철, "유럽 역사 바꾸어 놓은 바이킹," last modified 08/15/2006, accessed 02/06/2018. http://www.koreatimes.com/article/331412.

8-11세기 바이킹의 대항해[50]

한편, 바이킹의 피해로 인해 새로운 수도원 운동이 시작되는 계기가 되었다.[51] 기독교 경건의 중심지였던 교회와 수도원이 화려하지 않았다면 바이킹들이 주요 공격 대상으로 삼지 않았을 것이라는 반성이 일어났다. 수도원이 풍요함과 화려함의 상징이었던 아일랜드식에서 절제와 경건을 중시하는 베네딕트식으로 바뀜으로 여러 면에서 개선이 이루어졌다.

아니안의 베네딕트(Benedict of Aniane)는 개혁을 주장했고 901년이 되자 클루니(Cluny)에서 더 이상 지역 정치가 수도원을 지배할 수 없도록 강력한 조치가 취해졌다. 교황의 지도를 받는 수도원의 지위를 확보한 것이다. 당시 수도원들은 어느 정도 성장해 상당한 재산을 갖게 되면 지방 군주나 감독들이 정치력으로 수도원장을 바꾸고 권력으로 좌우지했다.

그러나 교황의 감독하에 놓인 클루니수도원은 정치적 외압을 받을 수 없게 된 것이다. 이것이 클루니 부흥 운동이 되었다(Cluny renewal).[52] 이런 운동은 급속하게 퍼져 나갔다.

클루니수도원은 노동보다는 예배를 강조했다. 높은 수준의 예술과 성례를 접목해 새로운 종교 예식들을 발전시키고 건물이 증축되면서 예술혼이 깃든 아름답고 정교한 건축물들이 탄생했다. 매일 성대한 예배가 거행되었다. 이때 성가곡이 많이 나왔다. 클루니 개혁 운동의 정점에 있었던 사건은 지방 감

50　조갑제, "超一流 국가를 만든 海賊들의 비밀".
51　Latourette, *The Thousand Years of Uncertainty, A.D. 500-A.D. 1500*, 46.
52　임윤택, 『랄프 윈터의 기독교 문명 운동사』, 195.

독들이 수도원에 권한을 행사할 수 없는 것이었다.

이런 분위기는 사회 전 분야에 영향을 끼쳤고 서임권 분쟁(Investiture Controversy)의 불씨가 되었다. 이후에 신성로마제국의 황제였던 프랑스의 하인리히 4세와 교황 이노센트 3세 사이에 싸움이 벌어졌고 교황은 황제를 파문했다. 소위 말하는 카노사(Canossa)의 굴욕 사건이 발생한 것이다. 교권이 그만큼 강력해졌다.

200여 년 동안 클루니 부흥 운동의 영향력을 이어 갔다. 그 후 클루니 부흥 운동이 쇠락할 무렵 새로운 수도원 운동들이 그 뒤를 이었다. 시토파수도원 운동, 탁발수도회, 프란체스코수도회, 도미니쿠스 수도회 등이 이어졌고 복음은 유럽 전역으로 확장되었다.

복음이 유럽에 확장되는 데 큰 역할을 한 것은 도로의 발달 때문이었다. 유럽 전 지역을 연결하는 도로망이 발달된 것은 복음의 확장에 큰 역할을 했다.[53] 12세기의 르네상스는 이렇게 수도원을 중심으로 활발하게 꽃을 피웠다. 250년 동안의 바이킹 침략은 결국 새로운 부흥 운동의 시발점이 되었다. 북방 해적 세력이었던 바이킹은 기독교의 영향으로 살인과 약탈의 삶을 버리고 오히려 기독교의 꽃을 피울 수 있는 세력이 되었다. 그들의 진취적 민족성과 잘 발달된 해양 기술은 기독교 문명을 일으키는 데 지대한 영향을 끼쳤다.

오늘날 바이킹의 후손인 덴마크, 노르웨이, 스웨덴, 핀란드, 아이슬란드는 초일류 국가가 되었다. 문명의 파괴자가 문명의 건설자로 극적인 전환을 이룬 세계 유례없는 기적을 일구어 낸 민족이 되었다. 지금은 가장 평화를 사랑하는 나라가 되었고 세계에서 삶의 질이 가장 좋은 나라로 노르웨이가 선정되었다.[54] '삶의 질'(Human Development Index) 평가는 교육 수준, 평균 수명, 국민 소득을 합산해 생활 수준을 채점하는 방식이다.

세계에서 1인당 자산보유액이 가장 많은 나라는 노르웨이이다. 행복도가 가장 높은 나라는 덴마크이다. 고급문서 해독률이 가장 높은 나라는 스웨덴이며, 2위는 덴마크, 3위는 노르웨이, 6위는 핀란드이다. 국가경쟁력 순위는

---

53 Ibid., 198-99.
54 조갑제, "超一流 국가를 만든 海賊들의 비밀".

덴마크가 5위, 스웨덴이 6위, 핀란드가 9위, 노르웨이가 11위이다. 공무원의 청렴도는 덴마크가 세계 2위, 스웨덴이 4위, 핀란드가 6위, 노르웨이 11위이다. 남녀평등 지수는 1위가 아이슬란드, 2위 핀란드, 3위 노르웨이, 4위 스웨덴, 7위 덴마크이다. 민주주의 성숙도는 1위가 스웨덴, 2위 노르웨이, 3위 아이슬란드, 5위 덴마크, 6위 핀란드이다. 정치, 경제, 교육의 거의 모든 분야에서 북구의 바이킹 국가들이 늘 10위권에 든다.

오늘날까지 이런 평가를 받고 있는 것은 바이킹들에게 기독교가 전파된 것과 무관하지 않다. 기독교를 가장 늦게 받아들인 바이킹족이지만 16세기 초 루터의 종교개혁이 일어나자 제일 먼저 신교로 개종했다. 덴마크, 스웨덴, 노르웨이 사람들은 1530년대부터 루터교로 개종, 유럽 신교 세력의 보루가 되었다. 17세기 전반의 30년 종교전쟁 때 독일의 신교도를 구원한 것은 프랑스의 후원을 받은 스웨덴군이었다.

맥가브란의 개종 이론은 바이킹의 역사 속에서 발견된다. 맥가브란이 개종을 통해 이루고자 했던 것은 기독교 문명으로 개혁해 복음을 효과적으로 전파하여 타민족의 집단 개종을 이루는 것이었다.

7. 루터의 개종

종교개혁의 횃불을 높이 치켜올린 인물이 마틴 루터이다. 루터를 통한 종교개혁의 시발점은 성경의 원리를 회복하는 데서부터 시작된 것이다. 역사 속에서 교회는 초대 교회의 표준에서 탈선할 때마다 새로운 개혁 운동이 일어났다. 그것은 초대 교회의 본질과 원형으로 새롭게 회복하고자 하는 교회의 노력이었다. 이런 개혁 운동 가운데 가장 중요한 사건이 1517년에 북유럽에 있었던 종교개혁이다.

교황청의 지나친 과세 및 면죄부 판매는 일반 시민들에게 불만과 원망을 자아내게 했고 이런 부조리는 무엇보다도 독일에서 가장 심했다.[55] 그런 교회

---

55 김의환, 『基督教會史』, 250.

의 만행에 성경으로 돌아가야 한다고 주장하며 종교개혁의 촉매제의 역할을 루터가 했다. 루터의 개종과 그 결과를 살펴보고 전통적 르네상스의 양상을 이해하려고 한다.

마틴 루터는 1483년 10월 10일 아이스레벤(Eisleben) 시골 광부의 아들로 태어났다. 그의 아버지 한스 루터는 아들이 법률가가 되기를 희망했다. 1501년 그 희망대로 아들을 명문대학인 에르푸르트(Erfurt)대학에 입학시킨다. 대학에서 루터는 인문주의 학자 요한 베셀(John Wessel)의 영향을 받게 되었다. 그러던 중 루터의 생애를 새로운 길로 인도하는 사건을 체험하게 되었다.

1505년 7월 2일 비오는 날 친구와 비를 피해 나무 밑에 있다가 낙뢰로 인해 옆에 있던 친구가 사망하는 사고를 경험하게 되었다. 가까이서 죽음을 접한 루터는 심각하게 신앙적 고민을 하게 되었다.[56] 루터의 이 경험은 사도 바울과 같은 개종의 체험은 아니지만 성직자로서의 소명을 깨닫는 사건이 되었다.

이것은 맥가브란의 제자화의 단계를 지나서 완전화의 과정 속에서 더욱 신앙의 성숙함으로 나아가는 과정으로 이해될 수 있다. 보름 동안의 고민 끝에 사제로 헌신하고 요한 본 스타우핏츠(Johann Von Staupits) 감독이 원장으로 있는 어거스틴수도원에 들어갔다.[57] 원장의 신임을 받으며 신학 공부를 마치고 1507년 4월 3일에 사제가 되었다. 그 후 수도회에 명령에 따라 비텐베르크(Wittenberg)대학에서 도덕신학을 가르쳤다. 1510년 11월에서 1511년 4월까지 수도원의 일로 로마에 방문했고 6개월 동안 로마교회 중심부의 타락을 체험했다.[58] 비텐베르크대학에 교수로 취임한 이래 1513년부터 1517년은 성경 연구에 힘을 기울였다. 특히 시편, 로마서, 갈라디아서 연구에 열중했고 11개 수도원을 순회하며 설교를 했다.

1512년에 신학 박사가 되었으며 오랜 영적 고민 끝에 하나님의 의의 참 뜻을 깨닫게 되었다. 그는 전통에 근거한 신학을 거부하고 하나님의 말씀에 대한 연구를 통해 깨달은 개인적 이해와 경험을 강조하게 되었다. 무엇보다도

---

56 Pierson, 『선교학적 관점에서 본 기독교 선교 운동사』, 299.
57 Publishing, 『교회사 핸드북』, 362.
58 김의환, 『基督敎會史』, 257.

하나님께서 죄인을 용서하신다는 발견은 그에게 결정적인 깨달음이었다. 그 당시 교황 레오 10세는 베드로 성당 완공을 위해 속죄권을 강매하고 있었다.

100년 동안 끌어온 공사비용을 메꾸기 위해 1506년부터 속죄권 판매를 재계한 것이다. 속죄권 판매 책임자는 도미니크수도원 수도사 요한 텟젤(Johann Tetzel 1465-1519)이었다. 그는 당대 웅변가요 학자로 유명했다. 그는 가는 곳마다 속죄권을 사는 사람은 즉시 죄를 용서받을 것이며 연옥에 있는 자들을 위해 사면 그 은화가 헌금함 속에 떨어지는 소리가 나는 순간 곧 천국으로 올라간다고 외쳤다.[59]

루터는 텟젤의 일행이 비텐베르그에 입성하는 것을 금지하고 대학 게시판으로 사용하는 성문 문짝에다 95개조 조항의 항의문을 게시했다. 이 사실이 독일 전역에 곧 퍼졌고 북유럽 속죄권 판매 실적이 현저하게 줄어들었다. 95개 조항의 항의문의 요점은 속죄권으로 죄를 사할 수 없다는 것과 연옥에 있는 영혼은 구원할 수 없다는 것, 사제가 죄를 사하는 것이 아니라 하나님께서 죄를 사해 주시는 것, 그리고 회개한 자는 이미 죄 용서함을 받았다는 내용이었다.

1517년 12월에 마인쯔의 대주교가 로마에서 루터를 고소했다. 루터는 자신의 입장을 철회하기를 거절했다. 1519년 7월에 그는 그의 가장 예리한 대결자인 에크와 함께 라이프찌히에서 논쟁할 때 교황의 절대성과 공의회의 무오성을 부인했다. 그는 그의 파문을 경고한 교황의 교서를 불태워 버렸고 1521년에 파문을 당했다.

그는 1521년 4월에 열린 보름스 의회 앞에서 자신의 주장을 굽히지 않았다. 그의 주장이 성경적 근거에 의해 반박을 당하는 경우 외에는 주장을 굽힐 수 없었다. 그 후 안전을 위해 작센의 프레데릭 보호 아래 비르트부르그성으로 피신했다.

그곳에서 신약성경을 독일어로 번역했다. 13년 후인 1534년에 신구약 전권이 쉬운 독일어로 번역되었다. 독일어 성경 번역은 루터의 큰 업적이 되었다. 이제 누구든지 쉬운 독일어 성경으로 성경을 읽게 된 것이었다. 한편,

---

59 Ibid., 259.

1529년 쯔빙글리와의 스위스 개혁파 신학자들의 회의에서 15개 항목 중 하나인 성찬과 그리스도의 임재관에서 의견 차이를 좁히지 못하고 결렬한 사건은 개혁 운동의 오점으로 남았다. 루터는 종교개혁을 주도했지만 급진적인 개혁주의자들과는 뜻을 달리했다.

특히 가톨릭 의식을 버릴 필요가 없다고 주장해 개혁파와는 다른 의견을 가지고 있었다. 비록 그의 업적에 실수는 있었지만 종교개혁 운동의 제1인자임에는 의심의 여지가 없다.

1546년 2월 18일 그의 고향 아이스 레벤에서 63세의 나이로 파란만장한 생을 마치는 중에도 가톨릭과의 슈말칼텐 전쟁이 진행중이었다.[60] 루터의 완전화의 과정은 성경 말씀에 기초한 삶의 결단을 통해 이루어졌다. 기독교로의 개종은 이와 같이 성경 말씀 중심의 삶을 통해 자기 자신이 먼저 변화를 받고 세상을 변혁시키는 것이 개종의 최종적인 변화의 모습임을 루터는 보여주었다. 맥가브란이 말한 제자화와 완전화의 과정을 루터의 삶을 통해 더 분명하게 인식하게 된다.

8. 전통적 기독교 르네상스

전통적 르네상스 시대는 14-16세기의 시기를 말한다. 르네상스(프랑스어: Renaissance, 이탈리아어: Rinascimento) 또는 문예 부흥은 유럽 문명사에서 14세기부터 16세기 사이에 일어난 문예부흥 운동을 말한다. 과학 혁명의 토대가 만들어져 중세를 근세와 이어 주는 시기가 되었다.

여기서 문예부흥이란 구체적으로 14세기에서 시작하여 16세기 말에 유럽에서 일어난 문화, 예술 전반에 걸친 고대 그리스와 로마 문명의 재인식과 재수용을 의미한다. 이 점에서 르네상스는 일종의 시대적 정신운동이라고 말할 수 있다. 역사적 측면에서 유럽은 르네상스의 시작과 더불어 기나긴 중세 시대의 막을 내렸으며, 동시에 르네상스를 거쳐서 근세 시대로 접어들게 되

---

60 Ibid.

었다. 르네상스의 정신, 혹은 운동은 이탈리아에서 비롯되었으며, 얼마 안 가 알프스를 넘어 유럽의 다른 국가, 즉 프랑스, 네덜란드, 영국, 독일, 스페인 등지로 퍼져 나갔다. 그러나 스칸디나비아 반도의 나라들은 이 운동에 거의 영향을 입지 않은 것으로 알려져 있다.

16세기 초 이 운동의 인문주의자들이 종교 개혁의 원동력이 되어 교회 개혁과 학문적 방법에 영향을 주었다.[61] 이 시기에 유럽은 하나가 되어 갔다. 그 결정적 계기는 하나의 공용어를 갖게 된 것이다. 남부, 중부, 북부 유럽의 국가들이 모두 라틴어를 공용어로 사용하게 되었다. 하나의 공용어를 통해 기독교 신앙은 급속히 전파하게 되었다.

성경을 통해 형성된 기독교 신앙이 로마제국(이탈리아)이라는 문화적 토양 속에서 동일한 언어를 통해 체계적으로 정립되었고 공유되었다. 라틴어 문화권이 형성되면서 라틴어를 통한 학문의 꽃이 피게 되었다. 이것이 문예부흥을 일으키게 된 것이다. 그리고 십자군 운동은 동서양 문명을 교류하게 하는 결과를 낳게 했다. 무슬림의 문학, 과학, 철학 사상이 서양의 문명과 만나게 되었고 마르코 폴로를 통한 『동방견문록』(Il Milione)을 통해 몽골 제국이 소개되고 동방의 문명이 전파되게 되었다.

이런 문화와 문명의 교류는 근본적인 사회 변혁을 가져왔다. 마틴 루터에 의해 종교개혁이 일어나는 데에도 이런 사회적 변화가 중요한 역할을 했다. 1450년대에 구텐베르크에 의해 인쇄술이 발달했고 그 이후 반 세기 만에 천 개 이상의 인쇄소가 설립되었다. 1500년대 초에 이르자 인쇄물은 홍수를 이루었다. 인쇄물은 3백만 종 이상이 되었고 그중에 종교적 인쇄물은 75퍼센트에 이르렀다.[62]

루터의 독일어 성경 번역이 종교개혁에 큰 힘이 되었던 것은 성경을 일반인들에게 보급될 수 있는 인쇄술이 발달했기 때문이었다. 앞서 살펴보았던 기독교 르네상스가 꽃을 피울 때 항상 앞서가는 새로운 테크놀로지를 통해 이루어진 것을 알 수 있다. 이렇게 인쇄 기술의 발전과 종교개혁으로 유럽 사

---

61 Latourette, *A History of Christianity*, 604-06..
62 임윤택, 『랄프 윈터의 기독교 문명 운동사』, 213.

회는 전례를 찾을 수 없는 변모가 이루어졌다. 일부 학자들과 예술가들로부터 시작한 르네상스는 유럽 전역으로 퍼져 나가면서 사회 전반에 영향을 미쳤다.

무엇보다도 존 위클리프(John Wycliffe), 존 후스(John Hus) 같은 인물들은 성경을 유럽의 다양한 언어로 번역하면서 성경의 권위를 높이기 시작했다. 성경의 권위를 높일수록 교권과 교황의 권위는 상대적으로 낮아질 수밖에 없었다. 자국의 성경을 갖는다는 것은 라틴어권에서 독립하게 하는 근거가 되며 그것은 자연스럽게 교황권에 심각한 도전이 되는 것이었다.

결국, 자국으로 번역된 성경을 통해 평신도 중심의 성경 공부 소그룹모임이 생겨나고 그들은 성경을 통해 믿음으로 의롭게 된다는 사실을 믿게 되었다.[63] 루터가 주창한 만인제사장설을 지지하게 된 것이다. 이런 시대적 배경이 구교와 신교를 나누게 했고 신념과 신앙에 따라 사회의 변혁을 일으키는 원인이 되었다. 이 시기에 항해술의 발달로 가톨릭을 중심으로 한 식민지 정책이 활발하게 진행되었다. 수도원의 선교 구조가 커지자 7대양으로 뻗어 나가면서 식민지 확장이 이루어졌다. 200년간 가톨릭 선교사들의 영향으로 전 세계적 연계망을 펼칠 수 있었다.[64] 개신교 선교가 활발하지 못했던 것에 대해 피어슨은 다음과 같이 분석했다.[65]

첫째, 신학의 문제점을 지적했다.

교회론에 있어서 개신교도들은 단지 "말씀이 바로 선포되고 성례가 바로 집례되는 곳"으로만 정의 내렸다. 개혁자들은 교회론에서 사도성을 가진 보냄받은 선교적인 교회의 모습이 포함되지 않았다.

둘째, 개신교는 수십 년 동안 정치, 군사적 전쟁을 수행하며 생존을 위한 싸움을 했다.

개신교 운동은 유럽에서 개신교 운동을 말살시키려는 로마가톨릭의 공격과 핍박을 견뎌 내야 했다. 개신교가 생명을 부지하게 되었을 때 군사적, 경

---

63 Ibid., 217.
64 Winter et al., 『미션 퍼스펙티브』, 200.
65 Pierson, 『선교학적 관점에서 본 기독교 선교 운동사』, 321-23.

제적으로 탈진 상태에 놓여 있었다. 심지어 어느 지역에서는 인구의 3분의 1이 죽임을 당하기도 했다. 상황적으로 선교를 하기에는 역부족이었다는 것이다.

셋째, 개신교 국가들은 당시 해상권을 가진 나라가 없었다.

15세기 말에서 16세기 전반에 걸쳐 유럽에서 해상권을 장악하고 세계로 뻗어 나갈 수 있는 나라는 가톨릭 국가였던 스페인과 포르투갈뿐이었다. 개신교 국가들인 네덜란드와 영국이 해외로 진출한 것은 시간이 한참 지난 다음이었다.

넷째, 개신교 선교가 시작될 시기에 개신교 운동은 개신교 스콜라철학의 등장으로 활력을 상실하게 되었다.

다섯째, 개신교 운동가들은 철저히 당시의 선교 조직체로서의 역할을 했던 수도원 제도를 거부한 것이다.

수도원을 대체할 수 있는 기관은 없었다. 루터를 포함한 개신교 운동가들이 수도원을 해체한 것은 선교 동력을 이끄는 조직체를 파괴한 것이었다. 이상과 같은 이유로 개신교가 선교 활동에 미미할 수밖에 없었음을 밝히고 있다.

9. 윌리엄 캐리의 개종

인도로 갔던 첫 번째 개신교 선교사 윌리엄 캐리는 각종 문명을 개혁한 선구자였다. 랄프 윈터는 개신교 선교를 세 시대로 구분했다.[66]

첫째 시기는 "현대 선교의 아버지"라고 불리운 윌리엄 캐리 시대이다.
윌리엄 캐리 선교는 주로 해안선을 따라 이루어졌다. 가톨릭 선교사들은 이미 내륙에서 사역하고 있었다. 그만큼 개신교 선교가 늦어졌음을 알 수 있다.

66　임윤택, 『랄프 윈터의 기독교 문명 운동사』, 233-35.

둘째 시기는 허드슨 테일러 시대이다.
테일러는 1865년에 중국내지선교회(China Inland Mission)를 설립했다.
셋째 시기는 캐머런 타운샌드(Cameron Townsend)와 도널드 맥가브란의 시대이다.

그들은 수많은 인간집단에 주목했다. 캐머런 타운센드는 수평적 관점으로 흩어진 부족집단들에 주목했고 도널드 맥가브란은 사회구조의 수직적 구조에 주목해 소외 계층인 미전도 종족에 선교적 관심을 집중했다. 이와 같이 개신교 선교를 구분할 때 그 시작을 알린 윌리엄 캐리의 공헌은 개신교 선교에 있어서 매우 중요한 의미를 지닌다. 그를 "현대 선교의 아버지"라고 부르는 것도 이런 이유에서이다.

윌리엄 캐리의 개종과 인도 사회에 공헌한 문명개혁의 업적은 개신교 선교계뿐만 아니라 일반 역사 발전에도 지대한 영향을 끼쳤다. 윌리엄 캐리를 통해 개신교 선교가 확장되고 그 결과 복음주의 르네상스를 꽃피게 되었다. 먼저 윌리엄 캐리의 개종을 살펴보고 복음주의 르네상스를 연구하고자 한다.

윌리엄 캐리(William Carey, 1761-1834)는 1761년 노댐프튼셔 폴러스퍼리(Paulerspury)에서 교구 서기 겸 교장의 아들로 태어났다.[67] 캐리는 어릴 적부터 독서를 좋아했다. 특히 『로빈슨 크루소』(*Robinson Crusoe*), 『걸리버 여행기』(*Gulliver's Travels*)와 같은 모험담에 빠져 있었다.[68] 그는 어릴 적부터 상상력이 뛰어났고 특히 언어적 감각도 뛰어났다. 새로운 언어나 문자를 보면 관련된 책을 탐독하고 언어를 익혔다. 새로운 증기 기술에도 관심이 많았고 식물도감도 좋아해서 다양한 식물들에 관심을 가졌다.

어릴 때부터 농사도 배우고 들판을 돌아다니며 놀기를 좋아했는데 그에게는 햇빛 알러지가 있어서 더 이상 바깥에서 활동하는 일을 할 수 없게 되었다. 그 알러지로 인해 그는 14살의 나이에 7년 동안 제화공 도제의 길을 걷게 되었다. 도제 생활을 하면서 만난 존이라는 견습 도제를 통해 비국교도 기도

---

67 Publishing, 『교회사 핸드북』, 548.
68 Janet Benge and Geoff Benge, 『윌리엄 캐리』, 안정임 역 (고양: 예수전도단, 2010), 22-23.

모임에 참석하게 되었다.

1779년 2월 10일, 그의 나이 19세에 그 기도 모임에서 히브리서 13장의 설교를 듣고 은혜를 받아 예수 그리스도를 영접했다. 그때 영국 국교회에서 비국교도로 개종을 결심하게 되었다. 맥가브란이 언급한 제자화의 단계에 이른 것이다. 그는 도제 생활을 하면서도 히브리어, 헬라어와 라틴어 공부를 매진했다. 그는 어느 누구와의 종교적 논쟁에서 밀리지 않을 정도로 해박한 지식을 갖게 되었다.

1783년 10월 5일 그는 노셈프턴셔의 네엔강에서 세례를 받았다. 그 후 제화공 일을 하면서 몰튼이라는 지역의 작은 침례교회에서 목회를 시작하게 되었다. 그 후 1787년 5월 3일 26세의 나이로 침례교에서 목사 안수를 받게 되었다. 그 당시 성직자 협회에 참석해 세계 선교라는 주제로 논쟁을 하게 되었다. 캐리는 새로 발견된 이교도의 땅에 복음을 전하고 선교하는 것은 마땅한 일이라고 주장했다.

그러나 당시 영국의 교인들 생각은 예수님께서 12사도에게 명령하신 전도 사명은 이미 제자들에 의해 완수되었다고 믿고 있었다. 이제는 어느 누구도 복음을 전할 필요가 없고 더구나 위험하고 낯선 이교도들에게 전도하러 간다는 것은 가당치도 않은 말이었다. 그러나 윌리엄은 그의 생각을 굽히지 않았다.

1792년 캐리는 『이교도의 개종을 위해 방법을 모색하는 그리스도인의 책임에 관한 탐구』(*An Enquiry into the Obligations of Christians to Use Means for the Conversion of the Heathens*)를 출판했다.[69] 그는 그리스도의 지상명령이 여전히 모든 그리스도인을 향해 주어지고 있다고 주장했다. 같은 해 노팅엄에서 행한 설교에서 그는 이런 말로 촉구했다.

> 하나님께 위대한 일을 기대하고 하나님을 위해 위대한 일을 시도하라.[70]

---

[69] William Carey, *An Enquiry into the Obligations of Christians to Use Means for the Conversion of the Heathens* ([Whitefish, Mont.]: Kessinger, 1792), 77.
[70] Publishing, 『교회사 핸드북』, 548.

결과적으로 1792년 10월에 침례교의 선교회가 창설되었다. 그것은 개신교 선교 운동에 의해 생긴 최초의 해외선교 조직이었다.[71]

1793년 캐리와 그의 가족은 인도로 가는 배를 탔다. 그는 뱅갈에서 염색 공장에서 일을 하게 되었다. 그의 직책은 1년에 세 달 동안만 책임을 지고 나머지 기간에는 자유로운 시간을 보냈다. 그 시간 동안 그는 인도어를 연구했다. 1799년 캘커타 근처 세람포어(Serampore)에서 두 명의 동료 침례교인인 조슈아 마시만(Joshua Marshman)과 윌리엄 와드(William Ward)의 협력을 얻게 되었다.[72]

1804년 그들을 중심으로 형제단(brotherhood)을 조직했다. 그 조직을 통해 그들은 초대 교회 성도들과 같이 공동체 생활을 하며 소유를 나누었다.[73]

형제단은 다음과 같은 11가지의 목적 진술을 가지고 있었다.

1. 사람의 영혼에 무한한 가치를 둔다.
2. 인도인들의 마음을 사로잡는 함정을 스스로 숙지한다.
3. 복음에 대한 인도인의 편견을 깊어지게 하는 일은 무슨 일이든 삼간다.
4. 인도인들에게 선한 일을 할 수 있는 모든 기회를 잡는다.
5. 개종을 위한 최고의 방법으로 '십자가에 달리신 그리스도'를 설교한다.
6. 인도인들을 우리와 동등하게 존경하고 대접한다.
7. 모임을 주최하는 사람들을 세우고 보호한다.
8. 인도인들의 은사를 계발한다. 그들에게 선교적 책임을 일깨운다. 인도를 그리스도께 드릴 수 있는 사람은 인도인들뿐이기 때문이다.
9. 성경 번역을 위해 쉬지 않고 노력한다.
10. 개인의 신앙이 성장하도록 즉시 노력한다.
11. 선교를 위해 우리 자신을 남김없이 드린다.

그 후 25년 동안 이들은 성경을 번역했다. 캐리는 인도 6개 언어로 신구약

---

71 Kenneth Scott Latourette, 『基督敎史』, 윤두혁 역 (서울: 생명의 말씀사, 1983), 107.
72 Sundkler, *The World of Mission*, 111.
73 Pierson, 『선교학적 관점에서 본 기독교 선교 운동사』, 431-32..

전권, 신약 24개 언어, 그리고 성경의 일부를 10개 언어로 번역했다. 캐리는 교육가로서 1801년 포트윌리엄(Fort William)대학에서 여러 언어를 개별 지도하는 교사의 자격을 부여받았다. 1824년에 이르기까지 몇 권의 문법책과 사전과 동양 서적의 번역서를 출판했다.

또한, 그는 인도에서 젊은 아내가 남편의 시체와 함께 산 채로 화장되던 사띠(Sati)의 악습을 없애려는 운동에서 지도적 역할을 수행했고 그 노력의 결과로 1829년 사티 제도를 법적으로 금지하는 데 성공했다. 정규 교육을 거의 받지 못한 그가 이룬 업적은 놀라운 것이었다. 그는 인도에 복음전도뿐만 아니라 교육, 번역, 사회사업, 여성 인권, 농업 연구, 인쇄술, 과학 등 다양한 분야에서 많은 영향을 끼쳤다.[74]

캐리는 개신교 선교 운동에 새 장을 열었다. 그의 사역은 영국, 스코틀랜드, 유럽 대륙, 그리고 북미 지역에 개신교도들에게 엄청난 선교적 자극을 주었다.

윌리엄 캐리는 인도 사회의 문명을 일깨우는 데 다양한 분야에서 업적을 남겼는데 그의 업적을 분야별로 정리하면 다음과 같다.

① 인도 경제의 쇄신

근대식 은행제도를 인도에 도입함으로써 당시 인도 사회 전반에 자리잡고 있었던 고리대금업을 폐지시키려고 노력했다. 당시 고리대금업의 연이자율은 36-72퍼센트에 달했고 그로 인해 인도 사회는 빈익빈부익부 현상이 가열되었고 인도 경제에 큰 걸림돌이 되었다. 윌리엄 캐리는 인도 경제의 근본적인 문제에 맞서 싸웠다.

② 새로운 출판 기술 도입

윌리엄 캐리는 성경을 번역하고 보급하기 위해 출판할 수 있는 인쇄소가 필요하다는 생각을 하게 되었고 형제단 동료들과 힘을 모아 인도에서 최초의

---

[74] Darrow L. Miller, Ruth. Mangalwadi, and Vishal Mangalwadi, 『윌리엄 캐리와 성경의 문명 개혁 능력』, 김정훈 역 (서울: 예영커뮤니케이션, 1997), 17-22.

인쇄소를 세웠다. 근대적인 인쇄·출판 기술을 통해 성경을 보급하고 그 기술을 전수했다.

③ 언론의 개혁

윌리엄 캐리는 인도 언어로 된 최초의 신문을 발행했다. 그가 출판한 영어판 매거진 「인도의 친구」(*Friend of India*)는 그 당시 1900년대 인도 사회에 사회 개혁 운동을 일으키는 촉매제가 되었다.[75]

④ 교육의 확대

윌리엄 캐리는 카스트 신분에 관계없이 누구든지 교육의 기회를 줄 수 있는 일반학교 15개를 개설했다. 더 나아가 캘커타에서 근교에 있는 세람포르에 아시아에서 처음으로 벵갈어로 가르치는 대학을 설립했다. 그것이 세람포르대학이다. 그는 세람포르대학에서 신학, 동물학, 식물학, 천문학을 직접 가르쳤다. 학문의 전당에서 인도인들을 지식으로 문명을 깨우치고 사회적 리더들을 발굴하고 육성하는 일을 했다.

인도 카스트의 상위 계급인 브라만계급은 자신들의 학문적, 정치적, 경제적 기득권을 유지하기 위해 하층민들에게는 교육의 기회를 박탈했다. 캐리는 인도의 미래를 위해 대중의 무지를 학문으로 깨우치고 사회적 불합리를 일깨우는 기회를 대학을 통해 이루고자 했다.

⑤ 과학적 지성의 발전

윌리엄 캐리는 인도 사회에 과학적 지성을 자극하고 발전시키기 위해 『플로라 인디카』(*Flora Indica*)와 같은 과학서적을 인도 최초로 출판했다. 그는 식물학에도 관심이 많아서 농업의 개량을 증진시키기 위해 1820년 인도 농업협회를 창설했고 식물학을 연구했다. 이를 위해 1823년에 린네(Linnaean)협회의 회원 자격을 얻었다. 본인이 자연을 탐구해 인도에서만 존재하는 식물인 히말라야 기슭의 정글에서 피어나는 카레야 헤르바케야를 발견했다. 또한 영

---

[75] Ibid., 22.

국산 데이지를 인도에 들여와 보급했다.

⑥ 인권 운동

윌리엄 캐리는 나환자 치료를 위한 캠페인을 벌였다. 의학이 발달하기 전 인도 사회에서는 나환자들을 저주받은 사람들로 취급하고 산 채로 매장하거나 화장을 했는데 그들의 인권을 보호하고 의약품을 통해 그들을 보호하고 치료했다.[76]

윌리엄 캐리의 인도 사회에 끼친 업적을 오늘날에도 인정하고 있다. 그의 선한 영향력에 대한 보답으로 인도 정부가 1993년 그의 인도 도착 2백 주년을 기념하여 기념우표를 발행했을 정도였다. 그가 일구어 낸 기독교 문명의 개혁 운동은 모든 선교사의 표본이 되고 있다.

라투렛은 윌리엄 캐리가 연 선교의 새로운 세기를 "선교의 위대한 세기"(Great Century of Missions)라고 부른다.[77] 그가 복음의 열정을 가지고 인도인들에게 영향을 끼친 것은 맥가브란의 완전화 과정이 심화되면서 사회를 변혁시킬 수 있는 힘이 생겨난 것이다. 한 사람의 개종을 통해 개신교 선교 역사의 새로운 장이 시작되었고 복음주의 르네상스가 도래하는 데 있어서 지대한 영향을 끼치게 되었다.

10. 복음주의 르네상스

마지막 시대인 복음주의 르네상스 시대(1600-2000)는 가장 눈부신 역사를 자랑한다. 이 400년 동안 발생한 역사적 업적은 놀라운 것이다.

랄프 윈터는 이 시기의 특징을 세 가지로 말한다.[78]

---

76 Ibid., 19.
77 Pierson, 『선교학적 관점에서 본 기독교 선교 운동사』, 434.
78 임윤택, 『랄프 윈터의 기독교 문명 운동사』, 222.

첫째, 이 시기에 전례를 찾아볼 수 없을 정도로 기독교가 확장되었다.
둘째, 이 시대에 일어난 사건들은 과거의 어느 시기에 일어난 사건들보다 100배나 더 정확히 기록되고 보고되었다.
셋째, 개인의 권리와 능력이 증대되었다.[79] 이 시기에 가장 중요한 사건은 폭발적인 인구의 증가를 들 수 있다.

1200-1600년 사이에 인구성장률은 51퍼센트였지만 1600-2000년까지의 인구성장률은 1001퍼센트에 이른다. 이전 시기에 비해 40배 이상 인구성장률의 차이를 보인다. 이런 폭발적 인구성장의 원인은 열강의 전쟁이 잦아들었고 페스트와 같은 전염병이 사라졌기 때문이다. 인구성장의 특징과 함께 이 시대에 또 다른 사건은 전 세계적으로 지난 시기보다 20배 이상 많은 복음주의자가 생겨난 것이다. 이런 배경에는 세계 선교의 주도적 역할을 기존 가톨릭에서 개신교가 바통을 이어간 것이 중요한 요인으로 작용했다.

이 시기의 전반부에는 여전히 로마가톨릭에 의해 선교가 주도적으로 이루어지고 있었다. 그러나 1800년대에 들어서 예수회 수도사들이 축소되고 프랑스 혁명과 그에 따른 혼란으로 유럽인들은 가톨릭 선교회의 경제적 뿌리를 근절시키고 이로 인해 로마가톨릭의 선교 활동은 갑자기 쇠퇴 일로에 빠지게 되었다.[80] 반면, 개신교도들이 선교 활동에 기지개를 펴기 시작했다. 윌리엄 캐리는 개신교 선교의 선봉에 서서 새로운 선교의 시대를 여는 신호탄이 되었다.

시대 구분	전 세계 인구 (단위:백만 명)	400년 동안 성장률	매년 평균 성장률
기원전-0년	200		
0-400년	206	3퍼센트	0.01퍼센트
400-800년	220	7퍼센트	0.02퍼센트

---

79 Ibid., 225.
80 Winter et al., 『미션 퍼스펙티브』, 201.

800-1200년	360	64퍼센트	0.12퍼센트
1200-1600년	545	51퍼센트	0.10퍼센트
1600-2000년	6,000	1001퍼센트	0.6퍼센트

세계 인구성장률[81]

복음주의 부흥 운동과 복음주의 르네상스는 직간접적인 상관관계가 있다. 복음주의 부흥 운동을 통해 복음주의 계열의 많은 학자가 배출되었고 그들은 복음주의 르네상스라는 개념을 도입해 기독교 문명의 확산 운동을 더욱 적극적으로 펼쳐 나갔다.

복음주의 르네상스는 새로운 기독교 문화 형식을 창출했다. 그것은 종교개혁자들이 세운 기독교 교리 위에 복음주의적 열정과 감성을 첨가했다. 대부흥 운동이 일어날 때 사람들은 자복과 회개를 통해 참된 그리스도인이 되었다. 마태복음 7장 20절에 "그의 열매로 그들을 알리라"라는 주님의 말씀대로 복음주의 운동은 교리적 인증서뿐만 아니라 신앙생활의 열매를 통해 사회 전반에 걸쳐 근본적인 변화의 물결을 일으켰다.

바른 신학적 사고, 복음주의적 경험, 신앙의 열매를 통해 복음주의 부흥 운동은 진정한 사회 변화를 가져왔다. 영국의 복음주의 부흥 운동은 미국의 독립을 이루는 데 지대한 영향을 끼쳤다. 1789년 미국 헌법 초안이 만들어질 때 길 건너에 있던 미국 장로교단의 상당수 사람들이 길을 건너 왕래하면서 미국 헌법 초안 작성과 장로교 장정 초안 작성을 동시에 추진했다.

미국 장로교회는 미국의 독립전쟁에도 영향을 미쳤다. 미국 장로교회는 당시 영국 정부를 대항해 세금 감면 문제로 전쟁을 선포하고 교인들에게 이 문제를 철저하게 설명함으로 독립전쟁을 승리로 이끄는 데 큰 영향을 미쳤다. 복음주의 부흥 운동은 제2차 대각성 운동을 불러왔다. 이 각성 운동을 통해 미국 사회는 복음주의적 이상과 신앙양심 그리고 시민의식을 갖게 되었다.

윌리엄 캐리를 시발점으로 개신교는 세계 선교를 위해 열심을 내기 시작했다. 앞서 언급한 대로 윌리엄 캐리를 필두로 한 해안선 선교와 허드슨 테일러

---

81 임윤택, 『랄프 윈터의 기독교 문명 운동사』, 223.

를 중심으로 한 내지 선교 그리고 캐머런 타운센드와 도널드 맥가브란에 의해 시작된 미전도 종족 선교로 발전하게 되었다. 제2차 세계대전이 끝난 후 5년 이내에 미국에서만 새로운 해외선교회가 150개나 조직되었다.

두 차례의 세계대전은 세계 여러 나라에 대한 관심을 증폭시켰고 그런 영향은 선교 단체에 직접적으로 영향을 끼쳤다. 특별한 기능을 수행하는 선교 단체들이 생겨났다. 그것은 항공선교회(Mission Aviation Fellowship), 극동방송(Far East Broadcasting Company), 세계문서선교회(World Literature Crusade) 등이었다.[82]

랄프 윈터는 복음주의 운동에 있어서 비서구 운동을 예견했다. 이민, 세계화, 그리고 과학기술 등을 통해 기존의 서구 중심의 선교 운동과는 다른 형태의 비서구 선교가 이루어질 것을 언급했다.[83]

맥가브란이 언급했던 인간집단 운동도 비서구적 기독교 운동이며 이것이 더 성경적 원리라고 주장했다.[84] 비서구 선교 운동의 중요성을 강조했던 알랜 티펫도 현지 교회가 서구식 교회가 아니라 처음부터 토착교회로 개척될 수 있으며 그런 토착성은 교회의 나이로 결정되는 것이 아니라는 것을 보여 주었다.[85]

현대 선교는 서구 중심의 일방적 선교가 아니라 전 세계적 교회 연계망을 통해 세계 모든 대륙의 그리스도인들이 상호의존적으로 이루어 가고 있다. 랄프 윈터는 예수님의 재림의 때까지 마지막 과업인 미전도 종족의 복음화를 위해 복음주의 르네상스를 계속 이어 나가야 할 것을 당부했다. 마지막 과업을 위한 과정은 결국 한 사람의 개종을 통해 헌신적 순종으로 이어지고 그런 그리스도인들이 한 마음과 한 뜻으로 이루어 가는 것임을 강조했다.[86]

---

82 임윤택, 『랄프 윈터의 기독교 문명 운동사』, 236.
83 Ralph D. Winter, 『랄프 윈터의 비서구 선교 운동사』, 임윤택 역 (고양: 예수전도단, 2012), 8.
84 Winter and Latourette, *The twenty-five unbelievable years, 1945 to 1969*, 24.
85 Alan R. Tippett, *Verdict Theology in Missionary Theory*, 2d ed. (South Pasadena, Calif.,: William Carey Library, 1973), 129.
86 Winter et al., 『미션 퍼스펙티브』, 226.

부록 1

맥가브란의 개종 이해를 위한 연구 자료

1. 개종과 교의적 연구 자료

맥가브란은 캘리포니아 선교목회자협의회(California Association of missions pastor)에서 미국 캘리포니아 지역 교회가 선교사들과의 관계를 어떻게 할지에 대한 것과 교회의 사명에 대해 첫 번째 강의를 했다. 본 영상을 통해 교회 성장에 나타난 개종의 교의적 의미를 엿볼 수가 있다.

도널드 맥가브란(1897-1990) 강의 영상[1]

본 영상은 맥가브란이 별세하기 3년 전인 1987년 파사데나에서 선교목회자협의회 회원 약 30명 앞에서 한 강의이다. 강의는 두 시간 동안 이루어졌다.

첫 시간에는 "사람 그리고 그분의 메시지: 인도에서 파사데나까지"(The Man and His Message: From India to Pasadena)라는 제목으로 인도 선교 현장에서 어떤 경험을 하고 풀러선교대학원에 와서 교회성장학을 가르치게 되었는지 그 과정을 설명했다.

인도 선교 현지에서 정글 방갈로에 들어가 6주 동안 머물면서 사람들이 어

---

[1] Donald Anderson McGarran, "Donald McGavran (1897~1990)," last modified 02/06/2018, accessed 02/12/2018. https://www.youtube.com/watch?v=tSt-0LvHWtA&t=1013s.

떻게 그리스도인이 되는가에 집중하며 글을 쓰기 시작했고 그것이 『하나님의 가교』가 되었음을 설명했다. 선교 경험을 통해 교회성장신학이 정립되어 가는 과정과 인도 선교 현장을 떠나서 학자의 길을 떠난 여정 그리고 파사데나에 있는 풀러선교대학원에 정착하기까지의 과정을 설명했다.

두 번째 강의에서는 "사명의 회고: 교회와 대위임명령"(Reflections on the Task: The Church and the Great Commission)이라는 제목으로 강의했다. 여기서 그는 교회성장의 성경적 근거로 마태복음 28장 20절의 대위임명령을 인용했다.

마지막 질문 가운데 사람들에게 어떻게 기억되기를 원하는가에 대해 맥가브란은 그저 하나님께 붙들림 바 되어 쓰임 받은 사람일 뿐이라고 답했다.

『하나님, 인간 그리고 교회성장』(God, Man, and Church Growth, 1973)은 맥가브란의 75세 생일을 맞이하면서 알랜 티펫의 주도하에 맥가브란의 학문적 기여를 기리기 위한 목적으로 출판된 도서이다. 본 서는 총 6장으로 구성되어 있다.

제1장에서는 맥가브란의 개인적인 업적과 저술에 대해 동료 선교사 및 학자들이 서술하고 있다. 특히 첫 번째 글로 와스콤 피켓이 선교사, 학자, 복음주의자, 에큐메니스트로써의 맥가브란에 대해 논평을 해 주었다.

제2장에서는 하나님의 목적과 인간의 책임이라는 주제로 5개의 글을 정리했는데 먼저 아서 글라서 박사는 교회성장과 그 신학에 대해 기고를 했다.

특히 존 시멘즈(John T. Seamands)는 교회성장에서 성령의 역할이라는 글에서 개종에 의한 변화에 대해 다음과 같이 서술했다.

성령은 인간의 죄를 드러나게 했고 그들을 그리스도 안에서 새로운 피조물로 만들어서 이 땅에 교회를 세우셨다. 그들의 삶의 변화는 실제적인 것이었다. 그들의 옛 습관과 행위는 사라졌다. 그들은 삶 속에서 새로운 목적과 활력을 갖게 되었다. 내면적 변화는 외적 변화를 수반하게 된다. 그들의 개인적 외형은 깨끗해지고 오래된 진흙집을 부수고 새로운 집을 지었다. 그들은 시간을 들여 예배당을 짓는 데 헌신하고 학교를 세우고 그들의 아이들을 가르치기 시작했다. 인도에서 사람들의 이런 변화는 성령님의 사역이었다.[2]

제3장에서는 인간구조 속에서 하나님의 사역이라는 주제로 7개의 글을 게재했다. 첫 번째 글로 피터 와그너는 오늘날 선교에 있어서 실용주의 전략이라는 주제로 기고했다.

제4장에서는 인간 역사 속에서의 하나님이라는 주제로 4개의 연구를 기록했다. 첫 번째 주제는 랄프 윈터의 글로 교차문화 관점 속에서 기독교 역사라는 글을 게재했다. 그는 하나님의 관점에 대해 다음과 같이 기술했다.

> 교차문화적 관점(Cross-cultural perspective)은 현대 세계의 갑작스러운 축소화에 의해 우리에게 요구되는 새로운 스킬이 아니다. 하나님께서는 항상 교차문화적 관점을 가지신다. 하나님께서는 인간을 다양한 부족, 언어, 인종으로 만드셨다. 특히 언어는 세계를 '우리'와 '그들'로 구분 짓는다. 성경에서도 유대인들과 이방인들로 구분한다. 그러므로 교차문화적 관점은 신앙의 확장에 장애가 되는 문화적 다양성을 극복할 수 있게 한다. 하나님의 선교는 문화를 초월하여 모든 민족에게 전파되어야 한다.[3]

제5장에서는 현장 상황 속에서 하나님과 인간이라는 주제로 5편의 글을 기록했다. 첫 번째 글로 제임스 쉐더(James Sauder)는 교회성장의 정신적 차원이라는 주제로 기고했다.

제6장에서는 하나님의 사역을 위한 연구기술이라는 주제로 네 편의 글을 기록했다. 마지막 결론을 편집자인 알랜 티펫은 지금부터 우리가 어떤 방향으로 나아가야 할지에 대해 논평하고 글을 끝맺었다. 이 책은 1965년에 풀러 선교대학원 초대 원장으로 세계 선교학계의 리더로서의 역할을 감당했던 도

2　John T. Seamands, *The Role of the Holy Spirit in Church Growth*, ed. Alan R. Tippett, *God, Man and Church Growth* (Grand Rapids,: Eerdmans, 1973), 98.
3　Ralph D. Winter, *Christian History in Cross Cultural Perspective*, ed. Alan R. Tippett, *God, Man and Church Growth* (Grand Rapids,: Eerdmans, 1973), 258.

널드 맥가브란의 선교적 공헌을 기리며 그의 학문을 발전시키고자 했던 교회성장학파 교수들이 주도해 출판한 기념 연구 논문이다.[4]

"맥가브란의 사상에서 선택된 신학 주제에 대한 연구"(An examination of selected theological topics in the thought of McGavran, 1997)는 1997년 미드아메리칸침례신학교(Mid-America Baptist Theological Seminary)에서 박사 학위 논문으로 패트릭 줄리안 멜란콘(Patrick Julian Melancon)이 연구한 것이다. 도널드 맥가브란의 교회성장학을 형성하는 데 있어서 그의 신학적 주제들을 다뤘다. 맥가브란의 설교에 나타난 교의신학적 배경을 먼저 다룬 후 구원론과 교회론을 다뤘다. 교회성장학의 핵심 이론들을 교의신학적 관점에서 분석했다. 마지막으로 독립된 장에서 교회론을 하나님 나라의 관점에서 신학 배경과 함께 연구했다.[5]

"1970-2000년까지 선정된 미국 교단에 도널드 맥가브란의 교회성장이 끼친 영향"(The impact of Donald a. McGavran's church growth missiology on selected denominations in the United States of America, 1970-2000)은 2005년 풀러선교대학원의 박사 학위 논문으로 교회성장학파의 계승자인 게리 매킨토시(Gary McIntosh Lynn)에 의해 연구되었다. 지도교수로는 찰스 밴 엥겐(Charles E. Van Engen), 에드먼드 깁스(Edmund Gibbs), 윌버트 쉥크(Wilbert R. Shenk)가 지도했다.

본 논문에는 1970년부터 2000년까지 미국의 기독교 교단에 도널드 맥가브란의 교회성장이 어떤 영향을 미쳤는지를 분석했다.

1장에서는 맥가브란의 개인적 배경과 학문의 핵심 사상을 살펴보았다.
2장에서 맥가브란이 미국교회성장에 끼친 영향을 분석했다.
3장에서는 미국의 세 가지 교단 곧 나사렛교단, 미국개혁주의교단(RCA), 미주리루터란교단의 성장을 분석했다.

---

4 Donald A. McGavran and Alan R. Tippett, *God, Man and Church Growth* (Grand Rapids,: Eerdmans, 1973), xi.
5 Gary Lynn McIntosh, "The Impact of Donald A. McGavran's Church Growth Missiology on Selected Denominations in the United States of America, 1970-2000" (Fuller Theological Seminary, 2005), 169-200.

4장에서는 선택한 각 교단에 맥가브란의 교회성장신학이 어떤 영향을 끼쳤는지 분석했다. 즉 교회성장학의 씨앗이 어떻게 뿌려졌고 지도자들이 어떻게 훈련되었으며 교회성장신학이 교단에 어떻게 제도화되었는지를 설명했다.

결론적으로 본 논문을 통해 맥가브란의 교회성장신학은 핵심 정신과 지도자 훈련, 교단 갱신 등 내외적인 면에서 세 교단에 큰 영향을 끼친 것으로 평가했다.[6]

2. 개종과 성경적 연구 자료

도널드 맥가브란의 교회성장에 나타난 개종과 성경적 연구의 자료로 먼저 살펴볼 것은 교회성장학 강의 영상 속에 나타난 성경적 연구이다. 그리고 특히 알랜 티펫을 통해 정리된 교회성장의 성경적 연구 관련 도서를 살펴보고자 한다.

맥가브란은 교회성장학 강의에서 성경신학적 교회성장의 근거를 설명했다. 그리고 세계 선교의 완성을 위해 인간집단으로서의 모자이크 개종을 설명했다.

도널드 맥가브란의 교회성장학 강의 영상[7]

---

[6] Gary Lynn McIntosh, "The Impact of Donald A. McGavran's Church Growth Missiology on Selected Denominations in the United States of America, 1970-2000" (Fuller Theological Seminary, 2005), 169-200.

[7] Donald Anderson McGarran, "도널드 맥가브란의 교회성장학 강의," last modified 04/03/2012, accessed 02/06/2018. https://www.youtube.com/watch?v=tJ7JuDgjCwE.

본 영상은 1979년 맥가브란이 미국 교회를 중심으로 교회성장학 강의를 한 자료이다. 두 가지 주제를 담았다.

첫째 주제는 교회성장학의 성경적 근거로 마태복음 11장 27-29절의 성경 구절을 인용하면서 미국 사회에 여전히 복음을 알지 못하는 8천만 명의 비신자들을 그리스도의 복음으로 초청하고 진정한 자유를 얻게 해야 한다는 것이다.

둘째 주제는 인종적 모자이크의 집단 개종에 관한 것이다. 미국 사회 안에도 다양한 인종, 언어, 문화의 장벽들이 존재한다. 각각의 인종적 모자이크는 다른 모자이크에 큰 관심을 갖고 있지 않으나 하나님께서는 그 모든 모자이크가 복음화 되기를 원하신다. 모자이크의 복음화를 위해 하나님의 가교를 제시한다. 모자이크들을 복음화하기 위해 타문화에 관심을 가지고 언어를 배우고 문화를 배우는 것이 하나님의 가교 역할을 하는 것이다. 모자이크를 복음화하는 것은 그리스도인의 거룩한 사명으로 그리스도인은 반드시 그 사명에 동참해야 한다고 강조하고 있다.

『교회성장과 하나님의 말씀』(Church Growth and the Word of God)은 맥가브란의 동역자였던 알랜 티펫에 의해 저술된 도서로 1970년 풀러선교대학원에서 강의된 교재이다. 맥가브란과 알랜 티펫은 1961년 12월 오레곤

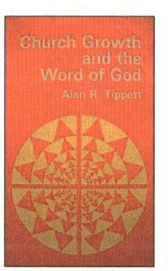 

유진에 있었던 교회성장연구소에서 처음 만나 풀러의 교수로 오랫동안 동역했다. 알랜 티펫을 통해 맥가브란의 교회성장학은 성경적, 문화인류학적으로 체계가 잡히게 되었다. 티펫은 이 책에서 성경신학적 관점에서 교회성장을 설명했다. 특히 개종에 대한 성경적 근거로 다음과 같이 언급했다.

교회성장은 개종의 과정이다. 우리가 고려하는 통계적 교회성장은 개종에 근거한 것이다. 신약성경은 개종의 행위를 통해 한 사람이 그리스도인으로 변화

된다고 설명한다. 이것은 명백하다.

개종에 관한 두 가지 성경적 근거가 있다.

기본적으로 개종은 성령을 통해 이루시는 하나님의 역사이다. 한 사람을 불러서 죄를 회개하게 하고 구원을 이루게 하시는 하나님의 역사이다(롬 8:14-16; 고전 2:9-14; 엡 2:4-5). 우리가 개종을 통해 구원받은 존재라는 것을 생각할 때 (엡 2:8), 영원한 생명을 얻은 존재(요 3:15-17; 10:25)로 교회의 일원이 되는 것이다. 이것이 하나님의 편에서의 개종이다.

그러나 인간 편에서의 개종이 있는데 그것은 인간의 뜻을 내려놓고 하나님의 뜻에 복종하는 것이다. 성령을 거스리는 죄에 대항하는 것이며(마 12:31) 성령의 음성에 따라 살아가는 것이다.[8]

3. 개종과 교회성장 연구 자료

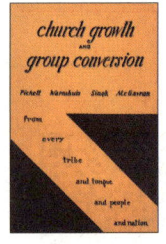

도널드 맥가브란의 주요 도서들과 교회성장에 나타난 개종에 관련된 논문을 살펴보면 다음과 같다.

『교회성장과 집단 개종』(Church growth and group conversion, 1936)은 피켓(Waskom. J. Pickett), 원스위스(A. L. Warnshuis), 싱(G. H. Singh) 과 함께 공동 저자로 1936년도에 출판된 도서이다. 피켓은 맥가브란의 멘토와 같은 역할을 했다.

1933년 출판된 피켓의 저서 『기독교 대중 운동』(Christian Mass Movements in India)을 읽은 맥가브란은 피켓의 인간집단 운동에 대한 아이디어에 큰 감명을 받게 되었다.[9] 피켓의 이 책은 당시 맥가브란이 경제적으로는 미국의 대공

---

8 Donald Anderson McGarran, "도널드 맥가브란의 교회성장학 강의," last modified 04/03/2012, accessed 02/06/2018. https://www.youtube.com/watch?v=tJ7JuDgjCwE.

9 Arthur G. McPhee, The Road to Delhi : J. Waskom Pickett and Missions in the Twilight of the Raj and Dawn of Nationhood, Revised and expanded. ed. (Lexington: Emeth Press, 2012), 214.

항으로 어려운 시기를 보내고 있었지만 선교적으로는 새로운 영적 추수를 위한 돌파구를 마련해 준 책이었다.

1936년 1월 13일부터 2월 18일까지 맥가브란은 피켓과 함께 인도 지역에 리서치 작업을 같이 하고 그와 공저로 책을 냈다. 초판의 제목은 『중부 인도 지역에서의 기독교 선교』(Christian Missions in Mid-India)였는데, 나중에 『교회성장과 집단 개종』(Church Growth and Group Conversion)으로 바꾸어 출판했다.[10] 이 책에서 맥가브란은 집단 개종의 용어를 다음과 같이 정립했다.

> 집단 개종(Group conversion)의 용어를 포괄하는 용어를 인간집단 운동(People movement)이라고 귀정했다. 왜냐하면 인간집단(People)이란 단어 속에 부족(tribe), 카스트(caste), 종족(clan)이라는 개념이 모두 포함되어 있기 때문이다. 이런 용어들을 사용해 카스트 운동(Caste movement), 부족 운동(Tribe movement), 종족 운동(Clan movement)이라고 하는 것은 각각 독립적으로는 의미가 맞지만 인간집단 운동(People movement)이라고 하면 세 가지 모든 의미를 포함한다.[11]

맥가브란은 중앙 인도 지역에서 교회가 성장하는 지역을 면밀히 조사하고 어떻게 교회가 성장했는지를 분석했다. 그 결과 인간집단 운동을 통해 부족 전체가 개종되었다는 것을 발견하고 교회성장학의 가장 중요한 개념을 정립하게 되었다.

『하나님의 가교』(The Bridges of God, 1955, 한글번역서 『하나님의 선교전략』)는 도널드 맥가브란의 대표적인 선교 이론서이다. 이 책을 통해 당

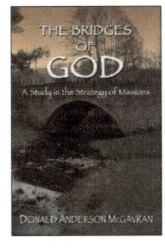

시 선교학계에 맥가브란의 이름이 알려지게 되었고 큰 명성을 가져다준 저서

---

10 J. Waskom Pickett et al., Church Growth and Group Conversion, 4th ed. (Lucknow, U.P., India: The Lucknow Publishing House, 1962), x.

11 Ibid., 4.

이다. 비교적 분량은 작지만 맥가브란의 선교신학과 사상, 이론과 전략을 총집약한 가장 핵심 저서이다. 인도에서 4대째 선교사 가문에서 태어나 경험한 선교의 정수를 이 저서에 담았다. 이 저서는 다음과 같은 질문으로 시작한다.

> 족속은 어떻게 기독교인이 되는가?
> 이 책은 씨족, 부족, 계급, 한마디로 이런 족속들이 어떻게 기독교인이 되는가를 질문하고 있다. 모든 국가는 다양한 사회 계층으로 구성된다. 많은 국가에서 계층은 서로 명확하게 분리되어 있다. 각 계층에 속해 있는 개개인은 항상 그런 것은 아니지만 주로 같은 계층 안에서 결혼한다. 그러므로 그들의 내적 삶은 그들 자신의 사회, 즉 그들 자신의 계급 사회 종족 속에 한정된다.[12]

선교지에서의 경험을 토대로 현대 선교에 대한 새로운 이론을 제시했고 교회성장학의 중요한 개념을 소개했다. 종전의 선교 기지 중심의 선교에서 탈피해 토착교회를 형성할 수 있도록 교회중심의 선교를 주장했다. 개개인의 개종보다는 집단 개종을 통해 사회공동체 전체가 개종하는 이론을 주창했다. 사회구성체 속에서 사람들을 연결하는 혈연과 지연을 하나님의 가교로서 개인이 속해 있는 집단 전체를 개종시키는 하나님의 선교 전략을 주창했다.

『교회성장과 기독교 선교』(Church Growth and Christian Mission, 1965)는 교회성장학 관점에서 당시 선교학이 나아가야 할 방향성을 제시해 주고 있다. 로버트 칼빈 가이(Robert Calvin Guy), 멜빈 핫지(Melvin L. Hodges), 유진 니다(Eugene A. Nida)의 공동 저자로서 교회성장학의 신학적, 사회학적, 방법론적, 행정적 이슈를 네 장에 나누어 다뤘다. 저자들은 특정 주제를 가지고 당시 현장에 있는 선교사와 교회성장학에 기초한 가장 중요한 문제와 이슈들에 대해 올바른 방향성을 구체적으로 제시했다.

---

12 McGavran, 『하나님의 선교전략』, 19-20.

교회가 성장하지 못하는 상황적 문제가 무엇인지를 신학적, 사회학적, 방법론적, 그리고 행정적 관점에서 지적하고 그런 문제점들을 극복하고 하나님께서 원하시는 교회성장과 세계 복음화에 다시 박차를 가할 것을 요청했다. 다음은 멜빈 핫지(Melvin L. Hodges)가 '교회성장의 창조적 환경'이라는 주제를 다룬 글에서 인용한 내용이다.

> 교회성장의 시작은 하나님의 마음이다. 만약 우리가 그밖의 다른 곳에서 시작한다면 우리는 그 소스를 놓친 것이다. 교회의 확장은 더 좋은 방법이나 많은 돈으로 시작하지 않는다. 오히려 그것은 영원부터 성령 안에서 계시된 하나님의 마음 안에서 구원의 연속성에서 이루어지는 것이다. 이 사역은 성령에 의해 활력을 얻고 그리스도에 의해 그 제자들에게 부여된 것이다. 그리고 그것은 오늘날 모든 그리스도인에게 선물이자 명령으로 주어진 것이다.[13]

『교회성장이해』(Understanding Church Growth, 1970)는 맥가브란의 계속적인 리서치와 선교 여행의 결과이며 걸작이다. 이 책에는 교회성

장학의 선교신학과, 선교 이론, 선교 현장까지 모든 내용을 집대성했다. 맥가브란은 이 책을 통해 19세기 복음주의 선교 이론을 계승하고 발전시켰으며 교회성장학의 중심 사상과 원리들을 자세히 설명했다.

예를 들어, 동질집단 원리, 수용성의 원리, 집단 개종, 토착교회, 제자화와 양육 등을 설명하면서 기존의 선교 전략의 문제점을 지적했다. 동질집단을 세계 선교를 위한 각각의 선교적 모자이크로 표현했고 각각의 모자이크를 복음화시키기 위해 교회와 선교사들이 하나님의 가교의 역할을 해서 세계 복음

---

[13] Melvin L. Hodges, *Creating Climate for Church Growth*, ed. Donald A. McGavran, 1st ed., *Church Growth and Christian Mission* (New York,: Harper & Row, 1965), 27.

화를 이루어가야 할 것을 요청했다. 교회성장은 무엇보다 하나님에 대한 충성임을 다음과 같이 서술했다.

> 개신교회의 성장을 이해하려고 하는 사람은 그것을 기본적으로 하나님에 대한 충성으로 인식해야만 한다. 하나님은 그것을 원하신다. 기독교인은 그의 주님처럼 잃어버린 자들을 찾아 구원하도록 보냄을 받는다. "그리스도를 위하여 너희의 종"이 되는 것은 자신을 위해 물질을 얻는 것보다 잃은 자를 찾는 데 있다. 교회성장이란 자비의 행위이다. 즉, 강한 자들이 악한 자들의 짐을 지고 굶주린 자들에게 생계 수단이 되는 빵을 공급하는 일이다. 그럼에도 불구하고 하나님께 순종하는 종들은 교회성장을 인간애로 행하는 한 행위로 보지 않고, 오히려 교회의 확장이 하나님을 기쁘시게 하는 일이기에 그것을 구한다. 교회성장이란 충성심이다.[14]

『미래 선교의 중요한 문제』(*Crucial Issues in Missions Tomorrow*, 1972)는 세계 선교의 미래를 위해 직면한 가장 중요한 문제가 무엇인지에 대한 답을 서술했다. 당시 풀러선교대학원에서 교수로 임직했던 최고의 선교학자들이 세 가지의 관점을 가지고 그 답을 제시했다.

첫째, 신학적 관점의 문제 곧 구원, 하나님 나라, 성령, 새로운 형상 등 각 주제에 대해 아서 글라서(Arther Glasser), 피터 베이어하우스(Peter Beyerhaus), 알랜 티펫(Alan Tippett), 루이스 킹(Louis King)이 정리했다. 특히 피터 베이어하우스(Peter Beyerhaus)는 세계 선교를 하나님 왕국의 관점에서 다음과 같이 서술했다.

---

14 McGavran, 『교회성장이해』, 31.

세계 선교, 세계 역사, 그리고 사회적 변화는 불가분하게 변증법적 긴장에 밀접하게 연관되어 있다. 세계 선교의 동기와 목적은 하나님의 왕국이다. 그것은 모든 저항에도 불구하고 항상 세계 역사의 목적이 된다. 그리고 그것은 이미 인간 사회 속에 침투된 것이다. 하나님 왕국으로서의 이 목표점은 항상 기독교 선교의 의식 속에 존재해 왔다.[15]

둘째, 문화인류학적 관점에서 애니미즘, 아프리카에서의 토속 종교, 기독교와 문화 분야를 앨랜 티펫, 존 엠비티(John Mbiti), 로이드 퀘스트(Lioyd Kwast) 등의 학자들이 집필했다.

셋째, 실천적인 문제에서 양적인가 질적인가에 대해, 선교사의 정체성의 위기, 복음주의 운동, 도시화와 선교, 도시교회 개척의 가이드라인은 각각 랄프 윈터(Ralph Winter), 도널드 맥가브란(Donald McGavran), 조지 피터스(George Peters), 로저 그린웨이(Roger Greenway), 에드워드 머피(Edward Murphy)등의 학자들이 다루고 대안을 제시했다.

넷째, 맥가브란은 미래 선교의 이슈들을 잘 극복하고 하나님 앞에서 충성된 종으로 세계 선교에 대한 하나님의 임무에 최선을 다해 수행해 줄 것을 당부했다.[16]

『교회성장의 열 가지 스텝』(*Ten Steps for Church Growth*, 1977)은 미국의 교회성장을 널리 알렸던 윈필드 안(Winfield C. Arn)과 함께 미국 교회성장과 교회 목회자 및 사역자들을 위해 저술한 책이다.

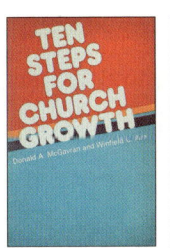 

이 책에서 소개한 교회성장을 위한 열 가지 스텝은 다음과 같다.

---

15 Peter Beyerhaus, *Mission, Humanization, and the Kingdom*, ed. Donald A. McGavran, *Crucial Issues in Missions Tomorrow* (Chicago,: Moody Press, 1972), 54.
16 Donald A. McGavran, *Crucial Issues in Missions Tomorrow* (Chicago,: Moody Press, 1972), 268.

1. 교회성장의 원리를 발견하는 것이다.
2. 성경적 원리로 교회가 성장하도록 하는 것이다.
3. 하나님의 확고한 목적을 가져옴으로써 교회가 성장하도록 하는 것이다.
4. 효과적인 복음전도를 위한 우선순위를 정하는 것이다.

    교회성장에서 복음전도는 "예수 그리스도를 하나님과 구주로 선포하고 그의 제자가 되어 교회의 책임 있는 성도가 되게 하는 것이다"라고 정의했다. 이 정의 안에는 다양한 요소 이해와 효과적 복음전도에 대한 깊이 있는 통찰이 담겨 있다.[17]

5. 교회의 몸을 고려하는 것이다.
6. 교회공동체를 고려하는 것이다.
7. 제자를 삼을 새로운 그룹을 발견하는 것이다.
8. 부모와 자식 관계로 재생산하는 것이다.
9. 성장을 위한 구조를 세우는 것이다.
10. 성장을 위한 헌신이 무엇이며 그 준비가 되어있는지를 파악하는 것이다.

맥가브란은 교회성장에 무엇보다 믿음이 가장 중요한 요소임을 강조하며 글을 맺었다.

『역사적 관점에서 살펴본 1965년까지의 교회성장 운동』(*The Church Growth Movement to 1965 An Historical Perspective*, 1974)은 1974년 허버트 맬빈 워크 주니어(Herbert Melvin Works, Jr)가 풀러선교대학원에서 선교학 박사 학위로 쓴 연구 논문이다. 맥가브란과 아서 글라서 박사가 논문 지도교수로 승인했다. 1965년까지 도널드 맥가브란의 교회성장학이 어떻게 시작하고 성장, 발전했는지에 관해 연대순으로 잘 정리했다.

먼저 맥가브란 이전의 선교 상황과 문제점, 새롭게 대두된 교회성장의 선교학적 의의를 분석했다. 그리고 맥가브란이 인도 선교지에서 얻은 선교적 경험을 어떻게 학문적으로 정리했는지를 서술했다. 맥가브란에게 학문적 영

---

17 Donald A. McGavran and Win Arn, *Ten Steps for Church Growth*, 1st ed. (San Francisco: Harper & Row, 1977), 51.

감을 주었던 피켓이나 그밖의 인물들에 대한 연구도 했으며 선교지를 떠나서 풀러선교대학원장이 되기까지의 과정과 주요 저서에 대한 평가도 정리했다.

1965년에 맥가브란이 오레곤주 유진에 있는 노스웨스트기독대학(NCC: Northwest Christian College)에서 교회성장연구소(ICG: Institute of Church Growth)를 운영하던 시기였다. 논문은 맥가브란이 이 시기까지 해 왔던 교회성장학의 학문적 기여와 그 의의를 연구했다.

『도널드 맥가브란의 교회성장 사상에 나타난 완전화의 역할』(The Role of 'perfecting' in Donald McGavran's Church Growth Thought, 2012)은 메튜 도널드 스프라들린(Matthew Donald Spradlin)이 남침례신학교(The Southern Baptist Theological Seminary)에서 연구한 박사 학위 논문이다. 특히 본 논문은 도널드 맥가브란의 교회성장 이론 중 완전화(Perfecting)의 역할에 초점을 맞추었다.

2장에서는 맥가브란의 기본적인 배경과 교회성장의 핵심 사항을 정리했다.

3장에서는 제자화와 완전화의 개념과 역할이 무엇인지를 밝혔다. 주목할 사항은 맥가브란의 초기 저작에 나타난 제자화와 완전화 그리고 후기 저작에 나타난 제자화와 완전화를 비교해 맥가브란의 사상에 어떤 변화가 있는지를 분석했다.

4장에서는 완전화가 교회성장으로 이어진다는 맥가브란의 확신에 대해 연구했다. 교회의 완전화가 성장으로 연결된다는 것이다.

5장에서는 맥가브란의 완전화 전략이 교회성장을 위한 의도라는 것을 결론으로 정리했다. 마지막에는 이제까지 분석한 완전화를 정리하고 평가했다.[18]

---

18 Donald Spradlin Matthew, "The Role of 'Perfecting' in Donald McGavran's Church Growth Thought" 149.

4. 개종과 기독교 문명 운동사 연구 자료

도널드 맥가브란의 교회성장에 나타난 개종과 기독교 문명 운동사의 문헌은 예일대의 교수였던 케넷 라투렛의 기독교 확장사와 이에 영향 받은 랄프 윈터의 기독교 문명 운동사를 살펴본다. 라투렛의 기독교 확장사는 맥가브란에게도 영향을 끼쳤고 랄프 윈터에 의해 계승, 발전되었다. 한 개인의 개종이 기독교 문명을 일으킨다는 역사적 관점에서 개종의 결과를 거시적으로 이해하는 데 도움이 되는 문헌들을 살펴본다

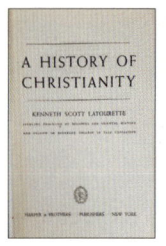 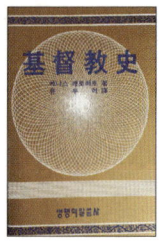 

『기독교사』(*A History of Christianity*)는 케넷 라투렛(Kenneth Scott Latorette)에 의해 저술된 역사서이다. 역사를 보는 그의 관점은 기독교가 어떻게 확장해 나갔는가이다. 역사를 그런 관점으로 관찰하면 팽창과 축소의 과정이 반복되면서 지구촌의 전 지역으로 기독교가 확장되어 나가는 모습을 발견하게 된다.

라투렛은 기독교의 확장 과정 속에 일정한 시기별로 기독교가 폭발적으로 팽창하며 전 사회문화적으로 강력한 영향을 끼친다는 사실을 발견했다. 당시에 역사를 평가하는 관점들은 일반적으로 종교성을 배제해야만 학문적으로 인정하는 분위기였지만 라투렛은 개의치 않고 역사를 그리스도교의 영향력과 확장으로 보았다. 이런 학문적 자신감이 기독교 역사관에 지대한 공헌을 하게 되었다.

라투렛은 역사를 다음과 같이 기술했다.

> 믿음은 그리스도의 복음이 접촉될 때 생성된다. 믿음은 하나님을 향한 명령에 자기의 마음과 뜻과 영혼을 다해 순종하는 것이다. 하나님의 사랑에 반응하는 것이며 그 사랑은 그 사랑은 예수 그리스도를 통해 계시되었다. 그러므로 역사에 대한 진정한 이해는 예수 그리스도를 향해 마음을 열 때 얻어진다. 다시

말해 우리가 역사 이해에 실패하는 이유는 주님의 명령에 대한 순종의 결핍 때문이다.[19]

이런 확신 가운데 역사를 기술했고 그런 학문적 기록들은 많은 후학에게 큰 영향을 끼쳤다. 라투렛의 역사관을 가장 잘 계승한 학자가 랄프 윈터이다. 라투렛의 기독교 확장사를 더욱 체계화하여 기독교 문명 운동사로 발전시켰다.

랄프 윈터는 라투렛의 역사관을 계승해 역사를 하나님의 영광을 복원하는 운동이라고 보았다. 이것을 "기독교 문명 운동"이라고 했다.

윈터에게 있어서 선교는 하나님 나라의 탈환을 위한 작전이라고 정의내렸다. 인류 역사를 하나님 나라를 차지해 가는 과정으로 이해하면서 기독교는 계속해서 확장해 나가고 있다고 평가했다. 그런 과정 속에서 미래에 대한 도전을 던졌다.

먼저 과학과 신앙의 양극화를 극복하고 '과학을 통해 하나님의 영광'을 드러내야 한다고 주장했다. 복음주의자들을 향한 랄프 윈터의 마지막 외침은 "시야를 넓히라"라는 것이다.

> 지금은 전시 상황이다. 전면전이 벌어지고 있다. 복음주의자들은 시야를 더 넓혀 사회 각 분야에 관심을 가져야 한다. 첨단 미생물학도 연구하고, 현실 정치에도 참여해야 한다. 새롭게 일어나는 기독교 문명 운동을 위해 '미래의 기회를 포착하도록', 우리는 그보다 더한 어떤 일이라도 감수해야 한다.

---

19 Kenneth Scott Latourette, *A History of Christianity*, [1st ed. (New York,: Harper, 1953), xxi.

오늘 우리가 살아가는 세상에서 활동하는 악의 규모는 가히 상상을 초월하므로 비기독교인들까지 동원해야 한다. 윈터는 다음과 같이 언급했다.

> 크리스천들이 사탄의 일에 저항하는 전쟁에 참여하지 않은 결과 질병, 가난, 불 그리고 부정부패가 만연하게 되어 하나님이 비난을 받게 되었습니다. 사람들은 이렇게 질문합니다.
> "하나님은 왜 이런 악한 세상을 그대로 두시는가?"
> 그들은 사탄의 존재에 대해, 그리고 사탄이 하나님에 대해 영악하게 대적하고 있다는 사실을 모릅니다. 그래서 세상에 있는 악의 문제들을 가지고 그저 하나님만을 원망할 뿐입니다. 그 결과 하나님께 영광이 돌아가기보다 사탄이 행한 일에 관한 책임을 하나님께 물어 하나님의 이름에 욕을 돌리게 됩니다.[20]

그는 날로 악해져 가는 세상을 그대로 수수방관만 하는 "내세지향적 신학"보다 더 나쁜 신학은, 세상에서 일어나는 모든 비극적인 사건에 대한 책임을 하나님께 돌리는 "수동적 신학"이라고 일갈한다. 그래서 윈터는 연구와 훈련을 독려했다.

하나님은 역사 안에서 그분의 목적을 성취하시려고, 새로운 일을 시작하고 발전시켜 나가신다. 그러므로 복음주의자들은 연구를 게을리하지 말고 이 세상을 하나님 나라로 개척해 나가는 프론티어 정신을 이어 가야 한다고 말하며 더 적극적인 이 땅에서의 그리스도의 책임을 강조했다.[21]

---

20 임윤택, 『랄프 윈터의 기독교 문명 운동사』 (고양: 예수전도단, 2013), 428.
21 Ibid., 412.

부록 1 맥가브란의 개종 이해를 위한 연구 자료   281

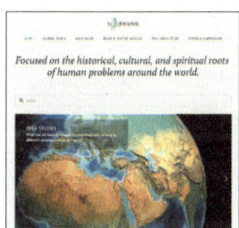

랄프 윈터 저널 아카이브

랄프 윈터 (1924.12.8-2009.5.20) 추모 영상

도널드 맥가브란, 랄프 윈터 아카이브

부록 2

도널드 맥가브란의 연혁

연도	나이	도널드 맥가브란의 생애
1897.12.15		인도 다모 출생
1897-1910	1-12	인도 선교지에서 어린 시절을 보냄
1910	13	안식년으로 미국으로 이주
1911	14	오클라호마 털사에서 세례를 받음
1912	15	인디아나폴리스로 이사
1915	18	버틀러대학 입학
1917-1919	20-22	제1차 세계대전 시 군복무, 프랑스 파병
1919	22	YMCA 여름 캠프에서 선교사 소명 받음
1920	23	버틀러대학 졸업(B.A.)
1922	25	예일신학대학원 졸업(B.D.)
1922.8.29	25	메리 맥가브란과 결혼
1923	26	아내 메리와 함께 선교대학 졸업(M.A.)
1923.7.2	26	첫 딸 데오도라 출생
1923. 8	26	아내 메리와 함께 인도 선교사로 안수 받음
1923.11	26	갓난 딸과 인도 봄베이에 도착, 하다 지역에서 선교 시작
1928	31	『미션 스쿨에서 종교를 가르칠 수 있는 방법: 간단한 매뉴얼』 첫 번째 도서 출간 8개 국어로 번역
1930. 3.	33	첫째 딸 데오도라 맹장염으로 사망
1930	33	첫 번째 안식년을 맞아 미국에 귀국, 콜롬비아대학교에서 박사 과정 시작
1932.11.	35	인도 필드재무부장으로 선출, 본부가 있는 자발푸르로 이사
1935	38	사무장에서 물러나면서 사트나미 산지로 이사, 이곳에서 17년간 교회 개척 사역에 매진
1935	38	콜롬비아대학원 졸업(Ph.D.)
1937	40	『인도 선교의 재원』 출간
1951	54	인도 타카푸루에서 집필 시작 "어떻게 인간집단이 기독교인이 되는가?"
1954	57	안식년을 맞아 집필한 책을 보완하기 위해 아프리카 20개 선교지와 수백 교회를 방문
1955	59	『하나님의 가교』 출간 필립스대학교에서 명예박사 학위 수여(D.Litt.)

연도	나이	내용
1956	60	버틀러대학에서 명예박사 학위 수여(D.D.) 『교회성장과 집단 개종』 출간
1958	62	『필리핀에서의 교회 배가성장』 출간
1959	63	『교회는 어떻게 성장하는가』 출간
1960-1965	64-69	교회성장연구소(ICG) 소장 알랜 티펫을 동역자로 초청
1962	66	『자마이카에서의 교회성장』 출간
1963	67	『멕시코에서의 교회성장』 출간 『교회들은 성장하는가』 출간
1964	68	「교회성장게시판」 편집자
1965	69	풀러선교대학원(SWM) 초대원장, 알랜 티펫을 교수로 초빙 캘리포니아 알타데나로 이주
1966	70	찰스 크래프트, 랄프 윈터, 에드윈 오르 교수 청빙
1970	73	아서 글라서 교수 청빙
1970	73	『교회성장이해』 출간
1971	74	피터 와그너 교수 청빙
1971	74	선교대학원장을 아서 글라서 박사에게 물려줌 풀러 명예박사(D.Litt.), 시니어 프로페서 『교회성장의 원리』 출간
1972	75	『폭풍의 눈』 출간 『미래선교의 중차대한 이슈들』 출간
1973	76	『교회가 어떻게 성장하는가』 출간
1974	77	스위스 '로잔 선교대회' 주강사 『기독교와 문화 사이의 충돌』 출간
1977	80	『교회성장의 열 가지 스텝』 출간 『회의의 복음주의 논쟁』 출간
1979	82	『인종적 현실과 교회』 출간 『자이르: 선교의 정오』 출간
1980	83	『성장: 주일학교의 새로운 비전』 출간 『열방의 제자도』 출간 『행할 교회성상 선략』 출산
1981	84	『기본으로 돌아가야 할 교회성장』 출간
1983	86	『동시대적 선교신학』 출간
1984	87	『오늘날 선교의 중대한 결정』 출간
1988 1988.09.16	91	『효과적 복음 전파』 출간 알랜 티펫 박사 별세
1990.4.5.	93	메리 하워드 맥가브란 사모님 별세
1990	93	『사트나미 이야기』 출간
1990.7.10	93	캘리포니아 알타데나에서 소천 도널드 맥가브란의 묘는 가족 선산이 있는 오하이오에 있음 Frost Cemetery Trinity Church Road Lisbon, Columbiana County, Ohio, 44432

도널드 맥가브란의 자녀들[1] (1남 5녀)

1. 데오도라: Mary Theodora McGavran(1923-1930), 선교지 인도에서 사망
2. 진: Jean McGavran Davis (1925-1993)
　　　Medical Doctor M.D. Washington University
　　　3자녀: Christopher, Timothy, Thomas
3. 헬렌: Helen McGavran Corneli(1926-2014)
　　　Educator Ph.D. University of Wisconsin
　　　4자녀: Howard, Steve, Miriam, Danelle
4. 말콤: Malcolm Howard McGavran(1929-1993)
　　　Medical Doctor M.D. Washington University
　　　Professor of Pathology University of Texas, Houston
　　　5자녀: Megan, Andrew, Gregory, Donald, Jennifer
5. 위니프레드: Winifred McGavran Griffen(1937-)
　　　Counselor Ph. D Counseling Pasadena CA
　　　2자녀: Mary, Kam
6. 패트리시아: Patricia McGavran Sheafor(1939-)
　　　Speech Language Pathologist M.A., Michigan State University
　　　2자녀: Douglas, Sarah

1　McIntosh, *Donald A. McGavran: A Biography of the Twentieth Century's Premire Missiologist*, 339.

참고 문헌

국내 저서

김기홍.『크리스천이라면 꼭 알아야 할 이야기 교회사』. 서울: 두란노서원, 2010.
김의환.『基督教會史』. 서울: 총신대학교출판사, 2002.
김재성.『성령의 신학자 존 칼빈』. 서울: 생명의말씀사, 2004.
김홍기.『존 웨슬리의 구원론』. 서울: 성서연구사, 1996.
두란노 목회와신학 편집부.『여호수아 어떻게 설교할 것인가』. 서울: 두란노, 2004.
안점식.『세계관을 분별하라』. 서울: 죠이선교회출판부, 1998.
이일영. "중세 필경사." Last modified 03/01/2017, 2017. Accessed 02/06/2018. http://www.breaknews.com/sub_read.html?uid=495459.
_____. "카롤링거르네상스 - 문맹자가 일깨운 역사." Last modified 03/01/2017, 2017. Accessed 02/06/2018. http://www.breaknews.com/sub_read.html?uid=495459.
이철. "유럽 역사 바꾸어 놓은 바이킹." Last modified 08/15/2006, 2006. Accessed 02/06/2018. http://www.koreatimes.com/article/331412.
임윤택.『디아스포라 설교신학』. 서울: CLC, 2009.
_____. "풀러 선교학 핵심 이론." Pasadena, California: SIS Fuller Theological Seminary, 2011.
_____.『랄프 윈터의 기독교 문명 운동사』. 고양: 예수전도단, 2013.
정용암. "도널드 앤더슨 맥가브란의 삶과 교회성장 원리에 관한 연구(a Study of Donald A. McGavran's Life and Church Growth Principles)." Fuller Tehological Seminary, 2014.
정훈택. "행위의 구원론적 의미ⅰ."「신학지남 58, no. 2 (1991).
조갑제. "超一流 국가를 만든 海賊들의 비밀." Last modified 12/01/2010, 2010. Accessed 02/06/2018. http://monthly.chosun.com/client/news/viw.asp?nNewsNumb=201012100047.
조병호.『성경과 5대제국』. 서울: 통독원, 2011.
최준혁.『기초신앙 클리닉』. 서울: 토기장이, 2004.

역서

Benge, Janet and Geoff Benge.『윌리엄 캐리』. Translated by 안정임. 고양: 예수전도단, 2010.
Berkhof, Louis.『기독교 신학개론』. 신복윤 역. 서울: 성광문화사, 1996.
Bultmann, Rudolf Karl.『學問과 實存』. 허혁 역. 서울: 聖光文化社, 1980.
Engen, Charles Edward van. "선교의 성경적 기초"(Biblical Foundations of Mission) Mk731 강의안. Pasadena, CA: Fuller Theological Seminary, 2011.
_____. "선교에서의 신학화"(Theologizing in Mission) Mt537 강의안. Pasadena, CA: SIS Fuller Theological Seminary, 2013.

_____.『하나님의 선교적 교회』. 임윤택 역. 서울: CLC :, 2014.
Göhler, Alfred.『칼빈의 성화론』. 유정우 역. 서울: 한국장로교출판사, 2001.
Glasser, Arthur F.『성경에 나타난 하나님의 선교』. 임윤택 역. 서울: 생명의말씀사, 2006.
Hiebert, Paul G.『문화 속의 선교』. 채은수 역. 서울: 총신대학출판부, 1987.
_____.『21세기 선교와 세계관의 변화』. 홍병룡 역. 서울: 복 있는 사람, 2010.
Jones, E. Stanley.『회심』. 강병훈 역. 인천: 성서연구소, 1988.
Kaiser, Walter C.『구약성경과 선교』. 임윤택 역. 서울: CLC, 2013.
Kraft, Charles H.『기독교 커뮤니케이션론』. 박영호 역. 서울: CLC, 2001.
_____.『기독교와 문화』. 임윤택, 김석환 역. 서울: CLC, 2006.
_____. (2016, June 06). Interview by 정용암, Ph. D of William Carey International University, Pasadena, CA.
Kuiper, B. K.『세계기독교회사』. 김해연 역. 서울: 성광문화사, 1980.
Latourette, Kenneth Scott.『基督教史』. 윤두혁 역. 서울: 생명의 말씀사, 1983.
Leith, John H.『칼빈의 삶의 신학』. 이용원 역. 서울: 한국장로교출판사, 1996.
Lindstrom, H.『웨슬레와 성화』. 전종옥 역. 서울: 기독교 대한감리회 교육국, 1984.
McGavran, Donald A.『교회성장학』. 고원용 역. 서울: 보문출판사, 1979.
_____.『교회성장이해』. 김종일, 이요한, 전재옥, 선교학회 한국복음주의 역. 서울: 한국장로교출판사, 1987.
McGavran, Donald Anderson.『하나님의 선교전략』. 이광순 역. 서울: 한국장로교출판사, 1993.
Miller, Darrow L., Ruth. Mangalwadi, and Vishal Mangalwadi.『윌리엄 캐리와 성경의 문명개혁 능력』. 김정훈 역. 서울: 예영커뮤니케이션, 1997.
Newbigin, Lesslie.『오픈 시크릿』. 홍병룡 역. 서울: 복 있는 사람, 2012.
Nissen, Johannes.『신약성경과 선교』. 최동규 역. 서울: CLC, 2005.
Peace, Richard.『신약이 말하는 회심』. 김태곤 역. 서울: 좋은씨앗, 2001.
Pierson, Paul Everett.『선교학적 관점에서 본 기독교 선교 운동사』. 임윤택 역. 서울: CLC, 2009.
Publishing, Lion.『교회사핸드북』. 송광택 역. 서울: 생명의 말씀사, 1989.
Quistorp, Heinrich.『칼빈의 종말론』. 이희숙 역. 서울: 성광문화사, 1995.
Vicedom, Georg F.『하나님의 宣敎』. 박근원 역. 서울: 大韓基督教出版社, 1979.
Walker, Williston.『기독교회사』. 송인설 역. 서울: 크리스챤 다이제스트, 1993.
Wesley, John.『標準說教集』. 송홍국, 마경일 역. 서울: 유니온出版社, 1983.
_____.『새로운 탄생』. 이계준 역. 서울: kmc, 2007.
Williamson, G. I.『웨스트민스터 소요리문답강해』. 문성출 역. 서울: 양문출판사, 1989.
Wilson, Edward O.『통섭』. 최재천, 장대익 역. 서울: 사이언스북스, 2005.
Winter, Ralph D., Steven C. Hawthorne, 한철호, Darrell R. Dorr, D. Bruce Graham, Bruce A. Koch, 정옥배, 변창욱, 김동화, 이현모.『퍼스펙티브스』. 고양: 예수전도단, 2010.
_____. 스티븐 호돈, 정옥배.『미션 퍼스펙티브스』. 서울: 예수전도단, 2001.
_____.『랄프 원터의 비서구 선교 운동사』. 임윤택 역. 고양: 예수전도단, 2012.
Wood, Leon James.『이스라엘의 역사』. 김의원 역. 서울: CLC, 2012.

국외 서적

The Holy Bible : English Standard Version, Containing the Old and New Testaments (Esv). ESV text edition. ed. Wheaton, Illinois: Crossway, 2011.
Allen, Roland. *Missionary Methods; St. Paul's or Ours?* Grand Rapids,: Eerdmans, 1962.
Anderson, Gerald H. *Mission Legacies : Biographical Studies of Leaders of the Modern Missionary Movement*. American Society of Missiology Series. Maryknoll, N.Y.: Orbis Books, 1994.
Bavinck, Herman. *Reformed Dogmatics*. Edited by John Bolt. Translated by John Vriend. Vol. 4, 4 vols. Grand Rapids, MI: Baker Academic, 2008.
Berkhof, Louis. Systematic Theology. New ed. Grand Rapids, Mich.: W.B. Eerdmans Pub. Co., 1996.
Beyerhaus, Peter. *Mission, Humanization, and the Kingdom*. Edited by Donald A. McGavran. Crucial Issues in Missions Tomorrow. Chicago,: Moody Press, 1972.
Bosch, David Jacobus. *Witness to the World : The Christian Mission in Theological Perspective*. New Foundations Theological Library. Atlanta: John Knox Press, 1980.
_____. *Transforming Mission : Paradigm Shifts in Theology of Mission*. American Society of Missiology Series. Maryknoll, N.Y.: Orbis Books, 1991.
Cairns, Earle Edwin. *Christianity through the Centuries : A History of the Christian Church*. Rev. and enl. ed. Grand Rapids, Mich: Zondervan Pub. House, 1981.
Carey, William. *An Enquiry into the Obligations of Christians to Use Means for the Conversion of the Heathens*. [Whitefish, Mont.]: Kessinger, 1792.
Conn, Harvie M. *Theological Perspectives on Church Growth*. Studies in the World Church and Missions. Nutley, N.J.: Presbyterian and Reformed Pub. Co.
Dallet, Charles. *Histoire De L'eglise De Corée Précédée D'une Introduction Sur L'histoire*, Les Institutions, La Langue, *Les Moeurs Et Coutumes Coréennes : Avec Carte Et Planches*. 2 vols. Paris: V. Palmé, 1874.
Elliston, Edgar J. *Introduction to Missiological Research Design*. Pasadena, CA: William Carey Library, 2011.
Erickson, Millard J. *Christian Theology*. 2nd ed. Grand Rapids, Mich.: Baker Academic, 2004.
Eusebius, James Stevenson, and W. H. C. Frend. *A New Eusebius : Documents Illustrating the History of the Church to AD 337*. Revised with additional documents / by W.H.C. Frend. ed. London,: SPCK, 1987.
Fickett, Harold. The Ralph D. *Winter Story : How One Man Dared to Shake up World Missions*. Pasadena, *CA: William Carey Library*, 2013.
Glasser, Arthur F. *Crucial Dimensions in World Evangelization*. South Pasadena, Calif.: William Carey Library, 1976.
Glasser, Arthur F. and Donald A. McGavran. *Contemporary Theologies of Mission*. Grand Rapids, Mich.: Baker Book House, 1983.
Grant, Robert M. *Augustus to Constantine : The Rise and Triumph of Christianity in the Roman World*. 1st ed. Louisville, Ky.: Westminster John Knox Press, 2004.
Grudem, Wayne A. *Systematic Theology : An Introduction to Biblical Doctrine*. Grand Rapids, Mich.: Zondervan Pub. House, 1994.
Herbert, Melvin Works Jr. "The Church Growth Movement to 1965 an Historical Perspective

" Fuller Theological Seminary, 1974.
Hiebert, Paul G. *Anthropological Insights for Missionaries*. Grand Rapids, Mich.: Baker Book House, 1985.
_____. *The Gospel in Human Contexts : Anthropological Explorations for Contemporary Missions*. Grand Rapids, Mich.: Baker Academic, 2009.
Hodges, Melvin L. . *Creating Climate for Church Growth*. Edited by Donald A. McGavran. 1st ed. *Church Growth and Christian Mission*. New York,: Harper & Row, 1965.
Hunter, George G. "Can United Methodists Recover Evangelism?" Church Growth Bullertin 1977.
Institute of Church Growth. Northwest Christian College and Fuller Theological Seminary. *Church Growth Bulletin*. Vol. Third consolidated volume, 5 vols. Santa Clara, etc., Calif. : *Global Church Growth*, 1982.
_____. [from old catalog]. Church Growth Bulletin. South Pasadena, Calif.,: W. Carey Library, 1969.
Jastrow. "Gold Multiple Medallion Minted in Ticinum, 313 Ad. Wt. 39.79 G. Busts of Constantine with Sol Invictus." Last modified 26 February 2006, 2006. Accessed 27 May 2016. Public Domain, https://commons.wikimedia.org/w/index.php?curid=1602842.
Johnsen, Eirik Irgens. "Oseberg Prow. © Museum of Cultural History, University of Oslo/ " Last modified Jan. 31, 2017, Accessed Feb. 6, 2018. http://www.khm.uio.no/english/visit-us/viking-ship-museum/exhibitions/oseberg/2-osebergship.html.
Keck, Leander E. *Paul and His Letters. Proclamation Commentaries*. Philadelphia: Fortress Press, 1979.
Kraft, Charles H. *Anthropology for Christian Witness*. Maryknoll, N.Y.: Orbis Books, 1996.
_____. Swm/Sis at Forty : A Participant/Observer's View of Our History. Pasadena, Calif.: William Carey Library, 2005.
Latourette, Kenneth Scott. *The First Five Centuries*. Vol. 1, 7 vols. A History of the Expansion of Christianity New York ; London: Harper & Brothers, 1937.
_____. *The Thousand Years of Uncertainty, A.D. 500-A.D. 1500*. Vol. 2, 7 vols. *A History of the Expansion of Christianity* New York ; London: Harper & Brothers, 1938.
_____. *Three Centuries of Advance, A.D. 1500-A.D. 1800*. Vol. 3, 7 vols. A *History of the Expansion of Christianity* New York ; London: Harper & Brothers, 1939.
_____. *The Great Century in Europe and the United States of America A.D. 1800-A.D. 1914*. Vol. 4, 7 vols. *A History of the Expansion of Christianity* New York ; London: Harper & Brothers, 1941.
_____. *The Great Century in the Americas, Australia, Asia, and Africa, A.D. 1800-A.D. 1914*. Vol. 5, 7 vols. *A History of the Expansion of Christianity* New York ; London: Harper & Brothers, 1943.
_____. *The Great Century in Northern Africa and Asia, A.D. 1800-A.D. 1914*. Vol. 6, 7 vols. *A History of the Expansion of Christianity* New York ; London: Harper & Brothers, 1944.
_____. *Advance through Storm, A.D. 1914 and after, with Concluding Generalizations*. Vol. 7, 7 vols. *A History of the Expansion of Christianity* New York ; London: Harper & Brothers, 1945.

_____. *A History of Christianity*. [1st ed. New York,: Harper, 1953.

_____. *The Nineteenth Century in Europe: Background and the Roman Catholic Phase*. Vol. 1, 5 vols. [1st ed. *Christianity in a Revolutionary Age, a History of Christianity in the 19th and 20th Centuries*. Grand Rapid, Michigan: Zondervan Publishing House, 1958.

_____. *The Nineteenth Century in Europe: The Protestant and Eastern Churches*. Vol. 2, 5 vols. [1st ed. *Christianity in a Revolutionary Age, a History of Christianity in the 19th and 20th Centuries*. Grand Rapid, Michigan: Zondervan Publishing House, 1959.

_____. *The Nineteenth Century Outside Europe: The Americas, the Pacific, Asia, and Africa*. Vol. 3, 5 vols. [1st ed. *Christianity in a Revolutionary Age, a History of Christianity in the 19th and 20th Centuries*. Grand Rapid, Michigan: Zondervan Publishing House, 1961.

_____. *The Twentieth Century in Europe: The Roman Catholic, Protestant and Eastern Churches*. Vol. 4, 5 vols. [1st ed. *Christianity in a Revolutionary Age, a History of Christianity in the 19th and 20th Centuries*. Grand Rapid, Michigan: Zondervan Publishing House, 1961.

_____. *The Twentieth Century Outside Europe: The Americas, the Pacific, Asia and Africa: The Emerging World Christian Community*. Vol. 5, 5 vols. [1st ed. *Christianity in a Revolutionary Age, a History of Christianity in the 19th and 20th Centuries*. Grand Rapid, Michigan: Zondervan Publishing House, 1962.

_____. *Beyond the Ranges : An Autobiography*. Grand Rapids, Mich.: William B. Eerdmans Pub. Co., 1967.

_____. ""Karlsbüste" Karls Des Großen Aus Dem Domschatz Des Aachener Doms. Vermutlich "Nach 1349". Die Büste Soll Die Schädeldecke Karls Des Großen Enthalten " Last modified 18. May 2007, 1349. Accessed 27. June, 2017. https://commons.wikimedia.org/wiki/File:Karl_der_gro퍼센트C3퍼센트9Fe.jpg.

Markus, R. A. *Christianity in the Roman World. Currents in the History of Culture and Ideas*. London: Thames and Hudson, 1974.

Marshall, David, Paul W. Brand, and Ralph D. Winter. *Faith Seeking Understanding : Essays in Memory of Paul Brand and Ralph D. Winter*. Pasadena, CA: William Carey Library, 2012.

Matthew, Donald Spradlin. "The Role of 'Perfecting' in Donald Mcgavran's Church Growth Thought." The Southern Baptist Theological Seminary, 2012.

Mavromataki, *Maria Paul the Apostle of the Gentiles*. Athens, Greece: Haitalis Editions, 2003.

McGarran, Donald A. "Donald McGavran's Lecture on the Church Growth." Last modified 04/03/2012, 1979. Accessed 02/06/2018. https://www.youtube.com/watch?v=tJ7JuDgjCwE.

_____. "Donald Mcgavran (1897-1990)." Last modified 02/06/2018, 1987. Accessed 02/12/2018. https://www.youtube.com/watch?v=tSt-0LvHWtA&t=1013s.

_____. "The Last Letter." Last modified 01/05/2005, 1990. Accessed 02/08/2018. http://www2.wheaton.edu/bgc/archives/treasure/tr02/tr02.html.

_____. *The Bridges of God; a Study in the Strategy of Missions*. New York,: Distributed by Friendship Press, 1955.

_____. *How Churches Grow; the New Frontiers of Mission*. New York: Friendship Press, 1957.

_____. *Church Growth and Christian Mission*. 1st ed. New York,: Harper & Row, 1965.
_____. *Understanding Church Growth*. Grand Rapids,: Eerdmans, 1970.
_____. *Crucial Issues in Missions Tomorrow*. Chicago,: Moody Press, 1972.
_____. *Ethnic Realities and the Church : Lessons from India*. South Pasadena, Calif.: William Carey Library, 1979.
_____. Momentous Decisions in Missions Today. Grand Rapids, Mich.: Baker Book House, 1984.
_____. *Effective Evangelism : A Theological Mandate*. Phillipsburg, N.J.: Presbyterian and Reformed Pub. Co., 1988.
_____. *Understanding Church Growth*. Wm. B. Eerdmans Publishing, 1990.
McGavran, Donald A. and Win Arn. *How to Grow a Church*. Glendale, Calif.: Regal Books, 1973.
_____. *Church Growth Principles*. Bayswater, Victoria, Australia: Vital Publications, 1976.
Ten Steps for Church Growth. 1st ed. San Francisco: Harper & Row, 1977.
McGavran, Donald A. and Alan R. Tippett. *God, Man and Church Growth*. Grand Rapids,: Eerdmans, 1973.
McIntosh, Gary Lynn. "The Roots of Donald A. McGavran's Evangelistic Insights." McIntosh Church Growth Network (2010).
_____. *Donald A. McGavran: A Biography of the Twentieth Century's Premire Missiologist*. USA: Church Leader Insights U.S.A., 2015.
_____. "The Impact of Donald A. McGavran's Church Growth Missiology on Selected Denominations in the United States of America, 1970-2000." Fuller Theological Seminary, 2005.
McPhee, Arthur G. *The Road to Delhi : J. Waskom Pickett and Missions in the Twilight of the Raj and Dawn of Nationhood*. Revised and expanded. ed. Lexington: Emeth Press, 2012.
Melancon, Patrick Julian "An Examination of Selected Theological Topics in the Thought of McGavran." Mid-America Baptist Theological Seminary, 1997.
Middleton, Vern. *Donald McGavran, His Early Life and Ministry : An Apostolic Vision for Reaching the Nations* ; a Biography. Pasadena, CA: William Carey Library, 2011.
Newbigin, Lesslie. *The Open Secret : Sketches for a Missionary Theology*. Grand Rapids: Eerdmans, 1978.
Parsons, Greg Howard. "Celebrating the Work of God through the Life of an Innovator Ralph D. Winter(1924-2009)." Mission Frontiers May-August (2009): 6.
_____. *Ralph D. Winter : Early Life and Core Missiology*. Pasadena, CA: William Carey International University Press, 2012.
Pickett, J. Waskom and National Christian Council of India. *Christian Mass Movements in India : A Study with Recommendations*. 2d Indian ed. Lucknow: Lucknow Pub. House, 1969.
Pickett, J. Waskom, A. L. Warnshuis, G. H. Singh, and Donald Anderson McGarran. *Church Growth and Group Conversion*. 4th ed. Lucknow, U.P., India: The Lucknow Publishing House, 1962.
Pierson, Paul Everett. *The Dynamics of Christian Mission : History through a Missiological Perspective*. Pasadena, Calif.: William Carey International University Press, 2009.

_____. *A History of Christian Mission Mk723*. Pasadena, CA: Fuller Theological Seminary, 2012.

Romano, Giulio "The Battle of the Milvian Bridge(1519)." Apostolic Palace. Last modified 28 December 2010, 2010. Accessed 27 May 2016. https://commons.wikimedia.org/w/index.php?curid=12369258.

Rowland, Christopher. *Christian Origins : An Account of the Setting and Character of the Most Important Messianic Sect of Judaism*. London: SPCK, 1985.

Seamands, John T. *The Role of the Holy Spirit in Church Growth*. Edited by Alan R. Tippett. *God, Man and Church Growth*. Grand Rapids,: Eerdmans, 1973.

Shaw, R. Daniel and Charles Edward van Engen. *Communicating God's Word in a Complex World : God's Truth or Hocus Pocus?* Lanham, Md.: Rowman & Littlefield Publishers, 2003.

Shearer, Roy E. *Wildfire: Church Growth in Korea*. Church Growth Series. Grand Rapids,: W. B. Eerdmans Pub. Co., 1966.

Stendahl, Krister. *Paul among Jews and Gentiles, and Other Essays*. Philadelphia: Fortress Press, 1976.

Sundkler, Bengt. *The World of Mission*. Grand Rapids, Michigan: Eerdmans, 1966.

Tippett, Alan R. *Church Growth and the Word of God; the Biblical Basis of the Church Growth Viewpoint*. Grand Rapids,: Eerdmans, 1970.

_____. *People Movements in Southern Polynesia; Studies in the Dynamics of Church-Planting and Growth in Tahiti, New Zealand, Tonga, and Samoa*. Chicago,: Moody Press, 1971.

_____. *Verdict Theology in Missionary Theory*. 2d ed. South Pasadena, Calif.,: William Carey Library, 1973.

_____. *The Deep-Sea Canoe : The Story of Third World Missionaries in the South Pacific*. South Pasadena, Calif.: William Carey Library, 1977.

_____. *Introduction to Missiology*. Pasadena, CA: William Carey Library, 1987.

Vicedom, Georg F. *The Mission of God; an Introduction to a Theology of Mission*. The Witnessing Church Series. Saint Louis,: Concordia Pub. House, 1965.

Wagner, C. Peter. *Pragmatic Strategy for Tommrow's Mission*. Edited by Alan R. Tippett. *God, Man and Church Growth*. Grand Rapids,: Eerdmans, 1973.

_____. *Leading Your Church to Growth*. Ventura, CA, U.S.A.: Regal Books, 1984.

_____. *Church Growth Syllabus*. Pasadena, CA: Fuller Theological Seminary, 1988.

_____. *Wrestling with Alligators, Prophets, and Theologians : Lessons from a Lifetime in the Church : A Memoir*. Ventura, Calif.: Regal, 2010.

Walden, Treadwell. *The Great Meaning of Metanoia*. New-York : T. Whittaker, 1896.

Weld, Wayne C. and Donald A. McGavran. *Principles of Church Growth*. 1 vols. (Prelim. ed. South Pasadena, Calif.,: William Carey Library, 1971.

Wilson, Edward O. *Consilience : The Unity of Knowledge*. 1st ed. New York: Knopf : Distributed by Random House, 1998.

Winter, Ralph D. *Theological Education by Extension*. South Pasadena, Calif.,: William Carey Library, 1969.

_____. *Say Yes to Mission*. Downers Grove, Illinois: InterVarsity Press, 1970.

_____. *Quality or Quantity, Crucial Issues in Missions Tomorrow*, edited by Donald A. McGavran. Chicago,: Moody Press, 1972.

_____. *Christian History in Cross Cultural Perspective*. Edited by Alan R. Tippett. *God, Man and Church Growth*. Grand Rapids,: Eerdmans, 1973.

_____. "The Story of the Frontier Mission Movement." Mission Frontiers Bulletin September-October (1995).

_____. *Frontiers in Mission: Discovering and Surmounting Barriers to the Missio Dei*. Fourth Edition ed. Pasadena, CA: William Carey International University Press, 2008.

_____. *Foundations of the World Christian Movement: A Larger Perspective*. Pasadena, CA: William Carey International University Press, 2012.

_____. "Cultural Distance: E-Scale." Last modified 2018. Accessed Feb. 28. 2018. http://xamissionarytraining.weebly.com/2-cultural-distance-e-scale.html.

_____. "Cultural Distance: P-Scale." Last modified 2018. Accessed Feb. 28. 2018. http://xamissionarytraining.weebly.com/3-cultural-distance-p-scale.html.

Winter, Ralph D. and Steven C. Hawthorne. *Perspectives on the World Christian Movement : A Reader*. Pasadena, Calif.: William Carey Library, 1981.

Winter, Ralph D., Steven C. Hawthorne, and Stephen E. Burris. *Perspectives on the World Christian Movement : A Study Guide*. 1 vols. [Rev. ed. Pasadena, Calif.: William Carey Library, 2009.

Winter, Ralph D., Steven C. Hawthorne, Darrell R. Dorr, D. Bruce Graham, and Bruce A. Koch. *Perspectives on the World Christian Movement : A Reader*. 4th ed. Pasadena, Calif.: William Carey Library, 2009.

Winter, Ralph D. and Kenneth Scott Latourette. *The Twenty-Five Unbelievable Years*, 1945 to 1969. South Pasadena,: William Carey Library, 1970.

Winter, Ralph D. and Greg H. Parsons. Lausanne '74 : Ralph D. Winter's Writings, with Responses. Pasadena, CA: William Carey Library, 2015.